INDICADORES DE RH

COMO FERRAMENTA DE GESTÃO

OBTENDO E COMUNICANDO RESULTADOS

INDICADORES DE RH

COMO FERRAMENTA DE GESTÃO

OBTENDO E COMUNICANDO RESULTADOS

DÓRIAN LUIZ BACHMANN

QUALITYMARK

Produção Editorial
EQUIPE QUALITYMARK

Direção Editorial	Editoração
SAIDUL RAHMAN MAHOMED Editor@qualitymark.com.br	**ABREU´S SYSTEM**

Capa	Fotógrafo
RODRIGO BARBOZA	**RAFAEL NOGAROLLI**

CIP-BRASIL. CATALOGAÇÃO NA PUBLICAÇÃO
SINDICATO NACIONAL DOS EDITORES DE LIVROS, RJ

B12i

Bachmann, Dórian Luiz
Indicadores de RH como ferramenta de gestão : obtendo e comunicando resultados / Dórian Luiz Bachmann. - 1. ed. - Rio de Janeiro : Qualitymark, 2023.
376 p. : il. ; 23 cm.

Inclui bibliografia e índice
ISBN 978-85-414-0427-3

1. Administração de pessoal. 2. Padrões de desempenho. 3. Desempenho - Avaliação. I. Título.

23-83368 CDD: 658.3125
CDU: 005.962.131

Gabriela Faray Ferreira Lopes - Bibliotecária - CRB-7/6643

2023
IMPRESSO NO BRASIL

Qualitymark Editora Ltda.
Rua Carlos Machado, 155 / Sala 207 - Polo Cine e Video - Jacarepaguá
CEP: 22775-042 - Rio de Janeiro - RJ

www.qualitymark.com.br
E-mail: quality@qualitymark.com.br
Tels.: (21) 3597-9055 / 3597-9056
Vendas: (21) 3296-7649

Sumário

Prefácio

Ser convidada para redigir o prefácio de um livro sobre indicadores de recursos humanos foi para mim mais que um convite, foi uma surpresa feliz e positiva. Estou nessa área há praticamente 35 anos e esse assunto não é novo, porém nunca teve, por parte dos autores de RH, um tratamento tão profundo e científico como Dórian deu a ele. Bom, pelo menos na literatura brasileira que eu tenha conhecimento. Há estudos e compêndios sobre o tema, mas o autor aqui conseguiu reunir, na mesma obra, uma série de ideias e abordagens que certamente contribuirão não somente para gestores de RH como para gestores de pessoas a compreender como medir seus resultados.

O tema é antigo. Lembro-me, há muitos anos, quando colegas da área me traziam com receio os questionamentos de seus CEOs sobre as mensurações de resultados e métricas que pudessem justificar investimentos em pessoas. Nessa época, a gestão de pessoas ainda não estava no centro da atenção dos executivos de nível mais alto das companhias, muito menos no foco de presidentes ou dirigentes empresariais. Com o tempo, companhias no mundo inteiro foram percebendo que todas elas, de uma forma ou de outra, se encontram num negócio denominado *people business*, ou seja, num negócio em que as pessoas precisam estar no centro das mesas de discussões, em que compreender como elas estão, como se sentem, como reagem e como se comportam vai sim determinar como performam; e se tudo isso influencia como performam, o negócio é atingido no final do processo. Como pudemos negligenciar dessa forma, por tanto tempo, o foco em pessoas? Sinceramente, não tenho essa resposta, mas certamente fizemos isso. Por muitos anos, deixamos de colocar atenção ao mais importante dentro das organizações: as pessoas.

Após a pandemia pela qual o mundo inteiro passou, iniciada em 2020, o tema tomou ainda mais força. As empresas tiveram de se adaptar ao *home-office* e as pessoas a uma nova vida. Após a pandemia ter atingido seu auge e as coisas terem começado a voltar ao normal, as empresas passaram a enfrentar outros desafios. A readaptação aos modelos híbridos de trabalho, o estresse do retorno, as dúvidas que as pessoas passaram a colocar sobre vida e carreira. O gestor de RH definitivamente tomou lugar à mesa de decisão, e mais do que isso, está sentado bem próximo aos dirigentes gerais das companhias. Porém, é nessa hora que eles serão questionados e perguntados, hoje mais do que nunca, sobre questões financeiras, sobre ROI (Retorno do Investimento), sobre as diferenças entre se investir nesse ou naquele treinamento, sobre como motivar e engajar pessoas ao redor do mesmo objetivo. Estar preparado para responder a esses questionamentos será um importante papel desse gestor.

É nesse momento que a obra de Dórian pode ser uma excelente companhia. Ela traz não somente uma vasta gama de conceituais e modelos racionais para se adotar esse ou aquele modelo, mas também exemplos, estudos de casos, fórmulas que poderão ser utilizadas no dia a dia de qualquer gestor de diferentes tipos de organização, ou seja, ela traz o como transformar as abstrações que cercam a nossa área em dados reais e tangíveis.

Não poderia deixar de ressaltar ainda neste prefácio a tão sabida dificuldade, ou talvez a pouca familiaridade, que a maioria das pessoas que atuam em recursos humanos tem com números e dados, com cálculos e informações estatísticas. Mas também é preciso ressaltar a importância de nos abrirmos para isso, mas mais do que isso, nos aprofundarmos. Acho até que temos melhorado muito ao longo dos últimos anos, temos nos tornado mais dedicados a esse tipo de análise, temos nos posicionado melhor, temos debatido dados numéricos com consistência, mas isso não significa que não tenhamos ainda uma jornada a percorrer, até porque a área realmente não é feita de um histórico cheio de informações e dados precisos.

A obra de Dórian, mais do que nos convidar a aprender sobre como usar métricas, também nos convida a coletá-las para, quem sabe, construirmos no Brasil bancos de dados mais robustos sobre a gestão de pessoas. Quando todos nós contribuirmos, essas informações vão se tornar mais consistentes e certamente contribuirão para que nossa área cresça mais rápido e melhor.

Boa leitura!!

Elaine Saad

Como Usar Este Livro

Este livro foi elaborado para esclarecer as dúvidas e atender às necessidades práticas dos profissionais de recursos humanos, dos vários níveis hierárquicos, no uso de indicadores de desempenho.

Para melhor aproveitamento, inclui uma parte introdutória (capítulos 1 a 14) com informações gerais sobre os conceitos, sobre o processo de gestão e sobre a escolha dos indicadores mais adequados. Também comenta sobre a apresentação e a análise dos resultados das métricas. O capítulo 15 apresenta informações detalhadas sobre os indicadores mais comuns. A partir do capítulo 16, são dadas orientações gerais sobre o uso das métricas na gestão.

Esse formato permite que o livro possa ser percorrido de ponta a ponta para ganhar domínio sobre essa ferramenta gerencial e, ao mesmo tempo, seja prático para consultas específicas sobre qualquer uma das métricas. Assim, se desejar entender para que serve, como calcular ou analisar algum indicador, o leitor pode ir direto ao tópico correspondente. Mesmo os itens conceituais podem ser lidos de forma independente para esclarecer dúvidas específicas. Um índice remissivo bem detalhado facilita esse uso.

A sigla RH refere-se à área ou ao departamento de recursos humanos, enquanto empregados, trabalhadores ou colaboradores referenciam as pessoas que trabalham em uma organização. Os termos "indicador" e "métrica" referem-se à metodologia de cálculo, enquanto o termo "resultado" descreve o valor que um indicador toma em determinado momento. Para tornar a leitura mais fácil, foram evitadas notas de rodapé[1].

As planilhas dos exemplos de cálculo mostram as células com os dados fornecidos e, em cinza, os valores calculados. As planilhas originais podem ser obtidas no *site* do livro www.indicadoresrh.com.br.

O texto foi escrito para o profissional que tem a responsabilidade de administrar ou monitorar os processos de RH. Mas os capítulos relativos à medição do clima organizacional e do engajamento são diferentes; nesses dois casos, a intenção foi apenas oferecer uma visão geral sobre essas medidas que exigem, tanto em sua aplicação como em sua interpretação, conhecimentos especializados de psicologia. Logo, embora úteis para a visão gerencial, são apenas informativos.

O maior inimigo do conhecimento não é a ignorância, é a ilusão do conhecimento.
Daniel Boorstin

[1] Uma pequena explicação sobre a lógica das notas de rodapé e referências deste livro. Notas como esta, que julgamos valer a pena serem lidas, são colocadas na parte inferior da página para que sejam fáceis de encontrar. As referências numeradas, entre colchetes, contêm informações sobre as fontes de informação e, em geral, podem ser ignoradas, exceto em trabalhos acadêmicos ou pelos mais curiosos.

1 Introdução

O indicador de desempenho é uma ferramenta de gestão útil, simples e poderosa. Mas, embora usado há bastante tempo, em geral é tratado burocraticamente e não atende às necessidades dos gestores de RH e das demais áreas das empresas.

Do mesmo modo que o músico virtuoso equilibra a técnica, resultado de estudo e dedicação, com a emoção decorrente do prazer em tocar, o gestor de RH também precisa do equilíbrio entre o aspecto humano, focado nas pessoas, e o racional, focado nos resultados do negócio. Somente com o uso de ferramentas gerenciais objetivas, entre elas os indicadores de desempenho, é possível avaliar a eficácia das decisões tomadas, medir o progresso conseguido e melhorar os processos, visando atender as pessoas e a organização. Jack Welch, presidente da GE, buscava esse equilíbrio. Orgulhava-se de passar a maior parte do tempo cuidando de gente e desenvolvendo líderes; por isso criou a Universidade Corporativa da GE. Mas também implantou o Seis Sigma, metodologia objetiva e impessoal.

O uso de indicadores frequentemente é associado a uma forma fria e desumana de buscar resultados. Isso não é verdade, pois, além de facilitar a comunicação interna, as métricas trazem o benefício da transparência na relação entre as partes envolvidas. A Great Place to Work (GPTW), consolidando o aprendizado de muitos anos, identificou sete obstáculos para ser uma das melhores empresas para se trabalhar [1]. Um dos obstáculos é justamente a falta de medição e acompanhamento. O estudo concluiu que os indicadores não servem apenas para monitorar a produtividade, mas são úteis e indispensáveis na gestão do capital humano.

Empresas internacionais de consultoria identificaram mais de 900 indicadores apenas para avaliar resultados do treinamento [2]. Então, para escolher as métricas descritas neste livro, foram considerados três aspectos: sua popularidade nas empresas, sua relevância para a gestão de pessoas e sua contribuição para transmitir os conceitos necessários ao uso eficaz da ferramenta.

Além de apresentar e debater os indicadores mais usados pelo RH, o texto inclui os conceitos básicos e uma visão prática associados ao uso das métricas na gestão, bem como uma metodologia simples para a escolha dos indicadores, o aspecto mais importante para o sucesso no uso da ferramenta. Desse modo, o leitor fica capacitado a aproveitar melhor também indicadores não referenciados aqui e, até, a desenvolver métricas para finalidades específicas de sua organização.

A verdade é que calcular as métricas é a parte mais fácil e mecânica. Os maiores benefícios vêm de medir o que interessa e de interpretar com persistência os resultados obtidos para apoiar melhores decisões. Curiosamente, o uso de indicadores tem mais a ver com psicologia do que com matemática.

Mensuração é a mais poderosa ação que pode ser feita em uma organização.

DEAN SPITZER

2 Considerações

O uso de indicadores não é complicado. No dia a dia, convivemos com tantas métricas, como as notas dadas aos estudantes ou os resultados de um campeonato de futebol, que não lhes damos importância.

A relevância da medição do desempenho é enfatizada pela máxima da qualidade total: "Se você não mede, você não gerencia". De fato, se o gestor de um processo qualquer não é capaz de avaliar os efeitos das decisões tomadas, certamente não tem condições de administrá-lo.

Na gestão de pessoas, como em qualquer outra área, há um número muito grande de indicadores que podem ser usados. Entender quais trazem contribuição é uma das atividades mais importantes para estruturar o Sistema de Informações para a gestão. Assim, os itens que descrevem cada indicador apresentam os aspectos que, eventualmente, recomendam seu uso.

Uma empresa existe para entregar valor às partes interessadas. Logo, toda medida deve ser feita com o propósito de promover ou avaliar o sucesso da organização em atingir seus objetivos e cumprir sua missão. Não basta que o RH seja competente, é preciso que isso seja percebido pela organização. A linguagem trazida pelo uso de indicadores facilita comunicar objetivamente a contribuição da área para a empresa, equiparando-a à financeira e à de vendas. Infelizmente, as funções de RH costumam coletar dados sobre sua eficiência, mas raramente sobre os impactos de seus programas e práticas nos negócios.

O que chamamos de indicadores de RH são, na verdade, indicadores de processos de RH. E, em muitos casos, o RH faz a gestão do indicador (estabelece a forma de cálculo, levanta os dados, calcula e informa), mas não administra os processos que geram os resultados dos empregados que não estão alocados à área de gestão de pessoas — a maioria! A gestão das pessoas e dos processos é dos gerentes de cada área.

A administração eficaz de pessoas tem um lado operacional e um estratégico. Ambos se beneficiam do uso de indicadores. Mas tudo começa por conhecer ou definir a estratégia de RH que decorre, ou deveria decorrer, da estratégia da empresa.

Indicadores são um meio tangível de demonstrar o valor do RH para pessoas que não são do RH.

William Brown – professor de gestão do Marist College

3 Conceitos Essenciais

Toda área de conhecimento exige o domínio de alguns conceitos básicos que servem tanto para apoiar as decisões como para fornecer uma linguagem comum à comunicação com outros profissionais da especialidade.

Seguem alguns conceitos essenciais sobre a gestão do desempenho dos processos de RH.

Dados e Medidas

Dados são os valores de uma variável. Podem ser números, palavras ou mesmo símbolos. Os resultados das medições são dados.

Em essência, há dois tipos de dados.

- Qualitativos – referem-se às características como cores, opiniões, experiências etc.
- Quantitativos – referem-se aos números como quantidades, dimensões, preços, escores etc.

Medida é o resultado de uma medição ou do tratamento de dados; é um valor observado em determinado momento. Geralmente, é composta de um número e uma unidade de medida. O número fornece a grandeza, enquanto a unidade dá significado ao número. Exemplos de unidades de medidas são: horas, quilômetros, peças etc. Uma medida sozinha tem pouco valor.

Amostragem

Amostra é uma parte definida de um conjunto de dados. A avaliação de uma amostra permite deduzir as características do todo ou, como dizem os estatísticos, da população. Isso é muito prático, pois pode simplificar e reduzir o custo da coleta de dados para muitos indicadores. Por exemplo, podemos consultar apenas uma parte dos empregados nas pesquisas periódicas de clima. Mas, se a amostra for muito pequena, talvez não represente o conjunto de interesse, ou seja, não forneça informação suficiente para estimar o comportamento do grupo todo.

A forma de obter a amostra é tão importante quanto o seu tamanho. É importante evitar que a amostra seja dirigida. Isso ocorre quando, por exemplo, a participação é livre e uma parte dos respondentes tem interesse na participação ou não se sente segura do sigilo nas respostas às questões delicadas. Assim, quando é feita uma consulta a todos os empregados sobre a satisfação com a remuneração e apenas uma pequena parte responde, é bem provável que o resultado não seja representativo do conjunto dos empregados.

Atenção: Uma amostra ruim (pequena demais ou coletada de forma inadequada) é uma das causas mais comuns de erros nas análises.

Processo

Processo é uma combinação de pessoas, materiais, procedimentos, métodos, políticas e meio ambiente que, integrados, conduzem a determinado resultado. É bem representado [3] pelo Diagrama de Causa e Efeito de Ishikawa (figura 1). Todo processo tem um ou mais interessados que devem ser considerados nas decisões relativas ao processo.

A execução disciplinada dos processos leva à previsibilidade de resultados, dispensando esforços extraordinários ou sorte para conseguir o pretendido.

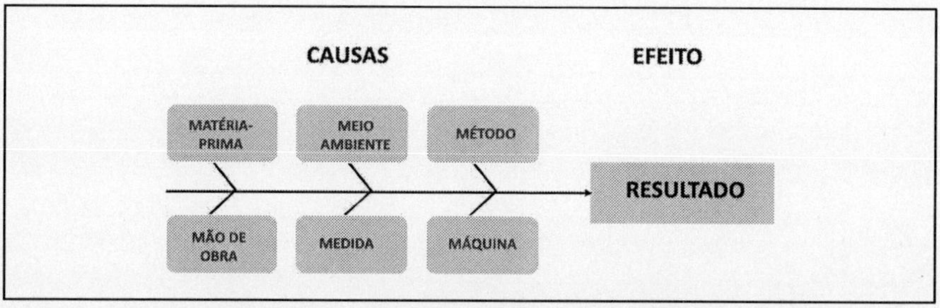

Figura 1 – *Diagrama de Causa e Efeito de Ishikawa (Espinha de peixe ou 6M)*

Causa e Efeito

Um aspecto importante no uso dos indicadores está ligado à observação das relações existentes entre eles, o que, geralmente, indica vínculos de causa e efeito. Um exemplo interessante, que remonta ao início da civilização, afirma que no Egito antigo os impostos eram decididos com base no nível máximo alcançado pelo rio Nilo durante a inundação anual. Pois quanto maior a inundação, maior a quantidade de sedimentos depositada, melhor a colheita e maiores podiam ser os impostos. Uma perfeita relação de causa e efeito.

Usando a mesma abordagem, a eficácia de uma campanha de vacinação contra a gripe poderia ser avaliada pela redução do número de dias perdidos, monitorado pelo indicador Absenteísmo Médico.

Precisão

Os resultados dos indicadores normalmente devem ser apresentados com uma casa decimal a mais que a dos elementos da amostra. Mas no caso de indicadores que representem um número de pessoas, é conveniente apresentar os resultados como números inteiros. Quando os números representam valores monetários, devem mostrar duas casas. Mas claro que quando há normas legais, como na Taxa de Frequência de Acidentes (NBR14280), deve-se obedecer ao estabelecido no padrão.

Nem sempre a precisão é essencial. É melhor ter alguma medição, mesmo não tão precisa, do que não ter nenhuma.
Marcos Antônio L. de Oliveira – Diretor da Qualitas

Porcentagens

O uso de indicadores baseados em porcentagens é perigoso, pois a um dado aumento percentual não corresponde uma mesma redução.

$$100 + 20\% = 120$$
$$120 - 20\% = 96$$

Logo, percentuais em relação a valores anteriores não são boas referências. Isso não impede que os resultados calculados, período a período sobre uma mesma base, possam ser mostrados em uma escala percentual. Aliás, essa é uma solução particularmente útil para comunicar as variações ou tendências de uma informação sigilosa, como volume de vendas ou faturamento. Nesse caso, escolhe-se um determinado resultado, por exemplo, o faturamento de janeiro como base (correspondendo ao valor 100) e os valores dos meses seguintes são mostrados como percentuais em relação a esse mês. Essa forma de apresentar resultados, denominada de índice, permite análises sem que os valores reais sejam apresentados.

Médias e Mediana

Na matemática são usados diversos tipos de médias e, quando não explicitado, o termo normalmente refere-se à média aritmética, que consiste na divisão da soma dos valores pelo número de valores somados. Assim, a média pode ser bastante influenciada por alguns poucos dados excepcionalmente altos ou baixos.

A mediana é a observação do meio de uma amostra ordenada de dados, de forma que exista um número igual de observações maiores e menores que ela. Para um número ímpar de dados organizados em ordem crescente, a mediana é o valor do meio; para um número par de dados, é a média dos dois valores do meio.

O uso da mediana nas análises tem a vantagem de eliminar o efeito dos números extremos que, geralmente, estão associados às excepcionalidades ou aos erros. Entretanto, há casos em que os valores extremos podem ser mais úteis e relevantes para a gestão, como mostra o depoimento de Guilherme Lessa, diretor de TI do Banco Matone:

"Antes, a equipe de TI só considerava a média das notas que recebia dos usuários; hoje, considera os extremos. Se alguma nota está abaixo de seis ou sete, significa que a TI está fazendo algo errado, então alguém liga para a pessoa que deu a nota abaixo da média para descobrir o que aconteceu".

Médias isoladas têm pouco significado. Uma média aritmética de 20 pode resultar de prazos de entrega de cinco dias para um cliente e 35 dias para outro. Assim, a média está boa, mas a dispersão está ruim. Portanto, pode ser conveniente acompanhar também os máximos e mínimos. O cuidado no uso dos números fica evidente no gracejo de Max Gehringer.

De 10.000 A.C. até agora nasceram 12 bilhões de seres humanos. Metade dessa gente ainda está viva atualmente. Logo, na média dos últimos dez milênios, as chances de alguém ter morrido foram de 50%.

Max Gehringer

Riscos no Uso das Médias

Uma divisão das forças armadas americanas enfrentou um problema sério de abastecimento quando os trabalhadores de uma fábrica de importância crucial entraram em greve. A greve se revelou um verdadeiro choque para a alta administração, porque ela tinha sempre avaliado os dados de pessoal de todo o sistema de fábricas e estes mostravam que os trabalhadores estavam felizes. O índice de ausência era muito baixo e as taxas de acidentes também. Entretanto, os dados agregados deixaram de revelar que uma das fábricas menores apresentava taxas de ausência de 80% e que a rotatividade era exageradamente alta. Para qualquer pessoa que trabalhe com RH, esses resultados são muito claros de que as coisas vão mal, especialmente numa fábrica

localizada no meio do deserto, onde não existem alternativas de trabalho e a população ativa consiste em homens na faixa de 50 anos, que não deveriam apresentar nenhum absenteísmo ou rotatividade. Entretanto, essa era uma fábrica muito mal gerida e a alta administração não tinha a mais vaga noção desse fato, porque a informação que teria revelado anos de abandono era mascarada pela apresentação errônea de dados.
Fonte: Drucker, Peter. ***O Que os Executivos Precisam Aprender***. Treinamento & Desenvolvimento. Fevereiro 1995. pp. 16–21.

Média Móvel

A média móvel é frequentemente usada para análises de tendências, já que suaviza as flutuações que muitos indicadores apresentam, facilitando a percepção da tendência geral dos resultados. Ela é obtida pela média aritmética de um conjunto de valores históricos em que cada novo valor da série descarta o ponto mais antigo e acrescenta o seguinte, tomando sempre um mesmo número de valores. Por exemplo, na média móvel com período três é feita sempre a média dos últimos três resultados.

A tabela e os gráficos com dados reais de rotatividade de uma empresa industrial, a seguir, exemplificam o efeito de amortecimento provocado pela média móvel (de período 3) que, usualmente, evidencia a tendência. Na Tabela 1, a média móvel correspondente a abril foi obtida pela soma das médias mensais de fevereiro, março e abril dividida por três.

Rotatividade, %		
Mês	no mês	média móvel
Janeiro	10,0	-
Fevereiro	7,7	-
Março	7,7	8,5
Abril	11,1	8,8
Maio	9,9	9,6
Junho	0,0	7,0
Julho	9,9	6,6
Agosto	9,9	6,6
Setembro	5,3	8,4
Outubro	5,3	6,8
Novembro	3,9	4,8
Dezembro	8,3	5,9

Tabela 1 – *Rotatividade em empresa industrial, %*

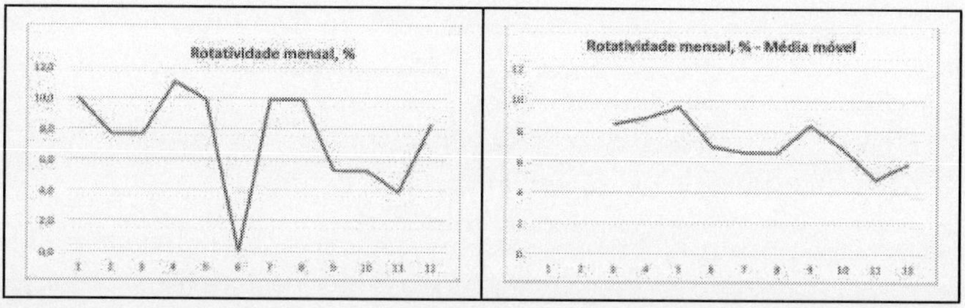

Gráfico 1 – *Comparativo entre a média e a média móvel da rotatividade, %*

A média móvel não é em si uma métrica, mas uma forma de analisar e mostrar os resultados de um indicador.

Medição de Desempenho

Desempenho é uma característica dos processos em relação a algum aspecto como eficiência, eficácia, flexibilidade, custo ou outro. Dependendo do resultado obtido, e da expectativa existente, pode-se afirmar que o desempenho é bom ou ruim.

As medidas possibilitam entender e melhorar os processos físicos e sociais e se aplicam nos diversos âmbitos (país, empresa, equipamento etc.). Por exemplo, o PIB avalia a riqueza gerada por um país, enquanto o Absenteísmo mostra a perda de tempo produtivo de uma pessoa ou equipe.

Frequentemente, a medição do desempenho é vista como uma ação burocrática ou feita apenas para coletar dados para pesquisas, ignorando-se que é um instrumento poderoso para a gestão e melhoria dos processos.

Algumas razões para medir o desempenho:

1. Saber se o processo está alcançando os resultados previstos ou necessários.
2. Motivar e obter melhores resultados, pelo *feedback* que as medidas oferecem.
3. Incentivar a melhoria contínua.
4. Comunicar os resultados do processo para os diversos públicos.
5. Prestar contas do processo sob sua responsabilidade.
6. Apoiar as negociações internas.
7. Comparar o processo com outros que têm o mesmo objetivo (*benchmarking*), visando a identificar oportunidades para melhoria.

O desempenho "ótimo" é o mais adequado à situação específica, levando em conta os recursos disponíveis e a relação custo/benefício das possíveis melhorias.

Em resumo, a medição do desempenho permite avaliar o progresso feito para alcançar resultados desejados (metas) ou para manter os resultados já obtidos (padrões).

> *Os gerentes de hoje reconhecem o impacto que as medições têm sobre a performance, muito embora raramente pensem sobre indicadores como parte essencial de suas estratégias.*
>
> Robert S. Kaplan e David P. Norton

Boas Práticas

Um modo inteligente de melhorar os processos consiste em conhecer e adotar, com as necessárias adaptações, práticas que outras organizações usaram com sucesso, já que uma empresa não tem como dar atenção e desenvolver a melhor tecnologia em todas as áreas e processos [4].

A Fundação Nacional da Qualidade define Boa Prática como "uma técnica, metodologia, sistema, procedimento ou processo que foi implementado e melhorou os resultados do negócio".

Algumas práticas têm efeito positivo em várias facetas da gestão do RH e, portanto, melhoram os resultados de vários indicadores. Por exemplo, as ações voltadas à integração dos colaboradores se refletem em maior retenção, maior engajamento e contribuem para a melhora do clima organizacional e da produtividade.

Atenção: Melhorar um processo não significa, necessariamente, que se esteja melhorando o negócio ou os resultados da organização. Logo, a conveniência de adotar qualquer nova prática deve ser avaliada cuidadosamente.

> *Aprender mais rápido que seus concorrentes pode ser sua única vantagem competitiva sustentável.*
>
> Arie de Geus

Benchmarking

A ferramenta de gestão denominada Benchmarking é um recurso que apela para o espírito da competição construtiva.

Benchmarking é o nome genérico dado aos processos de aprendizado que buscam identificar, compreender e aproveitar os resultados e as boas práticas de outras organizações.

Figura 2 – *Processo de Benchmarking*

Os dados comparativos são uma referência adicional para as decisões, mas deve prevalecer a relevância do resultado do indicador para o sucesso da organização em relação à sua estratégia. Apenas porque o resultado de um indicador é pior do que a média do mercado, isso não significa que se deve trabalhar para melhorá-lo. Na verdade, a informação pode indicar que esse talvez não seja um aspecto importante na estratégia adotada.

Para fazer *benchmarking* não basta que os indicadores sejam calculados do mesmo modo, i.e., estejam padronizados. É importante que os sistemas a comparar sejam semelhantes.

> ☞ **Você Sabia?** Os japoneses têm uma palavra para *benchmarking: Dantotsu*, que significa lutar para tornar-se o "melhor dos melhores", com base no autoaprimoramento que consiste em procurar, encontrar e superar os pontos fortes dos concorrentes.

Aspectos Psicológicos da Medição

A Teoria da Comparação Social, proposta em 1951 por Leon Festinger, afirma que as pessoas tendem a avaliar seus desempenhos pela comparação com outras, em vez de usar padrões absolutos. Esse resultado já havia sido observado em 1897 por Norman Triplett; em experimentos com ciclistas, aqueles que corriam contra outros obtinham melhores resultados que correndo contra o relógio [5]. As pessoas gostam de se comparar com outras e contra padrões de desempenho, desde que as referências tenham credibilidade e, principalmente, se elas tiverem a oportunidade de colaborar em sua definição. Essa é uma das razões para fazer *benchmarking*.

Efeito Hawthorne

O efeito foi percebido primeiro nas oficinas de Hawthorne, da Western Electric Company. Para aumentar a produção nas linhas de montagem, a empresa experimentou colocar algumas trabalhadoras numa sala onde a iluminação podia ser regulada. Os índices de produção desse grupo foram depois comparados com os das trabalhadoras que haviam permanecido sem nenhuma alteração.

Curiosamente, a produção crescia qualquer que fosse a iluminação empregada. Poderia ter caído com a menor iluminação, mas continuou a subir. Espantada diante da contradição com os princípios da "administração científica", a companhia recorreu ao sociólogo Elton Mayo. Ele descobriu que as trabalhadoras submetidas à observação ficaram tão estimuladas e interessadas por terem se transformado em alvo de atenções, que isso foi o bastante para garantir o aumento de sua produtividade. Esse foi um ponto de virada na compreensão da psicologia da motivação.

O papel do RH não começa com o que o RH quer, mas com o que o negócio precisa para ser bem-sucedido.
– Dave Ulrich

4 RH Estratégico

O RH estratégico contribui para alcançar a missão e a visão da empresa, fazendo bem não só ao que é essencial — processos internos de recrutamento, seleção, treinamento etc. —, mas apoiando as outras áreas nos aspectos relacionados às pessoas.

O volume de trabalho rotineiro, agravado por uma legislação complexa que demanda muito esforço e atenção no dia a dia, leva o gestor do RH a se concentrar nos aspectos internos. Embora fazendo bem essas tarefas (recrutamento, seleção, treinamento etc.), o CEO e os diretores querem que a área seja proativa e traga soluções para os problemas que ainda vão surgir. Então, a moda é cobrar que o RH seja estratégico.

Ser estratégico é, muitas vezes, confundido com importante ou eficaz. Não é isso. Para ser estratégico, o RH precisa atender a três exigências:

- Contribuir para alcançar a missão da empresa, fazendo bem não só os processos internos, mas, também, apoiando as outras áreas nos aspectos relacionados às pessoas, para buscar a visão estabelecida no Plano Estratégico da organização.
- Conhecer e levar em conta o ambiente externo (exigências legais, aspectos e tendências políticas, econômicas, tecnológicas e outras) e seu provável impacto nas pessoas e na empresa.
- Ser proativo, identificando demandas e levando sugestões às demais áreas da empresa.

Vários autores apontam que uma boa parte da dificuldade do RH em se mostrar uma área estratégica, em pé de igualdade com outras como finanças e marketing, decorre da falta de indicadores e modelos apropriados. Não bastam novos indicadores, mas métricas associadas a modelos analíticos que permitam testar premissas e orientar decisões. Os líderes de RH que desejam um papel nas discussões estratégicas do negócio devem ser capazes de quantificar o desempenho da força de trabalho.

As métricas mais comuns no RH são aquelas relacionadas à eficiência e às atividades operacionais da área, vinculadas ao número de pessoas ou aos custos. Por exemplo, percentual de pessoal administrativo na equipe e custo da folha. Essas métricas, que são as mais fáceis de calcular, olham o RH como um negócio independente e desvinculado dos resultados da empresa; também não refletem os parâmetros de qualidade dos serviços fornecidos para a organização. Assim, indicadores avaliam as participações em programas de treinamento e o grau de satisfação, mas poucas vezes medem os impactos no dia a dia do trabalho. Mais apropriado seria a medida das habilidades e qualificações da equipe. Isso permitiria observar se a "qualidade da equipe" está compatível com as estratégias e necessidades atuais e futuras da organização.

Portanto, não basta um bom número de indicadores. A participação do RH no âmbito estratégico exige métricas que mostrem como as práticas e os programas desenvolvidos contribuem para o sucesso da empresa. Ou seja, existe uma forte correlação entre o uso de indicadores de desempenho e o papel estratégico do RH.

A estratégia do RH depende, ou deveria depender, da estratégia da organização. O RH estratégico tem que equilibrar os aspectos *soft*, respeitando as peculiaridades e emoções das pessoas, com o lado *hard*, que envolve gerar resultados e avaliar objetivamente a eficácia das ações feitas.

Só Custos?

Em uma discussão *on-line* alguém comentou que um bom RH é tão importante e crítico quanto um bom departamento de vendas. Entretanto, se a afirmação é verdadeira, por que nem todos na empresa concordam com isso? A área de vendas todo mês lança um relatório com as vendas totais, as margens brutas, diversos dados financeiros e os clientes ganhos e perdidos.

E o que o RH reporta?

Dados típicos incluem número de pessoas, *turnover*, custo operacional, número de pessoas contratadas e treinadas. O que isso mostra? Custos e mais custos! Onde está o valor? O RH mostra evidências de que contribui para o resultado financeiro ou apenas lista o tempo, o dinheiro e os recursos gastos?

Em resumo, usar modelos que mostrem a vinculação entre as ações do RH e os resultados da organização pode mudar a forma como a área é vista e tratada, obtendo mais cooperação dos demais setores e maior eficácia.

Não existe RH estratégico voltado apenas para dentro da organização. Estratégia tem relação com o ambiente externo.

Medindo o Desempenho do RH

O indicador Lucratividade por Empregado ou, alternativamente, Faturamento por Empregado, é a melhor opção para medir e mostrar o desempenho geral do RH. Mas por que uma medida de produtividade serviria para avaliar a contribuição da área? Melhor entender a métrica para, em seguida, apontar as razões.

A produtividade avalia o aproveitamento dos recursos. Então, a medida mais simples é:

$$\text{Produtividade} = \frac{\text{Resultados}}{\text{Recursos}}$$

Quando pensamos nas contribuições esperadas das pessoas em uma organização, temos que imaginar que elas terão que — de algum modo — se refletir, direta ou indiretamente, em lucro[1]. Então, para o caso específico, teríamos o seguinte cálculo para a produtividade, apresentada como Lucratividade *per Capita*.

[1] – É impossível uma pessoa sobreviver se parar de respirar, como é impossível uma empresa sobreviver sem ter lucro. Mas ninguém vive só para respirar. Respirar é simplesmente uma necessidade da sobrevivência. Assim também o lucro: nenhuma empresa vive só para ter lucro. O lucro é um instrumento para a sobrevivência da empresa. – Peter Nadas

$$\text{Lucratividade } per\ Capita = \frac{\text{Lucro}}{\text{Número de empregados}}$$

Mas muitas empresas têm restrições em informar seus lucros. Como, de modo geral, em uma mesma organização o lucro é aproximadamente proporcional ao faturamento, podemos simplificar.

$$\text{Faturamento } per\ Capita = \frac{\text{Faturamento}}{\text{Número de empregados}}$$

Antes de concluir pelo interesse em explorar o trabalhador, vale lembrar que em indicadores expressos por uma relação, como é o caso, podemos melhorar o resultado aumentando o numerador (faturamento) ou reduzindo o denominador (número de empregados).

Embora a tendência, nesses casos, seja mesmo reduzir a mão de obra necessária às operações, o RH também pode trabalhar a qualificação das pessoas, por exemplo, ampliando a capacidade para inovar, e conseguir maior receita sem aumento da equipe; logo, conseguir maior produtividade.

Outro aspecto importante é que não existe RH estratégico que trabalha apenas observando a chamada "área de RH". São necessárias a troca de ideias e a cooperação com o restante da organização. Aqui, o indicador torna-se um elemento positivo para a condução do diálogo com as outras áreas. O gestor de RH deve dialogar com o responsável por cada uma das áreas da empresa e buscar identificar o que podem fazer, juntos, para que a relação Faturamento por Empregado cresça, sem esquecer que cabe ao RH zelar para que essas ações sejam feitas de forma ética e saudável no longo prazo, sem prejuízo para as pessoas, para a cultura e para o clima organizacional. Essas conversas vão esclarecer objetivamente como o RH pode contribuir para o sucesso da organização e, ainda melhor, o indicador permitirá medir o progresso.

É verdade que a métrica não mede apenas a contribuição do RH, pois o investimento em uma nova máquina, por exemplo, também contribuirá para a melhora dos resultados. Mas o RH vai colaborar para que haja gente qualificada para a operação do novo equipamento. A alta direção da organização certamente perceberá que o RH, quando persegue — nas ações e nas reuniões — uma maior produtividade por empregado, está contribuindo para o sucesso da organização.

Cuidados

- A medida da Produtividade pode incentivar ações e atitudes que prejudicam os resultados globais do negócio, como estimular iniciativas que dão resultados no curto prazo, em detrimento das melhorias mais perenes, ou estimular a terceirização apenas para a melhora rápida do resultado da métrica. Para prevenir, é recomendado que esse indicador não seja usado em programas de bonificação ou de avaliação setorial.
- A inflação poderá distorcer os resultados e apontar um falso crescimento na produtividade dos trabalhadores se a receita ou o faturamento por empregado não for adequadamente corrigido.

Centros de custo mostram seu desempenho pela medida da eficiência. Se a área de RH deseja ser um parceiro de negócio, em vez de um centro de custo, deve mostrar seu impacto por meio de medidas de eficácia.

Medir Pessoas ou Processos?

Uma grande dificuldade no uso dos indicadores nas organizações é a prática de medir a *performance* dos trabalhadores. O foco nas pessoas é ruim por três motivos principais:

1º Ninguém gosta de se sentir avaliado. Isso frequentemente é percebido como pressão ou falta de confiança.

2º A cobrança de resultados individuais leva a comparações e disputas entre as pessoas, prejudicando a colaboração e o trabalho em equipe.

3º As pessoas têm uma responsabilidade muito limitada pelos seus resultados. Segundo um especialista [6], a dependência dos superiores, dos processos e de recursos fazem com que elas realmente tenham responsabilidade por apenas 10% dos resultados. Essa posição é reforçada por Deming, que afirma: "As pessoas trabalham no sistema. A gerência cria o sistema".

A solução? Colocar o foco da medição de desempenho nos processos, em que o fator humano é apenas um dos componentes. E mesmo os efeitos relacionados às pessoas podem ter causa estrutural, como falta de treinamento, pouco estímulo, falta de ergonomia ou de segurança no posto de trabalho, justificando uma abordagem sistêmica para melhorar os processos e as práticas relacionados às pessoas.

Em resumo, o melhor é usar indicadores para aprimorar os processos e tratar o fator humano como consequência dos processos de seleção, integração, remuneração e recompensa, capacitação e cultura interna de relacionamento entre as pessoas. É mais saudável e eficaz.

Pessoas ou Processos?

Tanto as pesquisas acadêmicas como profissionais experientes reconhecem que avaliar pessoas por meio de indicadores costuma trazer mais malefícios que vantagens. Talvez as exceções sejam o absenteísmo e as horas extras realizadas que, até por razões legais, além do prejuízo à organização e à equipe, podem e devem ser medidos para cada empregado. Os demais indicadores devem estar vinculados aos processos, constituindo-se em importante ferramenta para a gestão da rotina e das melhorias, além de servir de estímulo para os colaboradores.

Menos de 50% dos departamentos de recursos humanos mede qualquer coisa quantitativamente.

– Jac Fitz-enz

Gestão do Trabalhador do Conhecimento

Diferentemente dos trabalhadores que fazem trabalhos manuais repetitivos, e que têm o efeito de seus esforços facilmente mensurados por número de peças produzidas ou quantidade de clientes servidos, a avaliação do desempenho dos profissionais que fazem trabalhos intelectuais é mais complexa. Eles podem passar horas olhando para o espaço ou lendo um livro de arte que não tem qualquer ligação com seu trabalho e, de repente, gerar um resultado significativo para a empresa. Isso porque eles precisam de níveis elevados de *expertise*, escolaridade ou experiência e seu objetivo principal no trabalho envolve a criação, a distribuição ou a aplicação do conhecimento.

Thomas Davenport afirma que é possível medir a qualidade do trabalho do conhecimento [7]. Propõe, para isso, formar grupos de profissionais relevantes envolvidos numa determinada função e perguntar-lhes o que acham do trabalho. Como dicas mais práticas, ele destaca:

- Quase todos os trabalhadores do conhecimento precisam sentir que participaram da definição ou da redefinição de seu trabalho, se tiverem de seguir um novo processo.
- Quanto mais criativo o trabalho do conhecimento, menos estruturado ele deve ser.

Entretanto, ele não propõe o caos e afirma que "Qualquer esforço para mudar o modo de execução do trabalho necessita de uma dose de ambos: processo, concepção de como o trabalho deverá ser feito, e prática, uma compreensão de como cada funcionário responde ao mundo real do trabalho e executa as tarefas a ele designadas. Para mudar o trabalho do conhecimento com sucesso, é necessário ter uma delicada interação entre processo e prática".

Tornar o trabalhador do conhecimento produtivo será a grande missão da administração deste século, assim como tornar produtiva a mão de obra braçal foi o principal desafio do século passado.

– Peter Drucker

5 Indicadores

Os indicadores alinham a equipe aos objetivos e às diretrizes da organização e aumentam a eficácia na obtenção dos resultados.

Indicadores são representações, numéricas ou não, que permitem quantificar e avaliar os processos e seus resultados, apontando a diferença entre a situação existente e a desejada.

Por exemplo, para medir o aprendizado dos alunos, a escola usa um indicador chamado Nota. Para aferir o conhecimento, é usada uma prova e o resultado é comparado com valores de referência baseados em uma escala que varia de 0 a 10. Nota acima de 7 significa que o aprendizado foi adequado e o aluno será aprovado. Entre 5 e 7, ele terá de estudar mais e se submeter a um exame. Notas abaixo de 5 podem provocar reprovação.

Portanto, para que possamos medir alguma coisa, precisamos obrigatoriamente de três elementos: um instrumento, uma escala e um critério ou referência para avaliação.

- O instrumento é um recurso ou dispositivo usado para efetuar a medida. Pode ser uma régua, um paquímetro ou uma prova, entre outros.
- A escala mostra a faixa de variação do indicador. No exemplo, ela vai de 0 a 10.
- O critério de avaliação permite interpretar o resultado da medida, geralmente pela comparação com valores anteriores ou com o desempenho pretendido.

Os indicadores permitem saber com rapidez e precisão se os resultados — finais ou intermediários — estão dentro do esperado ou se há necessidade de alguma ação.

Qualidades dos Indicadores

Idealmente, os indicadores devem atender aos seguintes requisitos:

- **Relevância** – devem medir o que interessa. Medir o desempenho de aspectos pouco importantes para a organização ou processo é desperdício de recursos e de atenção.
- **Utilidade** – devem ser adequados à situação, ao momento e aos usuários, servindo como referência para a tomada de decisões, para o controle dos processos ou, ainda, para atender às necessidades de informação das partes interessadas.
- **Seletividade** – devem captar aspectos e resultados essenciais ou críticos do produto, processo ou negócio para facilitar a análise das causas e não apenas os efeitos, sofrendo a menor influência possível de fatores externos.
- **Representatividade** – devem representar de forma confiável a realidade do processo ou produto no momento específico a que se referem.
- **Confiabilidade** – devem ser calculados a partir de informações verídicas.
- **Baixo custo** – o custo para a coleta dos dados e avaliação dos resultados deve ser inferior ao benefício trazido pela medida.
- **Simplicidade e clareza** – devem ser de fácil compreensão e uso, principalmente pelas pessoas diretamente envolvidas com a coleta e avaliação dos dados, para que também possam servir de ferramenta de comunicação.
- **Viabilidade** – os dados para cálculo do indicador devem ser possíveis de obter.
- **Repetibilidade** – medidas feitas em situações iguais devem mostrar resultados iguais.
- **Estabilidade** – devem preservar sua capacidade de comparação e uso ao longo do tempo, o que exige que as fórmulas e as fontes de dados não sejam alteradas com frequência, para que as comparações históricas façam sentido.

- **Sensibilidade** – devem alertar sobre a ocorrência de qualquer variação ou diferença importante para a gestão.
- **Rastreabilidade** – devem ser registrados e preservados corretamente, facilitando a verificação de períodos anteriores.
- **Defensáveis** – devem ser eticamente permitidos e aceitos.
- **Padronizados** – a forma de cálculo e a origem dos dados necessários têm de estar bem estabelecidas para evitar erros e mal-entendidos. Veja um modelo de padrão de cálculo no anexo I.
- **Impessoais** – em geral, devem servir para avaliar processos, sistemas e negócios; só excepcionalmente pessoas.
- **Comparabilidade** – quando oportuno, devem permitir que os resultados possam ser comparados com os de outras áreas ou organizações.

Adicionalmente, algumas métricas têm de atender às exigências da legislação e dos órgãos de controle.

É claro que nem todo indicador terá todas as qualidades desejáveis. Cabe ao usuário, no momento da escolha, decidir quais são os aspectos mais relevantes para a situação específica. Portanto, essa lista não deve ser usada de forma burocrática para pontuar a "qualidade" de um indicador, mas como uma referência para analisar criticamente as métricas visando às melhorias que possam ser feitas; por exemplo, alterar a forma de coletar os dados, de calcular o indicador ou até a unidade usada para apresentar os resultados.

Adotar uma métrica ruim é pior que não ter indicador, pois dá trabalho e pode induzir a decisões erradas.

Estatísticas versus Indicadores

Na gestão de pessoas, são geradas diversas estatísticas que descrevem o conjunto dos empregados, como:

- Idade média
- Tempo na empresa
- Escolaridade
- Gênero etc.

Essas informações são úteis, mas não devem ser confundidas com indicadores.

Indicadores são variáveis para as quais são estabelecidos limites que devem ser respeitados ou metas que, uma vez alcançadas, trarão algum benefício à organização. Assim, se o percentual de mulheres na equipe é pequeno e acredita-se que uma maior participação feminina trará uma vantagem competitiva, então pode ser estabelecida a meta de, por exemplo, contar com um mínimo de 30% de mulheres na equipe até determinada data. Desse modo, o Percentual de Mulheres deixa de ser apenas uma estatística informativa e passa a ser um indicador ao qual deve ser associado um Plano de Ações que descreve o que será feito para que a meta seja alcançada.

Indicadores e a ISO9001

Muitas organizações optam pela certificação ISO9001 para atender às exigências do mercado e não para validar um sistema de gestão voltado à qualidade. Isso gera proliferação de indicadores que trazem uma grande carga burocrática, mas pouco contribuem para o sucesso da empresa. Afinal, a escolha de métricas que contribuam para o negócio também são adequadas à certificação, mas o contrário pode não ser verdade.

Sistema de Medição

Sistema de medição é o nome dado ao conjunto de indicadores, às formas de apresentação dos resultados (relatórios, *dashboards* etc.) e à sistemática de análise crítica dessas métricas para apoiar as decisões.

Qualquer sistema de medida que tenha valor
não diz apenas onde você está, mas também
o ajuda a decidir o que fazer em seguida.

Gallup

6 Tipos de Indicadores

Usamos indicadores para melhorar e controlar os processos, para direcionar os esforços, para identificar problemas e estimar o esforço necessário para obter resultados.

Há uma grande variedade de classificações para os indicadores. Seguem algumas que são úteis para a seleção das métricas mais adequadas a cada situação.

Esforço versus Resultado

Os indicadores de resultado (*outcomes* ou *lagging*) permitem saber se o efeito desejado foi alcançado.

Os indicadores de esforço (*drives* ou *leading*) permitem analisar proativamente as causas prováveis de um efeito. Uma boa métrica de esforço mede a causa do efeito antes de o resultado se confirmar.

Por exemplo, a pessoa que faz uma dieta para emagrecer tem como indicador de resultado o Peso e, como indicador de esforço, o Tempo Diário de Caminhada ou a Quantidade de Calorias Consumidas. Nesse caso, acompanhar o Tempo Diário de Caminhada ou a Quantidade de Calorias Consumidas permite saber se o planejado está sendo feito. E, se o planejado está sendo feito e o peso não diminui, sabe-se que a abordagem não é efetiva e devem ser buscadas alternativas.

Outro exemplo da diferença entre indicadores de resultado e de esforço foi dado por Carlos Alberto Parreira (ex-técnico da seleção brasileira de futebol) que, embora consciente de que o que interessa é "bola na rede" (resultado), faz uso de indicadores de esforço para monitorar o desempenho do time até que os gols, da seleção ou do adversário, apontem a real direção do jogo. Nas palavras dele: "estabelecemos que, durante os 90 minutos de partida, não podemos errar mais do que 25 passes para dizermos que jogamos bem. Temos de finalizar pelo menos 15 vezes e criar cinco ou seis situações de gol em uma partida — não é só chutar a gol. Temos de roubar 70 a 80 bolas em um jogo" [8]. Assim, mesmo antes de o time começar a ganhar ou a perder — situação definida pelo número de gols feitos ou recebidos —, os outros indicadores mostram ao técnico se o time está jogando bem ou não.

É conveniente buscar o equilíbrio entre os dois tipos de indicadores, lembrando que o uso da medida de esforço só faz sentido quando se presume a existência de uma relação de causa e efeito com o resultado desejado.

Note que classificar um indicador como sendo de esforço ou de resultado depende de quem observa ou usa a métrica. Por exemplo, o número de contratos assinados é um indicador de resultado para o gerente de vendas, mas é de esforço para o diretor financeiro. Para o primeiro, resulta do trabalho de vendas, para o segundo, mostra a perspectiva de receita.

Eficiência versus Eficácia

Deixando de lado o lugar comum de afirmar que "eficiência é fazer certo as coisas e eficácia é fazer a coisa certa", é melhor dizer:

A eficiência mede a quantidade de recursos usados para conseguir determinado resultado. Um processo mais eficiente é aquele que oferece o resultado com menor gasto de recursos, seja dinheiro, materiais, seja mão de obra, tempo. Por exemplo, um carro mais eficiente percorre certa distância com menor quantidade de combustível que outro. Assim, a eficiência geralmente é apresentada como uma relação de duas unidades diferentes, como peças por hora, quilômetros por litro, lucro por filial etc.

A eficácia avalia o quanto dos resultados pretendidos foram realmente alcançados. Desse modo, a média das notas obtidas em uma prova que avalia o conhecimento absorvido em um treinamento é uma medida de eficácia.

Resumindo,

$$\text{Eficiência} = \frac{\text{resultado obtido}}{\text{recursos usados}}$$

$$\text{Eficácia} = \frac{\text{resultado obtido}}{\text{resultado pretendido}}$$

Formas de Apresentar

Tanto a eficiência quanto a eficácia são, frequentemente, apresentadas na forma de percentuais. Isso é possível quando as unidades das duas variáveis da fórmula têm a mesma unidade. No cálculo da eficácia, isso é frequente. Por exemplo, na execução de um plano de treinamento em que realizamos 6 dos 8 cursos previstos, a eficácia seria de 75%, resultante da divisão de 6 por 8 e a multiplicação por 100 para obter o formato percentual.

Mas a eficiência geralmente resulta da divisão de números com unidades diferentes, como 12 km/l de combustível. Embora não seja obrigatório, nesses casos é comum apresentar a eficiência como o percentual do melhor resultado possível. Assim, se o manual do automóvel mostra que o melhor resultado possível seria de 14 km/l, podemos apresentar o resultado com base na seguinte fórmula:

$$\text{Eficiência} = \frac{\text{eficiência obtida x 100}}{\text{eficiência de referência}}$$

$$\text{Eficiência} = \frac{\text{12 km/l de combustível x 100}}{\text{14 km/l de combustível}}$$

$$\text{Eficiência} = 85{,}7\%$$

Ou seja, a eficiência do motor do carro é de 85,7% em relação à máxima.

Do ponto de vista da informação, os dois modos de apresentar são igualmente válidos, mas, dependendo da situação e dos usuários, um formato pode apresentar vantagem em relação ao outro.

Em resumo, a eficácia avalia a extensão em que os resultados pretendidos estão sendo alcançados, enquanto a eficiência mede a quantidade de recursos usados para conseguir os resultados.

Bons resultados nos dois aspectos normalmente são importantes para o desempenho excelente e, em se tratando de um negócio, para a competitividade. Geralmente, o nível gerencial tem maior responsabilidade sobre as medidas de eficácia, enquanto o operacional prioriza a eficiência.

O bom senso recomenda que primeiro seja buscada a melhoria da eficácia dos processos e, só depois, da eficiência. Afinal, não adianta contar com um processo otimizado, que consuma poucos recursos e tenha um tempo de ciclo curto, se não for o mais adequado à organização.

Eficiência é subir a escada tão rápido quanto possível. Eficácia é garantir que a escada esteja na parede certa.
Stephen Covey

Melhoria versus Controle

Quando usamos indicadores temos, na prática, duas situações.

A mais comum é que o indicador forneça o nível de desempenho de um processo que queremos melhorar. Nesse caso, deve ter uma meta que aponte o resultado desejado e um plano de ações para a melhoria.

A outra situação acontece quando o processo tem um desempenho considerado satisfatório e desejamos evitar sua deterioração. Então ele deve ser monitorado pela comparação periódica dos resultados com valores de referência e, apenas nos casos que extrapolam os limites especificados, devemos executar alguma ação.

Indicadores Estratégicos, Táticos e Operacionais

Segundo o nível hierárquico, os indicadores podem ser classificados em:

- Estratégicos ou da alta administração.
  São os relacionados aos objetivos estratégicos da empresa; servem para monitorar a execução da estratégia.
- Táticos ou gerenciais.
  São os vinculados aos objetivos dos processos.

- Operacionais.
  Permitem monitorar as atividades do dia a dia, apoiando a implementação de pequenas melhorias e deixando saber se os processos estão sob controle.

Um exemplo em nossa vida pessoal: quando queremos concluir um curso (um objetivo estratégico), monitoramos as notas e a presença nas aulas (acompanhamento tático), mas temos de manter o corpo saudável e (operacionalmente) cuidamos para que sua temperatura fique em aproximadamente 36,5 °C.

O RH deve se esforçar para que os indicadores usados mostrem a conexão entre os talentos e os resultados organizacionais.

Indicadores Subjetivos

Se um determinado conjunto de dados é subjetivo ou objetivo não é uma função do que está sendo medido (que pode ser uma opinião), mas como é medido (que pode variar no quanto de julgamento humano é necessário). Por exemplo: o moral dos empregados — um aspecto subjetivo e intangível — pode ser medido objetivamente, usando um conjunto de perguntas em um questionário, ou subjetivamente, pedindo aos gerentes suas opiniões sobre a situação.

Indicadores Agregados

São os que resultam da combinação de diversos indicadores, cada qual com o seu grau de importância, peso ou representatividade. Consolidam, de forma sintética, um conjunto de aspectos. São úteis para destacar um problema, mas para a análise geralmente é necessário seu desdobramento.

Indicadores-Chave de Desempenho (KPIs)

Indicadores-Chave de Desempenho (*Key Performance Indicators* – KPIs) são métricas, financeiras ou não, que mostram o desempenho de uma atividade crítica para o sucesso do negócio. Eles têm o mérito de simplificar a complexidade do desempenho empresarial em uns poucos números que podem auxiliar a tomada de decisões.

Os KPIs geralmente são encontrados a partir da análise estratégica (SWOT) ou do mapa estratégico (BSC). Mas, no dia a dia empresarial, o termo também é usado para destacar os indicadores mais importantes de uma área ou setor e não apenas os da organização.

Resumindo, KPIs são indicadores relacionados às grandes diretrizes da organização, portanto:

- Todo KPI é um indicador.
- Nem todo indicador é um KPI.

> ☞ **Dica**: Envolver as partes interessadas no processo de seleção das métricas por meio de *workshops* é uma excelente forma de escolher os indicadores mais relevantes, enquanto gera compreensão e envolvimento.

Um indicador-chave de desempenho (KPI)
é uma medida que mostra ao interessado
(stakeholder) *que as metas e os objetivos*
importantes para ele estão sendo alcançados.
– S. George Schiro

7 Metas

As metas motivam, servem de referência para as análises dos resultados dos processos e balizam as tomadas de decisão.

Meta é a tradução objetiva do resultado ou nível de desempenho pretendido em um momento futuro definido. Logo, toda meta tem de esclarecer dois pontos:

- O quê (quantificação objetiva do resultado desejado).
- Quando (momento em que o resultado pretendido deve ser alcançado).

A forma como a meta é descrita também é importante. Afinal, objetiva comunicar, estimular e direcionar. Para comunicar, é importante o uso da linguagem correta. Comparemos duas formas de escrever que dizem a mesma coisa:

1ª Reduzir as horas extras pagas em 50% em 2023.

2ª Reduzir as horas extras pagas de 320 h/mês em janeiro para 160 h/mês em dezembro de 2023.

Qual alternativa é mais clara para o envolvido com o dia a dia da equipe e será a responsável por atingir a meta?

Outro aspecto que ajuda na comunicação é usar metas mais fáceis de lembrar. Exemplificando: em um hospital de Curitiba, a meta de absenteísmo apresentada para um dos setores era de 2,97%. Ora, não faz sentido esse nível de precisão. Uma meta de 3,0% no máximo teria o mesmo efeito prático e seria mais "atrativa" e fácil de lembrar. Entretanto, principalmente quando o alcance das metas está associado a algum tipo de recompensa, é importante que os critérios de arredondamento sejam previamente definidos para não sugerir casuísmo.

Risco de Giz

Charles Schwab, um pioneiro da indústria do aço nos Estados Unidos, tinha uma aciaria cuja equipe não conseguia produzir o programado. Ele não entendia como uma unidade com um gerente capaz não conseguia obter resultado. O gerente justificou que já havia tentado tudo, de ações de incentivo a ameaças, mas sem sucesso.

Como a conversa com o gerente ocorreu na própria usina, pouco antes do início do turno da noite, Schwab consultou um capataz e soube que aquele turno havia produzido seis bateladas. Sem qualquer comentário, usando um pedaço de giz, ele anotou um grande número seis no piso e saiu.

Quando o pessoal da equipe noturna chegou e viu o número marcado no chão, perguntaram seu significado. Na manhã seguinte, andando pela fábrica, Schwab notou que o turno da noite havia apagado o seis e anotado um grande número sete. A equipe do dia, sentindo-se desafiada e entusiasmada, deixou um grande 10 marcado ao final do turno. Logo, a usina problemática tornou-se uma das melhores.

De forma simples, rápida, barata e poderosa, Schwab improvisou um painel que permitia aos trabalhadores observarem seu próprio desempenho.

Tornar os resultados mais visíveis para mais pessoas garante mais discussão sobre o que traz sucesso ou não. *Rankings* e painéis com resultados são uma forma muito eficaz de motivar e promover envolvimento.

Fonte: http://blogs.hbr.org/schrage/2010/05/charles-schwab-the-pioneering.html Acesso em 28.08.13.

☞ **Dica**: Se a intenção é repetir continuamente um resultado já obtido, chamamos o resultado pretendido de "padrão" e não de meta.

Estabelecendo Metas

A escolha das metas deve levar em conta a estratégia de negócio da organização, os resultados já obtidos, os recursos disponíveis e o grau de desafio que será exigido da equipe.

As metas devem ser desafiadoras, porém factíveis. No clássico *Em Busca da Excelência*, Tom Peters [5] exemplifica essa preocupação mostrando que empresas excepcionais, como a IBM, estabelecem metas que podem ser alcançadas por 70 a 80% da equipe de vendas, enquanto em empresas concorrentes, apenas 40% das equipes alcançam a meta, fazendo com que a maior parte das pessoas se sinta incapaz.

Rumo à Lua

Um exemplo de meta desafiante e inspiradora foi dada por John F. Kennedy, presidente dos Estados Unidos, em 25 de maio de 1961, ao afirmar: "Estou tornando uma prioridade nacional pousar um homem na lua e devolvê-lo em segurança para a terra até o final da década". Em 20 de julho de 1969, Neil Armstrong pisou na lua e, dias depois, já na Terra, recebia uma medalha do presidente Richard Nixon.

Os principais métodos para estabelecer metas são:

- Projeção da tendência histórica. Previsões (*forecastings*) são parte do processo para estabelecer metas adequadas. Assim, qualquer meta superior ao resultado projetado representará progresso.
- Repetir o passado. Esta abordagem é pouco audaciosa e raramente contribui para o sucesso da organização. Se o processo está estável, podemos concluir que — se não fizermos nada — os resultados existentes serão mantidos ao longo do tempo. Mas, se a previsão indica que os resultados vão piorar ao longo do tempo, como no caso da produção de uma máquina que está envelhecendo ou da rotatividade em um momento de aquecimento do mercado de trabalho, manter o desempenho existente já tem uma dose de desafio.
- Arbitrária (+10%, -5% etc.). Não é uma solução bem-vista pelos colaboradores, pois carece de embasamento. Mas, em alguns casos, é a única alternativa.

- Valor necessário para atingir outros resultados. Para usar essa abordagem é necessário conhecer a relação entre os resultados do indicador e outros que a organização quer alcançar.
- *Benchmarking*. A principal vantagem de usar *benchmarks* para estabelecer metas está na credibilidade dada ao desafio. Afinal, se alguém já conseguiu determinado resultado, ele é factível. Mas devemos ser cuidadosos ao usar referências externas para estabelecer metas, pois as realidades podem ser bem diferentes.

> ☞ **Dica**: Antes de estabelecer uma meta, quase sempre é útil prever o resultado que seria obtido se não houvesse qualquer ação corretiva ou de melhoria. Só assim poderemos escolher uma meta que atenda aos requisitos de ser, ao mesmo tempo, desafiante e factível.

Projeções apontam expectativas.
Metas devem apontar intenções.

Objetivo ou Meta?

O termo "Objetivo" diz respeito a um resultado ou situação que se quer atingir. A definição clara dos objetivos é de extrema importância na gestão, servindo para orientar a ação das pessoas. Porém, enquanto a meta tem de ser bem específica, de modo a não deixar dúvidas se o resultado pretendido foi ou não alcançado, o objetivo pode ser mais genérico, apenas apontando a direção desejada. Geralmente é definido pela alta administração da organização.

Exemplificando.

Objetivo do diretor de RH: Reduzir as horas extras.

Meta: Reduzir as horas extras pagas em 2023 em 3,0% em relação ao ano anterior.

☞ **Dicas:**

- As metas anuais devem ser detalhadas por mês, se essa for a frequência das análises para controle. Mas é importante observar eventuais sazonalidades; a simples divisão da meta anual por 12 geralmente não é uma boa solução.
- As metas precisam estar vinculadas aos planos de ações que favoreçam a melhora do desempenho dos processos medidos e não ao simples desejo de melhoria.
- A especialista australiana em indicadores, Stacey Barr, recomenda que as metas sejam escritas usando uma linguagem suficientemente clara para uma criança de dez anos. Ela esclarece que não está subestimando as pessoas, mas que isso evitaria jargões, conceitos abstratos e palavras vazias que frequentemente são usadas e levam a interpretações incorretas.

Se você quer ter um desempenho comparável com os melhores do mundo, estabeleça metas difíceis de serem atingidas.

FABIANA MONTEIRO – GRUPO MONTEIRO

8 Padronização

A diversidade das fórmulas de cálculo usadas pelas empresas para os mesmos indicadores dificulta as comparações e pode levar a grandes diferenças de resultados, justificando a necessidade de padronização.

Quantas vezes, participando de um evento ou conversa informal, você ouviu alguém apresentar um resultado como baixa rotatividade ou elevada produtividade e sentiu inveja? Mas, em quantas vezes, depois de ir mais a fundo, acabou descobrindo que o resultado não era tão bom assim e pensou *"Ah! Calculando desse modo, meu resultado também ficaria bom!"*. O uso de indicadores padronizados contribui para criar uma linguagem comum que facilita o diálogo e a identificação das boas práticas.

O cálculo da rotatividade, embora simples, permite variações. Há sete diferentes fórmulas de cálculo em uso pelas organizações [9]; nas mesmas condições, os resultados podem variar em até 47%, dependendo da fórmula usada [10]. Quando a gestão do indicador é feita apenas pela análise da evolução histórica dos resultados, isso não representa um problema. Entretanto, na comparação entre diferentes unidades ou organizações, é importante que a metodologia de cálculo seja a mesma.

Uma ocorrência em uma indústria química mostrou que a falta de padronização — mesmo para um indicador simples e tradicional — pode gerar conflitos (*box*).

Um Conflito Desnecessário!

Uma empresa terceiriza a atividade de manutenção e usa, como um dos indicadores do contrato, o percentual de horas extras pagas.

Em determinado mês, a equipe da empresa contratada trabalhou 980 horas normais e fez 50 horas extras adicionais que foram pagas. A empresa contratada concluiu (opção A) que o resultado do indicador era 4,8%, portanto tinha direito à bonificação. A contratante, por outro lado, apurou (opção B) 5,1% de horas extras pagas.

Opção A

$$HE = \frac{\text{Horas extras}}{\text{Horas extras} + \text{Horas normais}} \times 100$$

$$HE = \frac{50 \times 100}{50 + 980} = 4,8\%$$

Opção B

$$HE = \frac{\text{Horas extras}}{\text{Horas normais}} \times 100$$

$$HE = \frac{50 \times 100}{980} = 5,1\%$$

Na prática, a diferença de resultado entre as duas formas de cálculo não é grande. Mas, nesse caso, seria a diferença entre o pagamento ou não de um bônus para a contratada (ela teria esse direito se fizesse o trabalho com menos de 5% de horas extras pagas). Isso mostra a importância de padronizar o método de cálculo dos indicadores, especialmente daqueles que envolvem contratos ou diferentes áreas da empresa.

Padronizar os indicadores também aumenta a transparência da gestão, com reflexo positivo no engajamento das pessoas e na qualidade das métricas. Por exemplo, a inflação pode causar um falso ganho na produtividade do trabalhador se for medida como receita total/número total de empregados. O absenteísmo poderá ser distorcido se alguém incluir empregados que estejam fora por motivos como viagens a trabalho ou em treinamento externo.

A padronização consiste em reunir, em um mesmo documento ou formulário, as informações úteis para os diversos usuários que coletam os dados, calculam, analisam ou decidem. Esse documento costuma ser chamado de "Padrão de Cálculo" ou "Identidade do indicador".

A padronização exige ao menos o seguinte:

- O nome do indicador, para que todos referenciem uma mesma informação.
- Uma descrição da finalidade ou propósito da métrica.
- A fórmula ou metodologia de cálculo do indicador.
- Informações detalhadas sobre os parâmetros e a origem dos dados usados no cálculo para, por exemplo, evitar que uma pessoa calcule o "Percentual de horas extras" usando as horas trabalhadas a partir da folha de pagamento e outra as fornecidas pelo sistema de ponto.

Alguns documentos mais completos incluem, ainda, recomendações para as análises, número de casas decimais que deve ser usado na apresentação dos resultados e até orientações para a apresentação gráfica dos indicadores em relatórios e *dashboards* visando facilitar a interpretação pelos decisores. Um exemplo de identidade de indicador está no anexo 1.

A meta não deve estar, em princípio, no padrão de cálculo, visto que se trata de um valor temporário. Mas muitos sistemas de gestão documentam tanto a identidade do indicador quanto a meta em uma mesma tela ou página, sem que isso seja um problema.

Os Três Mosqueteiros Eram... Quatro!

É comum que as pessoas se surpreendam ao descobrir que os três mosqueteiros eram, de fato, quatro: Athos, Porthos, Aramis e D'Artagnan. Isso porque o título do livro sugere um número diferente. Trabalhando com indicadores, frequentemente acontece o mesmo. Quando falamos em rotatividade, algumas organizações usam um método de cálculo e outras adotam fórmulas diferentes, fazendo com que, para uma mesma realidade, tenhamos resultados diferentes e não comparáveis.

Como na famosa obra de Alexandre Dumas, é necessário ir mais fundo para saber quantos são os mosqueteiros ou, na gestão, conhecer a metodologia de cálculo para saber o verdadeiro significado do resultado do indicador. Só então podemos analisar, comparar e decidir.

☞ **Dica**: Uma vez decididas quais métricas serão usadas, pode ser útil saber como outras empresas fazem o cálculo. Uma coleção de indicadores, com as respectivas formas de cálculo, pode ser encontrada no *site* do livro www.indicadoresrh.com.br.

9 People Analytics

As empresas perceberam que há uma vantagem competitiva em conhecer melhor seu pessoal. Para isso, estão usando mais ferramentas analíticas no RH.

Quando utilizamos dados para entender quais comportamentos no local de trabalho tornam as pessoas mais eficientes, felizes, criativas, líderes, seguidoras, pioneiras ou especialistas, estamos fazendo *people analytics* [11]. A tecnologia coleta, organiza e analisa dados sobre o comportamento e desempenho dos trabalhadores visando recrutar os melhores talentos e conhecer melhor os colaboradores para aumentar sua satisfação e produtividade.

Para entender a *people analytics*, é útil acompanhar a evolução do uso da informação no RH. No início, cada empregado tinha uma "ficha". As informações eram básicas e individuais. Em um segundo momento, as fichas foram informatizadas, ou seja, inseridas em um computador. Isso permitiu que os dados pudessem ser analisados de forma agrupada. Ficou fácil, por exemplo, saber a idade média ou o tempo de casa dos grupos de pessoas.

Com as informações na mão, o RH realmente começou a fazer gestão. Para maior eficácia, muitos dados passaram a ser consolidados na forma de indicadores como Absenteísmo, Percentual de Horas Extras etc. Isso permitiu que os processos de RH pudessem ser avaliados e melhorados e que grupos profissionais diferentes, como vendedores, pudessem ser monitorados separadamente. Mas a análise das informações e dos indicadores dependia da observação atenta e da intuição dos gestores.

Então houve uma explosão de dados: notícias, redes sociais, balanço da empresa, reclamações e elogios dos clientes, pedidos de demissão etc., e, ao mesmo tempo, a tecnologia da informação deu um salto. Quem primeiro aproveitou os novos recursos foi o *marketing*, que já contava com os bancos de dados das lojas e supermercados. Assim, por meio de análises feitas por computadores, descobriram coisas já sabidas, como que a procura de flores e a de chocolates cresciam juntas, e as inusitadas, como, por exemplo, que as vendas de fraldas e de cervejas cresciam e caíam na mesma proporção. Com esse tipo de informação na mão, reorganizaram com sucesso os espaços de vendas e as técnicas de propaganda.

Mas, e o RH? No início do século 20, um fabricante na Filadélfia decidia as contratações fazendo com que seus capatazes ficassem em frente à fábrica e atirassem maçãs para o grupo de pessoas à procura de emprego. Aqueles rápidos o suficiente para pegar as maçãs e fortes o suficiente para mantê-las eram colocados para trabalhar [12]. Nessa época, as exigências eram apenas que os colaboradores fossem fortes e saudáveis. De lá para cá, os requisitos cresceram, os processos de seleção foram aprimorados e o RH mudou.

Agora há uma nova mudança de modelo, passando do operacional para o estratégico. Isso acontece porque o operacional está sendo absorvido pelas máquinas e as cobranças de contribuição do RH ao negócio aumentaram.

Empresas que tinham grandes volumes de informação e capacidade de processamento começaram a explorar as possibilidades. No começo dos anos 2000, o candidato a uma vaga no Google poderia ser submetido a uma dúzia de entrevistas. Com alguma análise, a empresa descobriu que, após quatro entrevistas, era de 86% a chance de o conhecimento acumulado pelos entrevistadores levar à decisão certa — as entrevistas adicionais aumentavam em apenas um ponto percentual essa probabilidade. Hoje, o recrutamento das equipes não técnicas é feito com quatro entrevistas e das técnicas, com cinco [13].

A ONG Médicos Sem Fronteiras conseguiu reduzir a taxa de abandono dos trabalhadores de campo para 50% com o uso da *people analytics*, melhorando os processos de recrutamento e fidelização dos colaboradores [14]. E a Nielsen descobriu que fazer uma movimentação lateral aumenta em 48% a chance de o profissional ficar na empresa [15].

Para conseguir esses resultados, especialmente os quantitativos, é necessário processar muitas informações. Aqui entra a *people analytics*, que literalmente pode ser traduzida como "análise de pessoas". Mas, fica óbvio que a tradução não expressa o conceito do termo que, de fato, refere-se à "análise de dados das pessoas". Daí a definição: "*People Analytics* é a aplicação de técnicas de análise de dados na área de recursos humanos para responder a perguntas de interesse do negócio" [16]. Então, toda vez que analisamos dados buscando entender ou criar oportunidades para que as pessoas sejam mais felizes e produtivas no trabalho, estamos fazendo *people analytics*.

É evidente que fazer análises de dados de pessoas exige muitos recursos, incluindo *hardwares*, *softwares* e profissionais especializados, como matemáticos, engenheiros de dados etc. Mas é perfeitamente possível começar a implantar a *people analytics* usando ferramentas disponíveis na empresa, como o Excel e, com frequência, informações já existentes no RH. Veja um exemplo no Anexo II.

A inteligência artificial não vai substituir gerentes, mas os gerentes que a usarem vão substituir aqueles que não a usam.

Rob Thomas, gerente da IBM para sistemas analíticos

10 O Processo de Gestão

Grande parte da atividade de gestão consiste em preservar o nível de desempenho, se satisfatório, ou buscar a melhoria dos processos. Isso é feito por meio das seguintes etapas:

1. Conhecer a situação.
Equivale a medir o desempenho existente.

2. Determinar o desempenho ótimo.
Esta etapa, que pode ser feita por levantamentos teóricos ou por meio de *benchmarking* [17], ajuda a determinar uma referência objetiva para a situação desejada, considerando também eventuais limitações de recursos e as peculiaridades da organização.

3. Identificar o *gap* de desempenho.
Consiste em comparar o resultado atual com o julgado possível de ser alcançado, permitindo determinar os benefícios e saber se o esforço para melhorar se justifica. Afinal, há muitas frentes de trabalho possíveis e algumas oferecem mais vantagens que outras.

4. Agir para obter melhoria.
Se observado que o custo para mudar é favorável, considerando os ganhos esperados, deve ser decidido o resultado a ser buscado (meta), devem ser feitos os investimentos e alteradas as práticas que vão buscar o novo patamar de desempenho.

Um Exemplo

A empresa decide avaliar seu processo de recrutamento e seleção. Na etapa 1, ela determina seu nível atual de desempenho. Isso pode ser feito calculando a Retenção 90 dias, que mede o percentual de trabalhadores que, depois de 90 dias da admissão, continuam na organização. Digamos que o resultado observado seja 75%, ou seja, três em cada quatro recém-admitidos permanecem na empresa depois de três meses.

Na etapa 2, ela verifica, por meio de *benchmarking*, que as melhores empresas do mesmo ramo de negócio têm Retenção 90 dias de aproximadamente 90%.

A comparação dos resultados (etapa 3) evidencia o potencial de ganho de 15 pontos percentuais na Retenção 90 dias. Considerando o benefício, decorrente da redução dos elevados gastos para a substituição de pessoas, decide-se priorizar a melhoria do processo de recrutamento e seleção. Então (etapa 4), a empresa define a meta inicial de 85% para a Retenção 90 dias e altera os procedimentos de contratação, adotando práticas de sucesso em outras empresas, tais como incluir uma entrevista com o futuro gestor da pessoa e oferecer uma visita ao ambiente de trabalho aos candidatos selecionados para que eles possam verificar se desejam mesmo a vaga.

Finalmente, a empresa continua monitorando o indicador Retenção 90 dias para avaliar se as novas medidas foram eficazes e suficientes para alcançar a meta ou se novas ações serão necessárias.

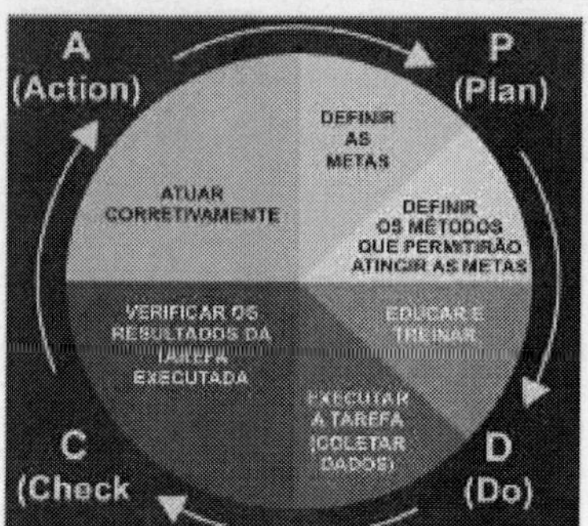

Figura 3 – *Ciclo PDCA*

Em resumo, a gestão, qualquer que seja seu nível, pode ser descrita por meio do conhecido Ciclo PDCA (figura 3), em que

P – *Plan* (planejar)
D – *Do* (executar)
C – *Check* (verificar)
A – *Action* (atuar corretivamente).

Gestão à Vista

O empregado precisa saber o que deve ser feito para atender aos objetivos da empresa (alinhamento), saber fazer (conhecimento e habilidade) e estar motivado para fazer (atitude). A cobrança periódica dos resultados dos indicadores, associados às metas estabelecidas, é um modo efetivo de promover o alinhamento, identificar lacunas de conhecimento e estimular as equipes.

A melhor forma de envolver os colaboradores é criar um sistema de medição que o próprio pessoal operacional execute e no qual os resultados sejam apresentados graficamente. A metodologia conhecida como Gestão à Vista, em que gráficos com os principais indicadores de cada área ou posto de trabalho são mantidos atualizados nas paredes, tem efeitos muito positivos sobre o desempenho das equipes.

Os gráficos oferecem transparência, mostram o que é realmente importante e esperado de cada um, e têm um caráter lúdico, fazendo do dia a dia uma sequência de desafios a serem superados e de recordes a serem batidos.

☞ Dicas:
- Padronize a apresentação dos principais indicadores usando um único modelo de gráfico.
- Limite a dois ou três indicadores por área, disponibilizando no ambiente de trabalho os gráficos atualizados.

Medições simples e visíveis do que é importante devem marcar cada área de operação de cada departamento. Cada gerente deve perseguir não mais de três ou cinco indicadores que capturem a essência do negócio.
Tom Peters

11 O Processo de RH

O processo mais importante em uma empresa — o de gestão das pessoas — é, na realidade, compartilhado entre todos os administradores da organização.

O RH não faz a gestão das pessoas; ela é feita, na prática, pelos gestores imediatos (supervisores, coordenadores, gerentes etc.) dos empregados. O que cabe ao RH é o chamado Macroprocesso de RH, uma coleção de processos relacionados à gestão de pessoas (figura 4). Os mais comuns são:

- Recrutamento & Seleção (R&S);
- Treinamento & Desenvolvimento (T&D);
- Compensação & Benefícios (C&B);
- Desligamento.

O que não impede que, em algumas organizações, o RH também tenha outras responsabilidades, como a segurança do trabalho.

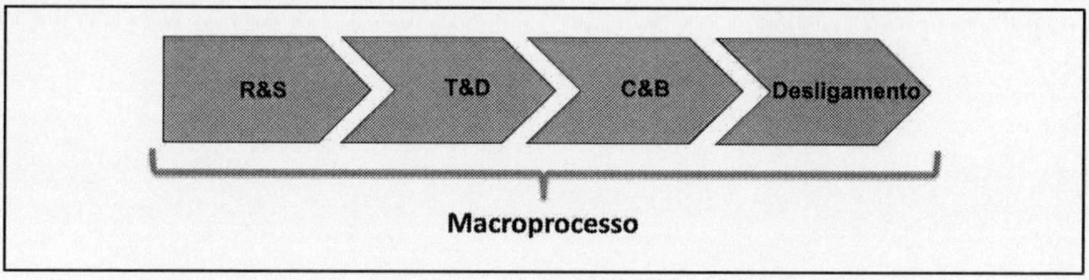

Figura 4 – *Os Processos de Gestão de Recursos Humanos*

Cada um desses processos está bem descrito na literatura e, mais adiante, serão associados aos indicadores que permitem monitorar e gerir os respectivos desempenhos.

Eficácia operacional não é estratégia.
MICHAEL PORTER

12 Escolhendo os Indicadores

A seleção dos indicadores é parte importante do processo de gestão. Toda organização pode ter um número elevado de métricas, mas a escolha de algumas poucas, que fazem sentido considerando os objetivos e a estratégia, pode representar uma grande vantagem.

Calcular os indicadores é a parte mais fácil. A dificuldade normalmente está em escolher as métricas certas e em interpretar seus resultados de forma a ganhar *insights* úteis para a gestão.

A importância do contexto na escolha dos indicadores fica mais clara com um exemplo: em uma empresa de TI, o conhecimento é muito importante. Então, o RH contribui com uma estratégia para a retenção das pessoas que detêm o conhecimento crítico para a organização. Nesse caso, um indicador de rotatividade dos programadores e analistas poderia ser uma boa escolha. Já em uma empresa com linha de produção em série, como uma montadora de automóveis, a reposição de empregados perdidos é mais fácil, mas faltas e atrasos são bastante prejudiciais para a produtividade; nesse caso, medir o absenteísmo poderia ser mais relevante. Resumindo, o resultado será bem melhor se a escolha dos indicadores for feita levando em conta os aspectos que mais influenciam os resultados, considerando as características e a estratégia da empresa, em vez da adoção de métricas usadas por outras empresas, ainda que do mesmo ramo. Assim, a "coleção de indicadores" que serve bem para uma organização pode não servir para outra. Do mesmo modo, diferentes setores da empresa podem se beneficiar de métricas diferentes.

A Society for Human Resources Management (SHRM) concluiu que muitas organizações optam por usar os indicadores mais objetivos e fáceis de calcular [18], em detrimento dos mais adequados para a gestão.

Embora a escolha das métricas possa ser feita usando diferentes abordagens, o fundamento do trabalho consiste em associar os indicadores aos objetivos que traduzem a estratégia da organização e ao bom desempenho dos processos relevantes para essa estratégia. A seleção dos indicadores relacionados à gestão de pessoas não deve ser feita exclusivamente pelo RH, mas tem de envolver gerentes operacionais e executivos seniores [19].

Para a escolha dos indicadores, a melhor prática recomenda os seguintes passos:

1. Conhecer e entender o processo (insumos, atividades/etapas, resultados, restrições) e seus resultados mais importantes para que ele cumpra seus objetivos com sucesso nos diversos aspectos (eficácia, eficiência, flexibilidade etc.).
2. Identificar, objetivamente, as evidências físicas ou intangíveis que os gestores usam para saber se o processo está atingindo os resultados desejados.
3. Selecionar indicadores preliminares para as evidências identificadas no item anterior. Isso inclui especificar as unidades de medida que serão usadas.
4. Comparar e validar as medidas do item anterior, levando em conta:
   - A sensibilidade da medida para os propósitos desejados;
   - O custo da medição, considerando os recursos para a coleta dos dados;
   - Os efeitos indesejáveis que a adoção da medida possa trazer.
5. Documentar o indicador, usando um formulário padronizado.
6. Testar os indicadores por alguns ciclos, submetendo-os à prova do dia a dia.
7. Aprovar e adotar os indicadores eficazes ou repetir a partir do passo três.

Em resumo, ao decidir pelo uso de um indicador, o profissional deve ter um objetivo prático em mente. Pode ser melhorar o desempenho de um processo, analisar uma situação para obter *insights* que possam direcionar esforços ou a alocação de recursos ou, ainda, oferecer informações a diferentes públicos. Muitas vezes, os indicadores usados em uma empresa, embora adequados aos processos existentes, estão desalinhados da estratégia. James Goodnight, presidente do SAS Institute (empresa que produz *softwares*), exemplifica essa situação com uma empresa que coloca como estratégia o trabalho em equipe, mas faz avaliações de desempenho que priorizam o individual.

Diferentes Formas de Mostrar a Mesma Coisa, mas com Diferentes Impactos

A forma como os dados são apresentados é relevante para que haja entendimento e uma correta interpretação da realidade. Esse aspecto se aplica tanto a notícias quanto a informações empresariais e, nos dois casos, pode levar a diferentes conclusões, influenciando as decisões tomadas. Assim, o analista deve ter responsabilidade ao escolher o indicador ou a abordagem que será usada na publicação dos resultados.

Leia o seguinte texto, extraído do *Balanço Social da Petros* de 2009: *"Ao final de 2009, havia 129 empregados negros e pardos na Fundação. Em comparação com o ano anterior, quando a Petros registrou um total de 108 empregados negros e pardos, o aumento foi de 17,6%"*.

Mostrando dessa forma, a instituição parece ter dado um grande passo para a diversidade racial de sua equipe. Mas, como o corpo funcional da Fundação Petros cresceu de 431, em 2008, para 469, em 2009, o percentual de empregados negros e pardos cresceu de 25,0% para 27,5%, o que representa um acréscimo de 2,5 pontos percentuais no período.

Nos dois casos, a informação é a mesma, mas a forma de apresentar e o impacto são diferentes. Em sua opinião, qual é a forma mais apropriada e ética para mostrar a evolução ocorrida?

Referência: Petros, ***Relatório Anual de Responsabilidade Social Empresarial 2009: Balanço Social***. Rio de Janeiro. 2010. p. 58.

Atenção: Um erro comum é confundir a meta com o indicador. Na lista de métricas de uma empresa encontramos "Redução do absenteísmo" quando, obviamente, essa era a razão para usar o indicador "Absenteísmo".

Desdobramento

O desdobramento serve para traduzir e alinhar os objetivos dos principais indicadores de desempenho estratégico (KPIs) até os níveis operacionais ou individuais.

Em inglês, é usual referir-se ao desdobramento usando o termo *cascading*; entretanto, essa palavra é inadequada por sugerir uma ação exclusivamente de cima para baixo, o que não é o mais saudável. Afinal, existe uma diferença entre replicar as medidas para os níveis organizacionais mais baixos ou repensar o que precisa ser feito em cada nível — e que deve ser medido — para alcançar os objetivos maiores da organização.

Em resumo, os indicadores estratégicos devem ser desdobrados de cima para baixo, pois é no topo da organização ou da unidade que se define a estratégia. Mas os indicadores operacionais devem ser estabelecidos de forma participativa e descentralizada; ou seja, devem ser escolhidos por quem tem a responsabilidade de executar.

Pirâmide de Resultados

O alcance de um determinado objetivo costuma decorrer de uma cadeia de causas e efeitos em que alguns resultados acabam gerando outros.

Assim, se uma organização que tem muitas faltas estabelece um Plano de Ações para reduzir o absenteísmo, a conclusão ou implantação das ações já é um resultado. Chamamos esse sucesso de resultado de 1.° nível. Caso as ações previstas no plano sejam eficazes, haverá uma queda no absenteísmo medido (resultado de 2.° nível) e, em decorrência, um aumento na rentabilidade do negócio (resultado de 3.° nível).

Quando escolhemos os indicadores para a gestão, devemos considerar os diversos níveis de resultados de modo a obter uma visão abrangente dos efeitos de cada decisão.

Efeitos Indesejados dos Indicadores

No processo de selecionar os indicadores, é importante evitar que o empenho em alcançar uma meta leve também a resultados indesejados.

Um caso bem conhecido, em que a escolha dos indicadores resultou em um comportamento prejudicial à empresa, é o do Banco Wells Fargo. Associando a lucratividade com o número de clientes, o banco estabeleceu como indicador o "Número de contas". Sob pressão para a melhora dos resultados desse simples indicador, os empregados passaram a abrir contas não solicitadas. Tudo ia bem até que a prática foi descoberta devido às queixas dos clientes. O escândalo que se seguiu causou sérios prejuízos à organização [20].

Uma solução, para prevenir que o esforço para melhorar um indicador possa prejudicar outros aspectos do processo ou do negócio, é equilibrá-lo com outro. Equilibrar implica selecionar indicadores que se complementam. As principais abordagens de balanceamento referem-se a garantir que meçamos ambos:

- Produção e segurança;
- Quantidade e qualidade;
- Eficiência e eficácia.

Exemplificando.

O processo de recrutamento e seleção (R&S) objetiva contratar empregados que tenham as competências necessárias para as posições em aberto e adequação à cultura da empresa. Se o RH for bem-sucedido na seleção, a pessoa ficará algum tempo na empresa, caso contrário, pedirá demissão ou logo será desligada. Esse aspecto pode ser avaliado pelo indicador Retenção 90 dias. Mas uma meta exigente para esse indicador pode levar o RH a demorar muito para conseguir o colaborador ideal. Então, podemos equilibrar a "qualidade" com a "velocidade" da contratação pela adoção de mais um indicador, como o Tempo para Contratar. Desse modo, após um período de aprendizado, podemos escolher as metas para esses indicadores de modo a ter o equilíbrio entre rapidez e qualidade que melhor atenda às necessidades da empresa.

☞ **Dicas:** • O RH não deve usar um indicador só porque alguém julga útil. Isso cria sistemas de medição com menor credibilidade e valor. As métricas devem ter uma conexão forte e lógica entre as pessoas e os principais resultados organizacionais, assim como a área financeira faz para os recursos monetários e o marketing para os recursos dos clientes.

• Cada área deve medir apenas aquilo sobre o que tem influência; o objetivo não é "matar a curiosidade", mas ter elementos para a gestão.

O processo de escolha dos indicadores influencia mais a qualidade da gestão que o simples uso dos indicadores.

13 Usando Indicadores no RH

Calcular e monitorar um indicador só faz sentido se ele estiver associado a um processo que precisa ser gerenciado ou melhorado.

Ter um bom conjunto de indicadores não é suficiente para o sucesso na gestão. Também é essencial fazer um plano de ações para a melhoria dos processos que estão sendo medidos e criar uma sistemática de avaliação periódica dos resultados, comparando-os com as metas estabelecidas. Nos casos de desvios, é preciso revisar o plano de ações, mudando a forma de fazer ou a quantidade de recursos alocados.

Essa rotina não deve ignorar os resultados operacionais mais importantes, como a emissão da folha de pagamento no prazo e sem erros ou a gestão dos períodos de férias dos colaboradores e outros que podem levar ao desrespeito à legislação ou ao empregado, com prejuízos financeiros e no clima organizacional. Assim, a maioria desses processos operacionais deve ter um sistema de monitoramento por meio de métricas que são observadas regularmente para saber se estão dentro dos parâmetros exigidos.

Uma mudança importante nos sistemas de gestão empresarial será a substituição dos indicadores associados ao controle por medidas usadas para aprendizado, permitindo um melhor entendimento dos fatores que levam à criação de valor. Usando essa abordagem, a eficácia de uma campanha de vacinação contra a gripe na empresa poderia ser avaliada pela redução do número de dias perdidos por doenças (absenteísmo médico), permitindo uma avaliação objetiva da relação custo/benefício para a organização que será considerada na decisão de repetir ou não a campanha no ano seguinte.

Um Detalhe Importante

Um problema comum na gestão é acreditar que o objetivo do trabalho seja melhorar o resultado dos indicadores. Não é verdade. O objetivo deve ser melhorar o desempenho dos processos que são monitorados pelos indicadores. Parece um detalhe semântico, mas não é. A primeira diferença ocorre na escolha dos indicadores, que devem ser selecionados para mostrar a *performance* dos processos nos aspectos mais relevantes para a organização e não para mostrar resultados bonitos.

Quantos Indicadores?

O livro *The 4 Disciplines of Execution* (2012), de McChesney, Covey and Huling, mostra que se você tem entre 11 e 20 metas, a chance de alcançá-las com excelência é nula. Mas, se você tem duas ou três, tem boa chance de conseguir.

Algumas medidas como, por exemplo, o "Custo de treinamentos devido à substituição das pessoas", fazem sentido em uma análise para diagnóstico em um momento específico. Mas deve-se evitar transformar essas medidas em indicadores que passam a ser calculados e analisados rotineiramente, pois apenas dividem os esforços e a atenção que devem ser dados aos processos relevantes para o sucesso da organização.

Convenções

Muitos indicadores de recursos humanos são calculados por meio de relações entre os diferentes usos do tempo dos trabalhadores. Outras métricas se baseiam no perfil da força de trabalho.

Diagramas, como o exemplificado adiante [21], permitem dividir categorias e tempos de forma organizada e completa, facilitando a compreensão dos indicadores por distinguir como os recursos são distribuídos. Logo, a definição de cada um desses "blocos" é importante para construir o sistema de indicadores.

Desligamentos		
Desligamentos por Demissão	Desligamentos a Pedido	Desligamentos por Aposentadoria

Diagrama 1 – *Estratificação dos Desligamentos, ocorrências ou percentuais*

> *O que medimos é o que obtemos, porque o que medimos tende a chamar nossa atenção, tende a ser gerenciado e tende a ser recompensado (ou, com frequência, punido).*
>
> Dean Spitzer

Delegação e Respeito às Pessoas

Quanto maior a delegação para que as pessoas respondam pelos resultados das atividades e processos sob sua responsabilidade, maior a eficácia da gestão. Isso não significa deixar "cada um cuidar de sua parte", pois, na delegação, o gestor preserva sua responsabilidade e deve, periodicamente, monitorar o processo e conversar com seus colaboradores sobre os resultados obtidos.

Esse monitoramento é facilitado pelo uso de indicadores e metas negociadas com o empregado. Por exemplo, se a realização do Plano de Treinamento estiver abaixo da planejada, as causas devem ser investigadas junto com o responsável pela sua execução.

Indicadores e Programas de Reconhecimento

Muitas empresas implantam programas para incentivar a produtividade e a melhoria de seus processos, mas os resultados frequentemente ficam abaixo da expectativa. Vários autores defendem que a meritocracia precisa ser sincera e honesta, pois resultados vistos como manipulados ou pouco confiáveis podem ter efeitos contrários aos desejados. Nesse contexto, programas pouco estruturados podem gerar desconfiança entre os colaboradores, premiações podem ser percebidas como práticas manipulativas e recompensas individuais podem parecer privilégios.

Um sistema de gerenciamento com indicadores é parte importante de um programa de reconhecimento do desempenho coletivo ou individual capaz de reforçar os comportamentos desejados. Bons indicadores estabelecem a confiança necessária para as pessoas trabalharem e dedicarem seus esforços de forma alinhada à missão da empresa, promovendo a integração entre as equipes e os diversos níveis organizacionais.

Avaliação de Desempenho

O problema vem de longe.

A avaliação, como forma de medida, era usada já no século III d.C., quando os imperadores da Dinastia Wei classificavam o desempenho dos membros da família oficial. A natureza tendenciosa da avaliação de desempenho individual foi notada pelo filósofo chinês Sin Yu, que teria criticado um avaliador empregado pela Dinastia Wei com as seguintes palavras: "O avaliador imperial de grau nove raramente classifica os homens de acordo com seus méritos, mas sempre de acordo com seus gostos e desgostos" [a].

Curva forçada.

Nesse sistema, os empregados são classificados de acordo com seu desempenho, com os melhores sendo indicados para promoções e os 5 a 10% inferiores encaminhados para desligamento. Em vez de aumentar a produtividade, esse sistema apenas aumenta a concorrência e desencoraja o trabalho em equipe. Em vez de serem incentivados a colaborar em novas ideias, os empregados se concentram em sobreviver.

A avaliação de desempenho é um jeito caro
e complexo de tornar as pessoas infelizes.
Kevin Murphy, da Universidade do Colorado

Referência

a. The KPI Institute, *Top 20 KPIs: 2016 Extended Edition*, Melbourne. p. 16. Austrália. 2016. Disponível em https://kpiinstitute.org/Survey_Resource_Top_20_KPIs_2016_Extended_Edition.pdf Acesso em 28.11.17.

Medindo o Intangível

Como todos os gestores, os responsáveis pelas áreas de recursos humanos das organizações precisam balizar e avaliar suas ações por meio de indicadores. Mas, diferentemente de vários outros, eles precisam conviver com dois tipos de métricas. Os indicadores que medem aspectos objetivos, como rotatividade, tempo de treinamento por empregado etc., e os que avaliam aspectos intangíveis, como clima organizacional e nível de engajamento. Isto porque as métricas objetivas, embora mais fáceis de obter e mais seguras em seus resultados, não são suficientes para a gestão de pessoas.

De modo geral, as medidas de parâmetros intangíveis são obtidas por meio de pesquisas e expressam o "sentimento" das pessoas. Nessas pesquisas, geralmente o empregado aponta seu grau de concordância ou discordância com uma afirmação apresentada.

Afirmação	Discordo completamente	Discordo com ressalvas	Não concordo nem discordo	Concordo com ressalvas	Concordo completamente
Minha remuneração é justa.	1	2	3	4	5

Os resultados numéricos (percentuais de respostas nos grupos 1 e 2, no grupo 3 e nos grupos 4 e 5) descrevem o sentimento da equipe em relação ao aspecto avaliado. Esse tipo de métrica é particularmente útil para avaliar as mudanças de percepção ao longo do tempo, comparando resultados obtidos em diferentes épocas e após diferentes ações de gestão. Um exemplo detalhado dessa forma de medir pode ser visto no item sobre o clima organizacional.

Indicadores e Estratégia

Mesmo indicadores corriqueiros têm um poder muito grande de influenciar as decisões do dia a dia pois, indiretamente, sinalizam os desejos dos gestores.

Por frequentemente ser o primeiro emprego de muitos jovens, praticar salários relativamente baixos e muitas vezes exigir trabalho nos fins de semana, os supermercados têm uma deficiência crônica de pessoal. Em um seminário promovido por uma associação do setor [22], várias empresas apresentaram suas práticas para minimizar esse problema de falta de trabalhadores.

A proprietária de um supermercado disse que perdia muitos interessados ao longo do processo seletivo e, para simplificar, concentrou o recebimento dos documentos, entrevistas e exames médicos em um único endereço. Em consequência, ficou mais fácil admitir o número de empregados necessário. Curiosamente, na sequência, o dono de outra empresa apresentou uma solução oposta. Na opinião dele, as pessoas contratadas permaneciam muito pouco tempo no emprego. Então ele criou uma série de dificuldades durante o processo seletivo, inclusive espalhando geograficamente as etapas de entrega dos documentos, entrevistas e exames médicos. Assim, só os realmente interessados nas vagas teriam a persistência para chegar ao final do processo.

As duas propostas são lógicas e defensáveis. Mas, examinando melhor, vemos que na primeira o foco foi colocado no RH; a intenção era fazer o preenchimento das vagas mais rapidamente. Na segunda, a atenção era na empresa, pois se o empregado entra, mas não fica, há prejuízo.

Naquele momento, os apresentadores não falaram sobre indicadores, mas não é difícil imaginar quais métricas correspondem às diferentes formas de pensar. No primeiro caso, o importante era o "Tempo para Preencher as Vagas" e, no segundo, a "Retenção 90 dias".

Problema: Falta de pessoal		
Indicador	**Estratégia**	**Resultado**
Tempo para preencher vaga	**Foco no RH** **Simplificar a contratação, concentrando o processo em um único local.**	**Menor número de desistências durante a contratação.**
Retenção 90 dias	**Foco no negócio** **Dificultar o processo de contratação, incluindo entrevistas em diferentes locais.**	**Maior número de desistências na contratação, mas maior Retenção 90 dias.**

Figura 5 – *Indicadores versus Estratégia* (Figura pelo autor)

Portanto, quando combinamos com o responsável pelo recrutamento e seleção o indicador que usaremos para avaliar o desempenho do processo, estamos dando uma sinalização do que vai direcionar as ações do dia a dia. O exemplo mostra que a escolha dos indicadores tem uma capacidade, maior do que geralmente é suposta, de influenciar o trabalho dos colaboradores e o desempenho da organização.

> ☞ **Dica**: De modo geral, os indicadores de RH se aplicam aos empregados permanentes das empresas. Quando outros grupos (aprendizes, estagiários, temporários etc.) devem ser acompanhados e analisados, normalmente as métricas são calculadas em separado.

Acompanhar métricas de eficiência das atividades de RH não vai impressionar ninguém, a menos que você possa fazer uma ligação entre as métricas e os valores tangíveis do negócio.

– Dave Ulrich

14 Análise Crítica

Indicadores apenas mostram os resultados. É papel do gestor analisar e interpretar os resultados para tomar as melhores decisões.

A análise crítica é uma etapa importante no uso de indicadores e deve ser feita com periodicidade fixa. Por exemplo, em uma reunião mensal logo que disponíveis os resultados do mês anterior. Para a análise, os resultados dos indicadores devem ser consolidados previamente em relatórios ou telas por meio de médias, medianas etc. e apresentados em tabelas e gráficos. O que observar varia conforme o objetivo do indicador seja monitorar um processo que está sob controle ou acompanhar a gestão de sua melhoria.

O valor isolado de um indicador tem pouca ou nenhuma utilidade. Na prática, o benefício depende de uma de três alternativas:

1. Sua comparação com uma meta.

   Comparar o resultado de um indicador com sua meta permite determinar a diferença entre a *performance* obtida e a desejada. Essa diferença, normalmente conhecida como desvio ou *gap* de desempenho, deve motivar a execução de ações de melhoria.

   Naturalmente, o resultado e a meta devem usar a mesma unidade de medida e devem ter sido estabelecidos usando a mesma metodologia.

2. Sua comparação com valores históricos.

   A comparação com os valores que o mesmo indicador alcançou nos períodos anteriores permite saber se a tendência é de redução, crescimento ou estabilidade; se está havendo uma melhora ou piora nos resultados. Essa informação é importante para permitir uma avaliação da eficácia das medidas tomadas.

Mas a simples comparação de resultados de dois períodos consecutivos geralmente não é uma boa ideia, pois existem variações normais (ruídos) que podem ser interpretadas como sinais de piora ou melhoria, levando a decisões erradas [23].

3. Sua comparação com algum referencial de desempenho ou excelência.

   A comparação dos resultados com referenciais de excelência (*benchmarks*) é útil para apontar vantagens competitivas ou oportunidades de melhoria.

Nos casos em que se deseja apenas manter a *performance* já estabelecida para o processo, o referencial de desempenho normalmente é uma faixa com os limites máximo e mínimo aceitáveis para o resultado. Nessa situação, só interessa saber se os valores estão dentro da faixa e se não há uma tendência clara de degradação, sinalizando que em breve o limite será ultrapassado.

Na maior parte dos casos, o senso comum é suficiente para a análise e interpretação dos indicadores. Mas há alguns cuidados. Por exemplo, é importante entender que a média é uma forma de resumir um conjunto de dados e que diferentes conjuntos podem resultar na mesma média; ou seja, o resultado médio do período pode ser satisfatório, mas alguns valores individuais podem não atender às exigências.

A análise crítica deve observar dois aspectos: os resultados obtidos, comparativamente às expectativas, e a execução física dos planos de ações para melhoria ou correção.

Contexto

Ao analisar os resultados dos indicadores, devemos levar em conta os números, mas também o contexto em que eles foram coletados e as características dos processos e das pessoas que serão impactadas pelo resultado da análise. É necessária uma visão abrangente, incluindo aspectos técnicos, humanos, econômicos, políticos e, por vezes, até climáticos.

Dois exemplos.

Uma rotatividade de 50% em uma equipe de quatro pessoas é diferente do mesmo resultado em um time de 150. Enquanto no primeiro caso uma situação fortuita pode ter definido o resultado, no segundo, é clara a existência de um problema estrutural.

Quando o repórter da TV, nas tradicionais reportagens de comparação de preço de materiais escolares feitas no início de cada ano letivo, lança a manchete "Materiais escolares têm mais de 200% de diferença de preço entre lojas", ele não destaca que isso acontece com as borrachas e lápis, que têm um custo unitário muito baixo. Assim, se em um lugar custa R$ 1,00 e em outro R$ 2,50, ele aponta a variação de 250%. É claro que isso raramente acontece na mesma proporção em produtos de maior custo.

Portanto, na análise, temos a obrigação de considerar e referenciar o cenário de modo a apresentar conclusões consistentes e com credibilidade.

A análise dos resultados dos indicadores não é suficiente. Para gerar insights, *ela precisa ser combinada com o contexto.*

Apresentação e Análise dos Dados

Gráficos e tabelas são essenciais para as análises e para os relatórios de gestão, pois permitem apresentar, de forma compacta e clara, uma grande quantidade de informações e facilitam a interpretação dos resultados, resultando em conclusões mais rápidas e seguras.

Tabelas

Muitas pessoas acreditam que os elementos gráficos exigem maior interpretação e não ficam muito confortáveis com isso, preferindo o formato familiar das tabelas. Na prática, gráficos e tabelas se complementam.

Algumas orientações para apresentar tabelas mais práticas e fáceis de entender:

- Alinhe os textos à esquerda e os números à direita.
- Mantenha os números de cada coluna com o mesmo número de casas decimais.
- Explicite claramente as unidades usadas.
- Coloque uma cor de fundo em linhas alternadas para prevenir enganos na leitura.

Em geral, as análises são feitas observando os gráficos, enquanto as tabelas são usadas apenas como referência para conhecer os valores exatos. Assim, não há prejuízo em incluir várias informações e resultados juntos.

Tabela 2 – *Absenteísmo e Absenteísmo Médico*

Mês	Horas normais programadas, h	Tempo perdido por ausências médicas , h	Absenteísmo médico, %	Absenteísmo, %	Absenteísmo médico/Absenteísmo, %
Janeiro	1801580	45405	2,5	3,9	65,0
Fevereiro	1502712	39976	2,7	4,4	60,6
Março	1956023	43256	2,2	3,7	60,5
Abril	1712670	44793	2,6	4,0	65,6
Maio	1850234	43630	2,4	3,8	62,2
Junho	1613975	41573	2,6	4,3	60,4
Julho	1790356	43528	2,4	3,9	62,5
Agosto	1855678	42679	2,3	3,6	63,4
Setembro	1678573	39879	2,4	4,2	57,0
Outubro	1833572	44834	2,4	3,9	63,1
Novembro					
Dezembro					

Nota: *A relação entre o Absenteísmo Médico e o Absenteísmo permite identificar uma eventual mudança no padrão comportamental dos colaboradores.*

Em alguns casos, pode ser conveniente acrescentar um texto explicativo, mas de modo geral, para evitar repetição de informações, é preferível manter os comentários apenas junto ao gráfico correspondente aos dados da tabela.

Tabelas e textos claros decorrem de um pensamento claro.
Jonathan G Koomey

Gráficos

A análise dos resultados dos indicadores deve responder a duas questões:

- Onde estamos? (nível de desempenho);
- Estamos melhorando? (tendência).

E essas duas respostas são bem mais fáceis de se obter se os resultados forem observados graficamente. Os gráficos também tornam mais visíveis os ruídos, comuns em dados reais.

Um bom gráfico de gestão deve mostrar o resultado do indicador nos últimos períodos, uma referência em relação ao momento anterior ou à meta, e dar uma indicação qualitativa, preferencialmente visual, do estado ou situação (bom, aceitável, ruim etc.) do resultado mais recente.

A razão para apresentar um gráfico, junto ou em substituição a uma tabela, é facilitar a visualização relativa dos resultados. Portanto, ainda que muitas vezes o gráfico não pareça bonito, é importante que a escala vertical sempre mostre o zero.

Também é uma boa prática que seja acompanhado de um pequeno texto, preparado pelo analista, descrevendo aquilo que o gráfico mostra, pois pessoas sem a mesma prática podem ter alguma dificuldade de interpretação.

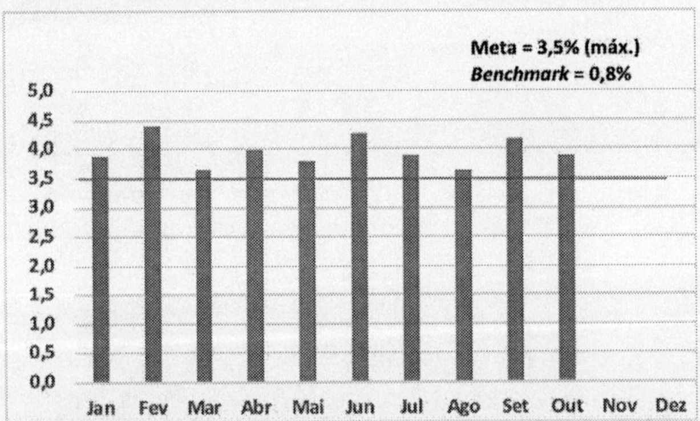

Análise: O Absenteísmo de outubro foi 3,9%, ainda longe da meta de 3,5%, exigindo providências. O resultado, embora menor que o do mês anterior (4,2%), está dentro da faixa de variação usual do indicador, não devendo ser visto como uma melhora real.

Figura 6 – *Absenteísmo mensal, %*

☞ **Dicas:** • Não é possível gerenciar desempenho usando gráficos de pizza, mostradores e medidores, pois mostram resultados pontuais e não as mudanças ao longo do tempo.
• Padronize o tipo de gráfico usado nos relatórios. O uso de diferentes tipos de gráficos exige atenção para entender a lógica de cada um deles, desperdiçando esforço que poderia ser usado na análise dos resultados.

O objetivo de um gráfico é destacar padrões em vez de dar valores precisos. Então, quanto mais simples, melhor.

Quantidade dos Dados

Quando tratamos da quantidade de dados, é importante saber que, mais importante que ter dados sobre tudo e sobre todos, é ter dados suficientes para o que nos interessa. Por exemplo, se tivermos os resultados de rotatividade de apenas três meses, não teremos condições de efetuar qualquer análise histórica.

Em geral, quando os estatísticos desejam que uma média seja representativa, sugerem um mínimo de 30 elementos[1]. E, quando queremos avaliar uma sequência de resultados, por exemplo, se um indicador está variando ao longo dos meses de forma significativa, precisamos de ao menos cinco pontos.

Sem dados, temos apenas opiniões.
– JAC FITZ-ENZ

Qualidade dos Dados

A qualidade dos dados corresponde ao grau em que eles são adequados para o uso. Um dos problemas mais comuns na análise dos dados é usar amostras não representativas do grupo que desejamos estudar.

Use o bom senso para avaliar se as informações disponíveis são confiáveis e se podem ser usadas na análise desejada. Assim:

1º Avalie a grandeza dos números para saber se são coerentes.

[1]– Mas cuidado. Essa é uma visão simplista e, nos casos de maior responsabilidade, devem ser usados métodos estatísticos para determinar o tamanho mínimo da amostra.

2º Verifique se os resultados estão em uma faixa adequada com base nos limites possíveis ou razoáveis, usando a experiência e o conhecimento. Por exemplo:

- Quantidade de horas extras semelhantes ou maiores que 10% das horas normais trabalhadas é pouco provável na maioria dos negócios.
- Percentual de profissionais de determinado gênero superior a 100% da amostra não é possível.

Apenas informações confiáveis permitem conclusões confiáveis. Daí a importância da qualidade dos dados.

Normalização de Dados

Os indicadores gerados com dados normalizados, isto é, que relacionam um valor absoluto (total de acidentes, por exemplo) a um fator comum (horas trabalhadas), permitem comparar o desempenho relativo de duas organizações em determinado aspecto, independentemente de diferenças como o porte.

Mas lembre-se, toda vez que quocientes são usados como indicadores, os gestores podem trabalhar no numerador, no denominador ou em ambos.

Sazonalidade

A sazonalidade, apesar do nome que remete às variações devido às estações climáticas anuais, aplica-se a diversos outros aspectos que influenciam de modo cíclico os resultados. Por exemplo, sabemos que a incidência do absenteísmo varia com os dias da semana.

Para as análises, os resultados dos indicadores com sazonalidade devem ser comparados com o período equivalente do ciclo ou dos ciclos anteriores. Alternativamente, o efeito da sazonalidade pode ser removido das séries temporais; esse processo é chamado de ajuste sazonal ou dessazonalização [24].

Uma abordagem mais simples para reduzir os efeitos da sazonalidade, e geralmente aplicável aos indicadores de RH, é o uso da média móvel. Nesse caso, para que a média móvel seja eficaz em amortecer os efeitos sazonais, o número de períodos incluídos no cálculo deve ser igual ao do padrão sazonal. Assim, em uma série histórica de vendas, por exemplo, toma-se a média móvel de 12 meses para retirar o efeito dos diferentes eventos comerciais do ano. Os indicadores, quando acompanhados por meio de média móvel, demoram mais a mostrar os resultados, porém indicam melhor as tendências.

Atraso/Delay

Uma dificuldade comum nas análises é provocada pelo tempo (denominado atraso ou *delay*) que pode existir entre a causa e seu efeito. Quando ligamos o interruptor, a luz acende de imediato. Quando abrimos o registro de água quente no chuveiro, sabemos que nossa ação leva mais tempo para fazer efeito, mas a resposta ainda é relativamente rápida.

Nos processos sociais, os tempos de resposta são usualmente longos e a possibilidade de existir fatores influentes não identificados ou fora de controle é bem maior. O investimento em treinamento, ou na melhoria do clima organizacional, pode demorar tanto a fazer efeito que fica difícil vincular os resultados às medidas tomadas. Um exemplo interessante foi oferecido por Steven Levitt, que polemizou ao correlacionar a redução na criminalidade norte-americana com a lei de liberação do aborto, ocorrida 20 anos antes [25].

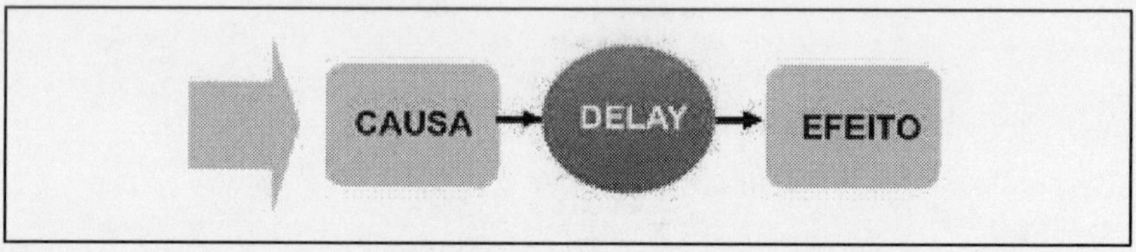

Figura 7 – *Atraso* (Delay).

Valores Monetários

Qualquer comparação de valores monetários de períodos mais longos exige correção para a inflação ocorrida. A correção pode ser feita multiplicando o valor de determinada data pela relação:

$$\frac{\text{Índice de inflação na data da análise;}}{\text{Índice de inflação na data do desembolso.}}$$

Além de usar a base correta para o valor da moeda, é importante informar o critério no rodapé das tabelas e gráficos. Do mesmo modo, é importante registrar as taxas de câmbio usadas na conversão das moedas.

Correlação entre Indicadores

Uma correlação é uma relação entre duas medidas que crescem juntas ou inversamente. A qualidade da correlação é expressa por um coeficiente que, usualmente, é apresentado variando entre -1 e +1, dependendo de a relação ser inversa ou direta, com o valor zero indicando que não há qualquer correlação.

Um dos mais famosos exemplos de correlação entre indicadores na área de RH é o estudo realizado por Anthony J. Rucci com dados de 800 lojas da Sears — uma cadeia de lojas de departamentos —, coletados durante cinco anos, para avaliar a conexão entre comprometimento de funcionários, fidelidade dos clientes e lucratividade. O levantamento mostrou que um aumento de cinco pontos na satisfação dos colaboradores correspondeu a um ganho de 1,3 ponto percentual na satisfação dos clientes e um aumento de 0,5% na receita [26].

Sorvete Mata?

Quanto mais sorvete é vendido em determinado dia em qualquer cidade, mais pessoas se afogam. As vendas de sorvete aumentam, as mortes por afogamento aumentam.

Os dados se correlacionam bem, mas o sorvete não tem relação com os afogamentos. Existe uma terceira variável que é o calor. Quanto mais quente fica, mais pessoas tomam sorvete e mais pessoas nadam. Quanto mais pessoas nadam, mais pessoas se afogam.

Moral da história: sorvete é seguro. Correlação não é igual a causalidade. – Josh Brobowsky, no LinkedIn

Outro levantamento [27] mostrou que quando há aumento na quantidade de horas extras realizadas, de forma associada a determinado aumento de produção, a chance de o colaborador se envolver em acidentes aumentava em 40%. Assim, as horas extras passaram a ser monitoradas para auxiliar na prevenção de acidentes. Análises que permitem identificar correlações são instrumentos poderosos para buscar a melhoria de resultados. Mas é importante ter consciência de que uma correlação não corresponde, necessariamente, a uma relação de causa e efeito (ver *box*).

Previsões

Quando o RH fornece projeções vinculando suas ações aos impactos futuros em aspectos como receita, satisfação do cliente ou produtividade, a organização pode agir de forma mais eficaz.

O processo mais elementar para fazer previsões é a extrapolação. Mas a técnica apresenta uma falha básica: presume que a tendência vai continuar, o que muitas vezes não é verdade. A simples projeção do forte crescimento da participação feminina no mercado de trabalho no Paraná no período de 2009 a 2013 [28] indicava que, em 2030, todos os postos de trabalho estariam tomados por mulheres. Esse exemplo, que contraria o bom senso, serve para exemplificar o cuidado que se deve ter nas extrapolações.

Previsões nos permitem mudar
a forma de agir.
Isso muda o futuro de modo a não
obedecer às nossas previsões.

15 Os Indicadores de RH

Indicadores como Rotatividade e Absenteísmo permitem observar a dinâmica da troca de empregados ao longo do tempo. Outros servem para monitorar os custos dos diversos processos ou da própria força de trabalho ou, ainda, para avaliar o benefício dos investimentos feitos na gestão de pessoas.

O uso de indicadores é bem comum no RH. A grande quantidade de métricas apresentadas neste livro é uma pequena parte das muitas usadas no dia a dia da área. Alguns poucos indicadores, como o Absenteísmo e as Horas Extras Realizadas, podem ser associados às pessoas, mas a maioria deve ser calculada exclusivamente para a empresa, processos e unidades organizacionais.

Além dos indicadores, o RH precisa ter dados e estatísticas úteis para a gestão ou para a prestação de contas sobre a organização, como a distribuição dos empregados por idade, tempo de casa, sexo etc.

Uma das razões pelas quais devemos valorizar muito os dados e as análises é que agora sabemos que os cérebros humanos geralmente cometem uma série de erros sistemáticos de julgamento.

THOMAS DAVENPORT

Indicadores Mais Comuns no RH

Um levantamento identificou as métricas de RH mais usadas pelas empresas. Os resultados (tabela 3) confirmam a Rotatividade como a preferida pelos profissionais da área, sendo monitorada por 86% dos entrevistados, enquanto o Custo da Rotatividade — indicador considerado mais relevante pela alta direção das empresas — é acompanhado por apenas 16% das organizações.

Também vale notar que mais de um terço das empresas acompanha o Índice de Reclamações Trabalhistas, evidenciando a dificuldade de atender a uma legislação complexa e sujeita a interpretações.

Tabela 3 – *Indicadores apurados pelo RH*

Indicador	Percentual
Turnover	86
Absenteísmo	76
Acidentes no local de trabalho	69
Relação horas extras e horas trabalhadas	66
Clima Organizacional	59
Tempo médio de empresa	50
Tempo médio de contratação	42
Produtividade	41
Custo dos benefícios	38
Índice de reclamações trabalhistas	38
Índice de retenção de talentos	17
Custos da rotatividade	16
ROI (Retorno sobre o investimento) T&D	11
Outros	11

Fonte: *Carreira Muller. Webinar Indicadores de RH 2020. Disponível em https://www.youtube.com/watch?v=R0xa358fTlc. Acesso em 8.04.20.*

Entendendo os Indicadores de RH

Costumamos associar os indicadores a uma fórmula de cálculo e a um resultado. Mas muitas métricas têm peculiaridades que devem ser consideradas na escolha dos dados para os cálculos e na interpretação dos resultados.

A seguir, são apresentadas informações específicas para os indicadores mais comuns na gestão de pessoas, assim como as situações em que essas métricas são mais úteis. É importante saber que as metodologias de cálculo variam entre as organizações, mas os conceitos e as estratégias de análise são, de modo geral, os mesmos. Para melhor aproveitamento, é recomendado ler a seção *Como Usar Este Livro*.

15.1. Número de Empregados (Headcount)

O número de empregados é a informação mais básica na gestão de pessoas, uma métrica que deve ser anterior à construção das pirâmides.

O número de empregados é uma estatística importante e o RH frequentemente é cobrado por essa informação porque ela está diretamente associada ao custo da folha, permite determinar o porte da organização e serve para o cálculo de muitos indicadores relacionados à mão de obra. Entretanto, dos pontos de vista técnico e de gestão, o "Número de Pessoas" é uma métrica ruim por ser um valor absoluto e muito abrangente.

O conjunto de trabalhadores de uma empresa inclui os empregados permanentes e temporários, os terceirizados, os aprendizes e os estagiários. Mas, para a métrica Número de Pessoas, interessam apenas os empregados permanentes e temporários, os chamados CLTs.

É surpreendente, mas em empresas grandes é comum que as áreas financeira e de gestão de pessoas respondam à clássica pergunta "Quantos empregados a empresa tem?" com números diferentes [29]. Isso não é um grande problema, mas internamente o RH precisa ter um critério padronizado ou estabelecer que o número oficial é o fornecido por algum dos sistemas, como o da folha de pagamento, por exemplo.

Outra Forma de Medir

Força de Trabalho Equivalente

No cálculo da maioria dos indicadores que fazem uso da quantidade de pessoas, o Número de Empregados tem sido substituído, com vantagens, pela Força de Trabalho Equivalente (FTE), que corresponde ao número de pessoas trabalhando em tempo integral (40 horas/semana) que teria a mesma carga horária da equipe existente. Assim, duas pessoas que trabalham 20 horas por semana equivalem a uma em tempo integral, ou 1 FTE.

Usamos FTE, de "Força de Trabalho Equivalente", para preservar a mesma sigla do inglês *Full Time Equivalente*, já amplamente usada no Brasil. Mas outros nomes, como "Número Ajustado de Empregados", também são usados [30]. A Força de Trabalho Equivalente permite comparações difíceis em um ambiente em que trabalhadores em tempo parcial ou horas reduzidas são cada vez mais comuns. Assim, muitas empresas monitoram a receita gerada por FTE, a remuneração média por FTE e até o custo da área de RH por FTE.

O cálculo da FTE é feito pela soma do total das horas de trabalho normal (horas contratadas) dos empregados de tempo integral e tempo parcial em uma semana dividida por 40.

FTE = total de horas contratadas
do total dos empregados por semana/40

Uma alternativa consiste em dividir o total das horas de trabalho em determinado período, por exemplo um mês, pelo número de horas que seriam trabalhadas por um empregado contratado para fazer o equivalente a 40 horas por semana nesse mesmo mês.

Nas análises, devemos ser cuidadosos com as métricas que adotam o FTE como denominador, lembrando que esse número não representa o número real de pessoas da equipe. Outro cuidado é com os diferentes modos de calcular a FTE. A Saratoga, por exemplo, efetua o cálculo com base nas horas trabalhadas (que inclui as horas extras), em vez das horas contratadas. Essa diferença pode distorcer as comparações que fazem uso do FTE.

Um Exemplo de Uso

O tamanho da função RH tem crescido nos Estados Unidos, com os resultados indicando um aumento de 3% desde 2002, resultando em uma relação de 85 empregados para cada profissional de RH em 2003.

Na Europa, entretanto, a mudança foi insignificante. Em 2001, a relação de empregados (FTE) para empregados no RH (FTE) era de 88 para 1 e, em 2003, subiu para 90 para 1. Durante esse tempo, os custos por FTE do departamento de RH na Europa cresceram de 1.107,00 € em 2001 para 1.135,00 € em 2003.
Fonte: PricewaterhouseCoopers. *Key Trends in Human Capital: A global Perspective*. Jan. 2008.

Meta

Exceto nos programas de *downsizing*, é muito raro que o RH tenha como objetivo alcançar um número determinado de pessoas. Quando a empresa vai ao mercado para contratar ou, ao contrário, faz desligamentos, ela está buscando fazer adequações que, em princípio, não objetivam alcançar um determinado número de empregados. Portanto, o objetivo do RH deve ser o preenchimento das posições abertas e não alcançar um número definido de empregados.

> ☞ Dica: Embora valores como o número médio de empregados em determinado período possam ser fracionários, é melhor arredondar e apresentar sempre como um Número Inteiro.

Em Resumo

O foco da gestão de pessoas é gente. Assim, embora o número de empregados seja uma informação importante para os administradores, na prática, não costuma ser um indicador por não estar associado a um resultado desejado.

Se você não mostra quanto custa, vão imaginar o pior.
Se você não mostra o benefício, poucos vão ver.
HEADCOUNT

15.2. Horas Extras Pagas

Horas extras são a forma mais barata e prática para atender às necessidades eventuais de mão de obra.

Os principais objetivos do acompanhamento das Horas Extras Pagas são avaliar o dimensionamento da equipe e estimar a qualidade do planejamento do trabalho. Um volume excessivo de horas extras, de forma continuada, resulta em sobrecarga que prejudica o desempenho da equipe, esconde ineficiências, contribui para baixar a produtividade, eleva custos, aumenta o risco de acidentes e prejudica o ambiente organizacional.

Hora extra refere-se ao tempo trabalhado além do estabelecido como normal no contrato de trabalho ou na lei.

Como Calcular

É o número de horas extras pagas em relação ao tempo produtivo no período, expresso como percentual.

Horas Extras pagas

$$HEP = \frac{\text{Horas extras pagas}}{\text{Tempo produtivo}} \times 100$$

Em que:

Horas extras pagas – É o número total de horas extras pagas, no período.

Tempo produtivo – É o tempo total de trabalho (horas normais + horas extras) da equipe, no período, em horas. Não inclui o repouso remunerado.

Obs.: O resultado, em percentual, deve ser apresentado com uma casa decimal.

As horas colocadas no Banco de Horas Extras não devem ser incluídas no cálculo do indicador porque uma parte delas poderá ser compensada; nesses casos, há apenas um deslocamento das horas trabalhadas ao longo tempo.

Um Problema de Inconsistência

Em muitas empresas, o cálculo do percentual de horas extras é feito pela divisão das horas extras realizadas pelas horas normais trabalhadas.

$$\text{Percentual de horas extras} = \frac{\text{Horas extras}}{\text{Horas normais}} \times 100$$

Embora isso não traga problemas, exceto no caso de comparações com quem usa um cálculo diferente, não é conceitualmente correto. Isso porque percentuais devem, em princípio, corresponder a uma parte ou fração do todo; o que não acontece aqui.

Portanto, é melhor dividir as horas extras pelo total de horas trabalhadas, que inclui as horas extras mais as horas normais.

$$\text{Percentual de horas extras} = \frac{\text{Horas extras}}{\text{Horas extras + horas normais}} \times 100$$

<table>
<tr><td>Horas extras</td><td>Horas normais</td></tr>
<tr><td colspan="2">Horas trabalhadas</td></tr>
</table>

Outra forma de medir observa o custo das horas extras como percentual da folha de pagamento [31]. Mas, devido à grande variação dos salários da equipe, e ao efeito de correções salariais, esta não costuma ser uma boa referência para a gestão.

Exemplo de Cálculo

As informações para o cálculo do indicador Horas Extras Pagas normalmente estão disponíveis tanto no sistema de ponto quanto no usado para calcular os valores a serem pagos para os empregados. No sistema de pagamento, as horas costumam estar segmentadas pelo percentual (50 ou 100%) de acréscimo.

Planilha 1 – *Cálculo para Pagamento de Horas Extras*

	A	B	C	D	E	F	G
1	Abril/20	Horas normais, h	Horas extras pagas, h			Custo da hora normal, R$	Total pago, R$
2			Acréscimo percentual		Total de horas extras, h		
3	Empregado		50	100			
4	Ana	220	2	0	2	10,00	2.230,00
5	João	220	0	4	4	12,00	2.736,00
6	Lucia	220	3	2	5	9,00	2.056,50
7	Maria	220	3	0	3	15,00	3.367,50
8	Paulo	220	4	1	5	12,00	2.736,00
9	Tatiana	220	0	0	0	15,00	3.300,00
10	Total	1.320	12	7	19		16.426,00

Nota: *Dados fictícios. As células cinzas são calculadas.*

Os acréscimos correspondentes aos adicionais noturno, periculosidade etc., se pertinentes, devem ser incorporados ao valor das horas correspondentes antes do cálculo do valor das horas extras, tornando o cálculo da remuneração mais complicado. Entretanto, para o indicador de Horas Extras Pagas, interessa apenas o número de horas adicionais realizadas.

Embora algumas empresas efetuem o controle em períodos menores, o usual é que o indicador seja monitorado mensalmente.

Planilha 2 – *Cálculo do Percentual de Horas Extras Pagas*

	A	B	C	D	E	F
1	Mês	Horas normais, h	Horas extras pagas, h			Percentual de horas extras pagas, %
2			Acréscimo percentual		Total de horas extras, h	
3			50	100		
4	Janeiro	1.320	10	0	10	0,8
5	Fevereiro	1.100	8	2	10	0,9
6	Março	1.100	16	0	16	1,4
7	Abril	1.320	12	7	19	1,4
8	Maio	1.100	9	3	12	1,1
9	Junho	1.320	17	1	18	1,3
10	Julho	1.100	13	4	17	1,5
11	Agosto	1.100	11	3	14	1,3
12	Setembro	1.320	5	2	7	0,5
13	Outubro	1.320	7	1	8	0,6
14	Novembro	0	0	0	0	
15	Dezembro	0	0	0	0	
16	Total	12.100	108	23	131	1,1

Nota: *Dados fictícios para os primeiros dez meses de um ano. As células cinzas são calculadas.*

Na planilha, as horas extras do mês, com os diversos percentuais de acréscimo, são somadas (coluna E) e, em cada linha, o indicador Horas Extras Pagas (coluna F) é calculado pela divisão do total das horas extras pagas no mês (coluna E) pela soma das colunas B e E. O resultado é multiplicado por 100, para colocar o resultado na forma percentual.

Então, para abril, temos:

$$\text{Horas Extras Pagas} = \frac{\text{Horas extras}}{\text{Horas extras} + \text{horas normais}} \times 100$$

$$\text{Horas Extras Pagas} = \frac{19 \times 100}{19 + 1.320} = 1{,}4\%$$

Logo, em abril, as horas extras pagas corresponderam a 1,4% das horas trabalhadas.

Benefícios das Horas Extras

A possibilidade de realizar algumas horas extras permite suportar situações eventuais de sobrecarga de trabalho com uma equipe mais enxuta, mas dificilmente é uma boa solução para uso continuado, pois o custo das horas adicionais é maior que o das horas normais.

Entretanto, ainda que as horas extras custem mais para a empresa a cada hora trabalhada, a decisão de admitir horas extras ou contratar outro trabalhador deve considerar que um empregado existente, fazendo horas extras, não exige mais benefícios (vale-transporte, assistência médica etc.) e, portanto, a empresa não incorre em custos adicionais; mas, se um novo empregado for contratado, o custo dos benefícios aumentará.

As decisões também devem considerar os limites legais e as evidências [32] de que os trabalhos realizados em horas extras são menos eficientes.

Análise dos Resultados

A análise do indicador Horas Extras Pagas deve ser feita pela comparação com a meta estabelecida para o período, com valores históricos e com referenciais de excelência (*benchmarks*). Valores menores indicam, em princípio, resultados melhores, mas valores exageradamente baixos podem sinalizar que a equipe está superdimensionada.

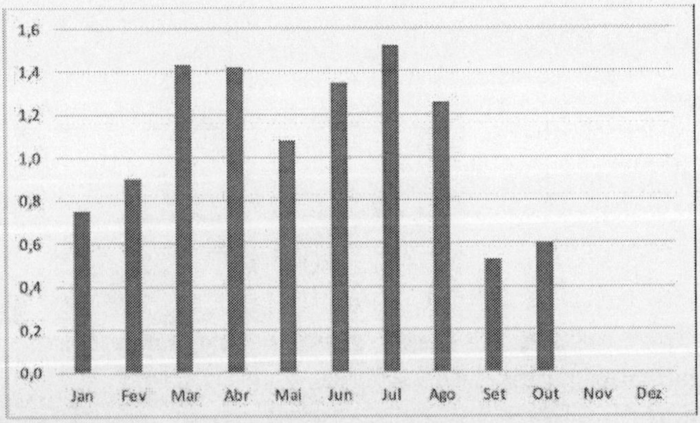

Gráfico 2 – *Horas Extras Pagas (dados da planilha 2), %*

Uma regra geral é que o total aceitável de horas extras deve ser próximo ao do tempo perdido por ausências não previstas, como as causadas por doenças ou abandono do trabalho. Volumes de horas extras significativamente maiores são indícios de que a equipe está subdimensionada.

Entretanto, a análise exige algum cuidado, pois pode ser o resultado de uma sobrecarga eventual de trabalho. Portanto, o melhor é acompanhar periodicamente o percentual de Horas Extras Pagas de forma a identificar a tendência ou a existência de um padrão consistente de uso de horas extras em excesso. Realizar um pequeno número de horas extras é uma condição saudável para o negócio e para os trabalhadores.

A apresentação gráfica dos resultados permite observar as variações mensais e, em consequência, fazer análises melhores.

Banco de Horas Extras

Um recurso útil na gestão das horas extraordinárias é o Banco de Horas, permitindo compensações que favorecem o empregado e, ao mesmo tempo, reduzem as despesas com horas extras eventualmente necessárias.

A compensação das horas extras trabalhadas passou a ser juridicamente legal a partir da alteração introduzida na legislação em 1998. No sistema de banco de horas, as horas excedentes da jornada de trabalho são registradas para que, quando houver demanda, sejam compensadas.

Para evitar que as horas do banco cresçam demais, representando risco, é conveniente estabelecer um limite por empregado de, por exemplo, 16 horas; e, naturalmente, um sistema de alarme que avise aos gestores quando esse limite for ultrapassado por algum colaborador. Ainda assim, é importante que o gestor do RH acompanhe o estoque total de horas no banco e tenha um limite de referência para eventual ação corretiva. Esse limite, dada a possível variação na quantidade de colaboradores ao longo do tempo, pode ser estabelecido de forma dinâmica, tomando o número de empregados multiplicado por, por exemplo, 75% das horas permitidas para cada colaborador (neste exemplo, 12 horas/empregado).

Em resumo, deve-se montar um sistema que monitore as horas disponíveis para cada empregado e, também, o total no banco, já que representa um passivo da empresa. Naturalmente, empresas que não usam banco de horas acabam tendo maior volume de horas extras pagas.

Outras Formas de Medir

Horas Extras Realizadas

Muitas vezes, as empresas acompanham apenas o número de horas extras pagas, ignorando aquelas que serão compensadas. Mas, para prevenir desgaste dos trabalhadores e atender às exigências legais, é importante monitorar também a quantidade de horas extras realizadas individualmente por colaborador (Horas Extras *per capita*) e, nesse caso, o que vale é considerar as horas efetivamente trabalhadas.

Esse acompanhamento pode ensejar ações que contribuam para uma melhor gestão, ajudando a prevenir o *burnout* [33] e acidentes. É uma medida que deve ser usada para proteger os trabalhadores de quantidades de trabalhos extenuantes, e não para conseguir "um número bom". Nessa análise, os valores extremos (os empregados com maior volume de horas extras feitas) são mais importantes do que a média da equipe, valor usualmente considerado na gestão, e esses volumes elevados de horas trabalhadas devem ser destacados nos relatórios.

Atenção: As horas extras realizadas devem ser monitoradas individualmente pelo sistema de ponto. Qualquer desvio em relação aos limites legais deve ser notificado imediatamente ao gestor direto do empregado.

Karoshi – Morrendo de Trabalhar

O Ministério de Saúde, Trabalho e Bem-Estar Social do Japão lançou um relatório, em outubro de 2016, apontando que cerca de uma em cada quatro empresas (23%) tinha funcionários fazendo mais do que 80 horas extras por mês. De fato, maratonas de trabalho fazem parte da cultura local e há até uma palavra em japonês, *karoshi*, que significa literalmente "morte por excesso de trabalho". Fonte: http://www.bbc.com/portuguese/vert-cap-39694644

Custo das Horas Extras

O custo mensal das horas extras pagas geralmente é significativo e deve ser informado aos gestores das áreas que efetivamente usaram ou autorizaram sua ocorrência. Para os gestores dos níveis mais altos da organização, esse custo é mais bem recebido se apresentado como uma fração do custo da folha ou do faturamento, como apresentado para o "Custo do Absenteísmo".

A medida também pode ser útil para definir o limite de horas extras que será aceitável em determinado período. Entretanto, para a gestão do dia a dia, o melhor é usar o percentual de horas extras pagas, por ser uma referência menos sujeita às variações das remunerações e outros parâmetros influenciados pelo crescimento da empresa e pela inflação. Afinal, é mais fácil para os gerentes e supervisores acompanharem quantas horas extras já autorizaram no mês do que se reportar a valores que mudam para cada trabalhador.

Fazendo Benchmarking

As quantidades de horas extras pagas consideradas *benchmarks* variam conforme o setor de negócio. Os valores normalmente publicados por instituições e pesquisadores internacionais são mais adequados à realidade de países desenvolvidos, em que os custos da mão de obra e as práticas gerenciais são diferentes das encontradas no Brasil. Logo, pode ser oportuno usar parâmetros mais próximos da realidade da empresa. A tabela a seguir foi extraída de um levantamento [17] com dados de 2014 de empresas paranaenses.

Tabela 4 – *Horas Extras Pagas – Valores anuais, %*

Segmento	Mínimo	Máximo	Média	Mediana
Adm. pública, serviços públicos e associações (7)	0,3	3,8	2,5	2,6
Alimentos e bebidas (10)	0,2	7,3	2,2	1,7
Comércio Varejista (11)	0,8	11,2	4,6	3,1
Concessionárias de rodovias (5)	0,5	9,1	3,1	1,9
Construção pesada (10)	0,5	21,4	12,5	14,8
Educação (11)	0,0	2,3	0,9	0,8
Hospitais (14)	0,0	7,7	2,7	1,3
Indústria automotiva (13)	1,6	7,0	3,6	3,3
Indústria metalúrgica (15)	0,1	8,8	4,0	3,4
Indústria química (10)	0,7	5,5	3,4	3,5
Logística, transporte e armazenagem (9)	0,2	14,7	5,4	4,3
Papel e celulose (4)	0,4	5,4	3,3	3,7
Planos de saúde (8)	0,3	3,8	1,8	1,3
Microempresas (5)	0,0	2,4	0,6	0,0
Outras empresas de serviços (35)	0,0	5,6	1,4	0,6
Outras empresas industriais (35)	0,0	11,1	3,3	3,3
Outras empresas comerciais (5)	0,0	1,2	0,5	0,4

Nota: *O número entre parênteses indica a quantidade de empresas na amostra.*

As médias apresentadas mostram as grandes diferenças nos diversos negócios. É importante observar que os valores mínimos apresentados na tabela podem corresponder a alguma situação peculiar e, portanto, não são os melhores para tomar como *benchmarks*; exemplificamos com o gráfico 3, retirado do mesmo levantamento, que mostra o percentual de horas extras pagas em 2014 por 15 empresas metalúrgicas. É evidente que o resultado da empresa E206 é atípico e não deve ser tomado como baliza pelas outras empresas para estabelecerem suas metas. Possivelmente o valor de 1%, alcançado pelas empresas E7 e E27, embora desafiante para a maioria, seja um referencial mais consistente.

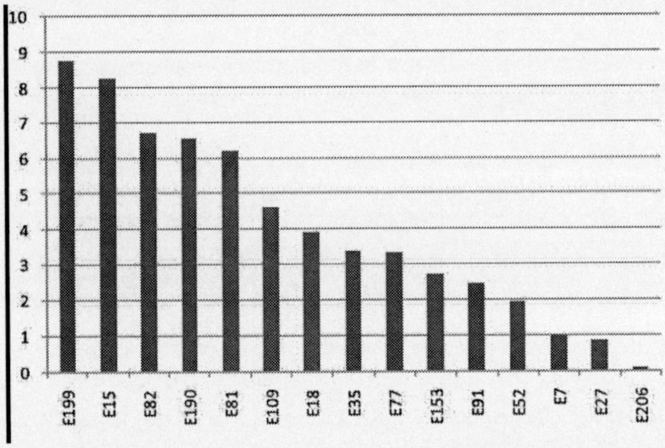

Gráfico 3 – *Horas Extras Pagas no segmento metalúrgico em 2014, %*

Fonte: *Bachmann & Associados.* ***7º Benchmarking Paranaense de Recursos Humanos 2015****: Dados de 2014. Curitiba. 2015.*

Metas

Quase todas as empresas têm informação sobre o número de horas extras realizadas, pois é essencial para o pagamento correto das remunerações e para as compensações. Mas não é a mesma coisa que fazer gestão de horas extras. Isso só ocorre quando a empresa efetua o acompanhamento, estabelece metas ou limites por área, setor ou departamento e faz um plano de ações para manter o controle ou buscar redução.

A prática contínua de elevado número de horas extras é uma anomalia que cria dependência e interessa aos colaboradores, na medida em que os valores recebidos passam a fazer parte do orçamento mensal. Desse modo, qualquer esforço para conter a realização do trabalho extraordinário deve ser feito com cuidado, para prevenir reações negativas. Uma estratégia, quando necessária, é estabelecer metas para uma redução gradual. Outra, é tomar medidas mais radicais imediatamente depois de algum aumento salarial, de modo a reduzir o impacto no orçamento dos empregados.

Algumas empresas apresentam os resultados das horas extras pagas em gráficos de barras ou de linhas e incluem dados de anos anteriores para evidenciar a sazonalidade que existe em alguns negócios. Nesses casos, para uma gestão mais eficaz, as metas para as horas extras devem ser estabelecidas separadamente para cada mês.

Nos serviços de manutenção, o limite máximo de 5% de horas extras em relação ao total de horas trabalhadas (horas normais + horas extras) está bem estabelecido em muitas referências [34] [35] [36] [37]. Por essa razão, muitas organizações, em seus contratos de manutenção terceirizada, penalizam com multas as empresas que extrapolam esse valor. Para atividades com maior previsibilidade, como as institucionais e prestação de serviços de consultoria, o limite aceitável é bem menor, de apenas 2% [34]; para os demais negócios, usualmente é algum valor na faixa de 2 a 5%.

☞ **Dicas:**

- A métrica pode ser calculada separadamente para as equipes próprias e terceirizadas; também pode ser aplicada a grupos diferentes de trabalhadores, como: pessoal de campo, de manutenção, de escritório etc.
- Embora as decisões relacionadas à realização das horas extras sejam dos gestores de cada área, o RH pode influenciar por meio de ações como:
  - Divulgar o custo das horas extras (totais e unitárias) para conscientização dos gestores.
  - Negociar metas máximas de horas extras mensais com os gestores de cada área, oferecendo alguma contrapartida como treinamentos, por exemplo.
  - Colocar foco no assunto, apresentando os resultados do indicador nas reuniões de análise crítica da empresa.

Resumo

A realização continuada de muitas horas extras tem custo elevado e sinaliza uma equipe mal dimensionada. Como a execução das horas extraordinárias acontece nas diferentes áreas da empresa, o uso de um indicador simples e objetivo que possa ser usado por todos os gestores ajuda no controle.

Se as empresas quiserem cuidar da saúde das pessoas, não é suficiente que tenhamos o descanso recomendado pelas legislações trabalhistas, porque esse descanso é para os músculos; necessitamos de um descanso para o cérebro.

Steven Poelmans

15.3. Rotatividade

A rotatividade, ou turnover, mede o fluxo de entradas (admissões) e saídas (desligamentos) de empregados em um determinado período. É, portanto, uma medida da velocidade com que a organização substitui sua equipe.

A Rotatividade mede a quantidade de capital intelectual que está deixando a organização. A rotatividade ideal é aquela em que a organização consegue reter os profissionais mais bem qualificados e substituir aqueles que apresentam deficiência no desempenho. O valor ótimo depende da situação, da estratégia da organização e das condições do mercado de trabalho.

A troca frequente de colaboradores traz incertezas para a equipe e prejudica a manutenção da cultura corporativa, além de exigir maior investimento em treinamento e trazer outros efeitos indesejáveis que costumam ser ignorados. Por exemplo, a área de RH da Hunter Douglas investigou a relação entre rotatividade dos colaboradores e a qualidade dos produtos [26] e observou que, nas divisões com rotatividade mais alta, os produtos fora de especificação chegavam a mais de 5%. A implantação de um programa de *mentoring* reduziu a rotatividade para 16% no semestre, com reflexos muito positivos na taxa de produtos danificados.

A movimentação das pessoas, causa da rotatividade, ocorre por:

- Insatisfação da empresa com o empregado:
  - Baixa produtividade;
  - Dificuldade de relacionamento etc.
- Início ou encerramento de atividade:
  - Fim de obra ou de etapa de projeto;
  - Fechamento de unidade.
- Insatisfação do empregado com a empresa:
  - Baixa remuneração;
  - Relacionamento ruim com os superiores ou colegas.
- Razões pessoais:
  - Transferência do cônjuge;
  - Gravidez, doença na família etc.;
  - Melhores oportunidades no mercado de trabalho.

Embora rotatividades elevadas possam ter muitas causas, frequentemente indicam que o ambiente interno ou os processos de recrutamento e seleção precisam ser aprimorados.

Nos casos em que a empresa se mostra insatisfeita com o empregado ou quando ocorre o encerramento de atividade, como, por exemplo, pela conclusão de uma obra, a empresa demite. Trata-se, portanto, de uma ação sob controle da organização. Entretanto, quando o empregado opta por sair, a organização tem muito pouco a fazer. Nesses casos, a gestão da rotatividade é feita por meio do monitoramento dos riscos de desligamento e de programas de sucessão das pessoas-chave, ou seja, aquelas cuja saída seria difícil de repor devido ao valor do seu conhecimento ou ao tempo necessário para efetuar a reposição.

É importante levar em conta que a maioria dos métodos para avaliar os efeitos da rotatividade falha por não diferenciar o grupo de empregados que são críticos para o negócio dos que não apresentam maior impacto. De fato, existe uma dificuldade prática em avaliar a proporção dos efeitos de cada grupo; por exemplo, em um supermercado, é melhor reter o gerente de compras ou 15 operadores do caixa? Para complicar ainda mais, o equilíbrio ainda depende da estratégia da organização e do ambiente externo, que influencia a dificuldade de encontrar substitutos. Por isso a rotatividade deve ser observada de diferentes enfoques, conforme o interesse da organização. As mais usuais são:

Rotatividade Voluntária x Involuntária

Para melhor avaliação, algumas organizações observam separadamente as rotatividades realizadas por iniciativa da empresa (Rotatividade Involuntária ou Forçada) e as decorrentes dos pedidos de demissão (Rotatividade Voluntária).

Rotatividade	
Rotatividade forçada	Rotatividade voluntária

Diagrama 2 – *Estratificação da Rotatividade, percentuais*

Rotatividade Funcional x Disfuncional

Quando a substituição do colaborador é vantajosa para a empresa, isto é, o benefício da troca é maior que o custo da substituição, é chamada de funcional. Se é feita por iniciativa do empregado, é ainda mais favorável, pois evita que a empresa tenha os custos e o desgaste de promover a dispensa. A rotatividade disfuncional acontece quando um empregado de interesse da empresa pede o desligamento ou tem de ser demitido.

A proporção dos desligamentos em cada um dos quadrantes é uma boa forma de avaliar essas movimentações.

Iniciativa do empregado	Muito ruim	Ótima
Iniciativa da empresa	**Ruim**	**Boa**
	Disfuncional (bom desempenho)	**Funcional (mau desempenho)**

Figura 8 – *Tipos de Rotatividade*

No contexto das empresas, a rotatividade normalmente refere-se às demissões que exigem substituição. Assim, demissões afetadas por fatores econômicos mais amplos, como as reduções por fechamento de fábrica ou corte de um turno de trabalho, não costumam ser consideradas. Do mesmo modo, contratações devido à ampliação das atividades, como as necessárias pela inauguração de uma nova unidade, também devem ser ignoradas.

Os norte-americanos denominam a dispensa dos empregados que saem de uma empresa, quando suas posições não voltarão a ser preenchidas, de *attriction*, e medem essa movimentação por meio da Taxa de Atrito (*Attriction Rate*). A taxa é mostrada como uma porcentagem do efetivo da empresa.

Para Pensar

"Uma suposição implícita da guerra pelo talento é que os profissionais que saem são perdidos para os concorrentes. No entanto, eles também se juntam a 'cooperadores' atuais e potenciais, como empresas de clientes, fornecedores e parceiros. Essa movimentação pode facilitar a criação e o fortalecimento de relacionamentos com essas organizações, criando oportunidades de negócios." Esse ponto de vista original, e pertinente, está descrito em detalhes no artigo *Guerra pelo Talento*.
Fonte: HSM Management. **Guerra pelo Talento**. Jan–fev. 2009. pp. 110–115.

Por Que Medir

Levantamento feito pela Society for Human Resource Management [38] com 566 empresas, em 2010, mostrou que mais da metade (51%) usa os resultados da rotatividade para monitorar a satisfação dos empregados com o trabalho. Isto não é, entretanto, uma boa prática, pois a medida inclui desligamentos feitos por iniciativa da empresa, por óbitos e outras causas que não guardam relação com a qualidade do ambiente de trabalho.

Mas, se a Rotatividade Geral não é adequada para avaliar o Clima Organizacional, ela serve para quê?

- Para gerir os custos da substituição das pessoas.
- Para medir e gerenciar a perda de capital intelectual, inclusive o tácito, que inclui o relacionamento com os clientes e colegas.
- Para prever o número de desligamentos provável em um determinado período, o que é útil para planejar as atividades de recrutamento e seleção.

Serve, ainda, de referência para os estudos de remuneração e benefícios.

Em vez da Rotatividade, a satisfação dos empregados pode ser mais bem avaliada pela Rotatividade Voluntária, que considera apenas os empregados que deixaram a organização por iniciativa própria. Mas, ainda assim, o indicador pode refletir mais a disponibilidade de boas ofertas no mercado do que a efetiva insatisfação com a empresa. Logo, o melhor é a medida direta, como a obtida por uma Pesquisa de Clima que, entre outros benefícios, ajudará a identificar os pontos específicos nos quais são necessárias melhorias.

Ações das mais diversas naturezas são apontadas como causas da redução da Rotatividade nas empresas [4]:

- Programas de reconhecimento eficientes;
- Promoções internas e planos de carreira;
- Melhora no processo de seleção dos colaboradores;
- Comprometimento dos gestores com o resultado do indicador;
- Aumento da segurança do trabalho;
- Programas de equilíbrio trabalho-vida pessoal.

Mesmo com boas políticas, programas de incentivo, oportunidades de avanço etc., fatores como localização geográfica, tamanho da cidade, laços familiares e até mesmo o clima local podem fazer alguém satisfeito com o emprego deixar a empresa. O gestor de RH e a empresa podem fazer muito pouco para mudar esses fatores. Cabe ao gestor se conformar à realidade e levá-la em conta no planejamento para que o prejuízo seja o menor possível.

> ☞ Você Sabia? A Constituição de 1988 (parágrafo 4 do artigo 239) estabelece uma penalização financeira às empresas que apresentarem taxa de rotatividade maior do que a média do segmento. O assunto ainda não foi regulamentado, mas merece atenção por parte das empresas.

Como Calcular

O cálculo da Rotatividade pode ser feito de diferentes modos. Na prática, identificamos o uso de sete diferentes fórmulas [9], mas a mais usada, e validada pela ABRH [39], é a seguinte.

Rotatividade

$$ROT = \frac{\text{Movimentação}}{\text{Efetivo médio}} \times 100$$

$$\text{Movimentação} = \frac{\text{Admitidos} + \text{Desligados}}{2}$$

$$\text{Efetivo médio} = \frac{EF1 + EF2}{2}$$

Em que:

Admitidos – é o número total de empregados admitidos no período, apenas para os postos de trabalho permanentes, isto é, nos quais há reposição.

Desligados – é o número total de empregados desligados (tanto por iniciativa da organização como por iniciativa dos empregados) no período, incluindo as saídas por óbito e aposentadoria, apenas dos postos de trabalho que serão mantidos, isto é, nos quais haverá reposição.

EF1 – é o número de empregados da organização no último dia do período anterior.

EF2 – é o número de empregados da organização no último dia do período considerado.

Obs.: O resultado, em percentual, deve ser apresentado com uma casa decimal.

A mesma fórmula pode ser usada para diferentes períodos, como mês, semestre ou ano, conforme o interesse. Mas existem alguns aspectos na escolha dos números para os cálculos que, frequentemente, são objeto de dúvidas. Como o objetivo do indicador é avaliar a troca das pessoas, devemos desconsiderar as admissões para aumento do quadro de empregados — para cobrir vagas que não existiam antes — ou por diminuição do quadro devido às vagas que deixaram de existir. Se uma determinada vaga foi criada no período e, por esse motivo, um empregado foi admitido, é fácil entender que não se trata de rotatividade (admissão de alguém para substituir outra que saiu). Assim, as movimentações devido às mudanças no quadro de empregados por acréscimo ou decréscimo de postos de trabalho só devem ser incluídas nos números iniciais do período seguinte.

Resumindo, excluir as movimentações para aumento ou redução permanente da equipe no cálculo da rotatividade, embora trabalhoso, resulta em uma medida mais adequada à gestão. E, para evitar que pessoas contratadas a partir do início do período distorçam o cálculo, é prático tomar o número de empregados do final do período anterior para o cálculo do efetivo médio.

Os empregados temporários (contratados por um tempo curto e definido) não devem ser incluídos nos cálculos da rotatividade e de vários outros indicadores. A conta deve incluir apenas o pessoal permanente, pois o objetivo é ter uma referência para a gestão dos empregados da organização.

Do mesmo modo, a inclusão de aprendizes, *trainees*, estagiários etc. leva a distorções, já que esses colaboradores estão sujeitos a regras administrativas diferentes. A Rotatividade pode ser calculada também para esses públicos, se julgado conveniente, mas como medidas separadas.

Exemplo de Cálculo

O mais comum nas empresas é o acompanhamento mensal da rotatividade, permitindo identificar eventuais problemas antes que se tornem graves.

Rotatividade Mensal

A planilha adiante apresenta, didaticamente, as várias situações que ocorrem no cálculo da rotatividade no dia a dia das empresas.

Os parâmetros usados no cálculo da Rotatividade são a "Movimentação" (coluna I) e o "Efetivo médio" (coluna J). A "Movimentação" é a média aritmética entre o número de "Admitidos" e "Desligados". Por exemplo: I4=(E4+F4)/2.

O "Efetivo Médio" corresponde à média aritmética entre o "Número de Empregados no final do período anterior" e o "Número de empregados no final do período". Por exemplo: J4=(D4+G4)/2.

O uso do "Número de empregados no final do mês anterior" evita que pessoas eventualmente contratadas a partir do primeiro dia do mês possam ser incorretamente contabilizadas.

Planilha 3 – *Exemplo de Cálculo da Rotatividade*

	B	C	D	E	F	G	H	I	J	K
2			Número de empregados no final do mês anterior	Admitidos	Desligados	Número de empregados no final do mês	Acréscimo ou redução permanente da equipe (1)	Movimentação	Efetivo médio	Rotatividade
3	2019	Dezembro				1.000				
4	2020	Janeiro	1.000	100	100	1.000		100	1000	10,0
5		Fevereiro	1.000	50	100	950		75	975	7,7
6		Março	950	100	50	1.000		75	975	7,7
7		Abril	1.000	100	120	980	30	110	990	11,1
8		Maio	1.010	100	100	1.010		100	1010	9,9
9		Junho	1.010	0	0	1.010		0	1010	0,0
10		Julho	1.010	100	100	1.010		100	1010	9,9
11		Agosto	1.010	100	100	1.010	-20	100	1010	9,9
12		Setembro	990	0	100	890		50	940	5,3
13		Outubro	890	100	0	990		50	940	5,3
14		Novembro	990	35	42	983		38,5	986,5	3,9
15		Dezembro	983	90	75	998		82,5	990,5	8,3
17								Rotatividade média mensal		7,4
19			Soma	875	887			881	999	
20								Rotatividade anual		88,2

Notas: *Dados fictícios. As células cinzas são calculadas.*
(1) – Positivo, se acréscimo, e negativo, se redução.

É importante perceber que existe uma diferença entre a "Rotatividade Anual" e a "Rotatividade anualizada". A primeira é calculada com os dados de um ano e a segunda correspondente a de um mês multiplicada por 12.

Situações Particulares

Usando os dados da Planilha 3, seguem as informações e o tratamento adequado para algumas situações particulares.

Dezembro

O ano de 2019 terminou com 1.000 empregados. Essa informação servirá de referência para o cálculo de janeiro.

Janeiro

Nesse mês, o número de empregados admitidos e desligados ocorreu em igual número. Essa situação, embora incomum na realidade, é útil para mostrar o significado da rotatividade, que corresponde ao percentual da equipe que foi substituída no período. No exemplo, a rotatividade do mês ficou em 10%.

Fevereiro

Nesse período, o número de desligados excedeu o de admitidos. Para manter a força de trabalho, no mês seguinte a empresa terá de aumentar a quantidade de admissões.

Março

Em março ocorreu o maior número de admissões para repor a força de trabalho perdida no mês anterior. A rotatividade no mês foi igual à do anterior, 7,7%. Então, vale observar que apenas conhecer o resultado da rotatividade não permite saber se houve mais desligamentos ou admissões no período e que o mesmo resultado poderia ser obtido com outras quantidades de admissões e desligamentos.

Abril

Além da movimentação normal, com admissão de 100 pessoas, houve a contratação de mais 30 para atender à expansão do negócio. Esses 30 empregados não correspondem à força de trabalho existente até agora, ou seja, não foram contratados para repor posições de trabalho anteriormente existentes. Portanto, devem ser ignorados no cálculo da rotatividade do período.

Maio

As pessoas contratadas no mês anterior, devido à expansão no negócio, agora já fazem parte da força de trabalho e devem ser incluídas normalmente no cálculo da rotatividade a partir deste mês. Por essa razão, são somadas ao número de empregados no final do mês anterior que, no exemplo, passou de 980 para 1010. Reduções permanentes da força de trabalho devem ser tratadas do mesmo modo.

Junho

Nesse mês não houve qualquer movimentação. Então, como esperado, a rotatividade ficou em zero.

Julho

Foi um mês típico, que não justifica qualquer comentário.

Agosto

Nesse mês foram desligadas 20 pessoas devido à terceirização de uma atividade. Logo, não há intenção de repor esses profissionais, caracterizando uma redução permanente da equipe. Essa movimentação é contrária à da ocorrida em abril, quando houve admissões para cobrir postos de trabalho anteriormente inexistentes. Portanto, o cálculo deve ignorar essas demissões que não fazem parte da rotina de preservação da força de trabalho.

Setembro

As pessoas dispensadas no mês anterior, devido à extinção dos seus postos de trabalho, agora impactam a quantidade normal de colaboradores. Então, devem ser deduzidas do número de pessoas existentes no final do período anterior, para o cálculo da rotatividade do mês. No restante, o procedimento é o mesmo.

Outubro, novembro e dezembro

O cálculo da rotatividade desses meses não tem qualquer peculiaridade que mereça atenção. Mas vale observar que as rotatividades de setembro e outubro foram iguais (5,3%), embora os desligamentos tenham ocorrido em um mês e as admissões, para compensar, tenham ocorrido no mês seguinte. Portanto, o indicador não mostra se a movimentação decorreu da entrada ou saída de colaboradores, como apontado anteriormente.

Rotatividade Anual

O cálculo da Rotatividade ocorrida no ano é feito do mesmo modo que para os demais períodos. Mas, naturalmente, são usados os números correspondentes ao ano todo. Exemplificando com os valores da planilha.

Total de admitidos no ano = 875
Total de desligados no ano = 887

$$\text{Movimentação} = \frac{875 + 887}{2} = 881$$

Número de empregados no final do ano anterior = 1000

Número de empregados no final do ano = 998

$$\text{Efetivo médio} = \frac{1000 + 998}{2} = 999$$

Logo,

$$\text{Rotatividade} = \frac{881 \times 100}{999} = 88{,}2\%$$

É importante observar que multiplicar por 12 a média das rotatividades mensais calculadas (7,4% no exemplo) resulta em um valor (88,8%), diferente do calculado usando os dados de todo o período (88,2%). Por isso, sempre calcule a Rotatividade usando a movimentação e o efetivo médio do período desejado.

Transferências Internas

A rotatividade da organização e dos seus departamentos são medidas distintas. A empresa pode ter uma baixa rotatividade e seus departamentos podem ter rotatividade elevada se a movimentação interna for alta.

Um dos principais objetivos da rotatividade é medir a perda de competências. Assim, quando um departamento cede um colaborador para outro, está perdendo parte do conhecimento, ainda que a empresa no todo possa estar ganhando, pois o empregado continua acessível para eventuais consultas e contribuindo em outra área da organização.

Portanto, no cálculo da rotatividade de um departamento, as entradas e saídas por transferência devem ser consideradas como se fossem admissões e demissões. Naturalmente, no cálculo do indicador da empresa, essas movimentações feitas entre áreas ou departamentos devem ser ignoradas.

Análise dos Resultados

A análise dos resultados da Rotatividade é feita pela comparação com valores históricos e com referenciais de excelência (*benchmarks*). Valores muito elevados podem indicar problemas no recrutamento, na política salarial ou no clima organizacional, enquanto valores próximos a zero apontam falta de oxigenação da equipe.

Em muitos casos, a rotatividade pode ser correlacionada com a política salarial adotada [40]. Salários inferiores ao mercado normalmente correspondem a rotatividades mais altas. Pode ser, portanto, uma estratégia de negócio.

Vale lembrar que uma baixa rotatividade durante períodos em que a economia vai mal apenas indica que os empregados têm menores oportunidades no mercado e não necessariamente que as ações para retenção de talentos são eficazes.

Segmentação dos Resultados

O simples fato de a rotatividade ter se reduzido em relação ao período anterior não significa melhoria. Afinal, não interessa apenas o número de empregados substituídos, mas também as características dos empregados perdidos.

Assim, para uma análise mais consistente e útil, além da rotatividade na organização ou unidade, a Rotatividade pode ser calculada para cada causa de desligamento, como:

- Rotatividade geral – Inclui todos os desligamentos ocorridos, inclusive por morte.
- Rotatividade voluntária – Inclui apenas os desligamentos por iniciativa dos empregados (excluindo aposentadorias); também é chamada de Taxa de Evasão.
- Rotatividade involuntária – Inclui apenas os desligamentos por iniciativa da organização (excluindo *layoffs*).
- Taxa de aposentadoria – Inclui apenas os desligamentos decorrentes de aposentadorias.

Para melhor avaliação, pode ser importante medir a rotatividade em grupos específicos de profissionais (gerentes, técnicos, mulheres etc.), especialmente dos mais relevantes para a organização. Em uma empresa, pode ser a equipe de vendas, em outra, o time de P&D. Por exemplo, no negócio de hospedagem, as taxas de rotatividade são cerca de 60% ao ano para funcionários de nível operacional e cerca de 25% para cargos gerenciais [41].

O Tipo de Atividade Afeta a Rotatividade

Um levantamento feito nos Estados Unidos concluiu que algumas funções oferecem maior mobilidade aos empregados que outras. Assim, atividades cujos resultados são bastante dependentes do entrosamento com os colegas diminuem a disposição para mudar, já que o risco do insucesso em outra organização aumenta. Essa situação foi exemplificada com uma análise da movimentação dos jogadores da Liga Nacional de Futebol dos Estados Unidos em que, nos dez anos do período estudado, a rotatividade dos "receptores" foi de 8,3%, enquanto a dos "chutadores" — que é uma atividade mais individual — chegou a 19,4% [26].

Um Cuidado na Interpretação

A Rotatividade é a métrica preferida dos profissionais de recursos humanos, mas frequentemente é mal interpretada. Do ponto de vista de custo direto de substituição dos empregados, perder 2% do pessoal por mês equivale a 24% ao ano. Mas, de uma perspectiva da gestão da equipe (necessidade de integração, treinamento etc.), sua retenção anual não é necessariamente de 76%. De fato, deve ficar entre 76 e 98%.

Em um extremo, cada duas pessoas por mês que saíram já estavam com você no começo do ano, fazendo com que, no final do ano, sobrem apenas 76% daquelas que iniciaram o ano na empresa. No outro extremo, as mesmas duas vagas mudaram todo mês e, no final do ano, a empresa ainda tem 98 das 100 pessoas da equipe inicial.

O gestor tem de ter consciência sobre como os indicadores são calculados para que possa tomar decisões bem baseadas.

Fazendo Benchmarking

Embora o cálculo da rotatividade seja muito comum nas empresas, as comparações para fins de *benchmarking* são difíceis devido à grande variedade de métodos de cálculo usados. Ainda assim, observar o ambiente externo por meio das estatísticas do DIEESE e do Ministério do Trabalho e Emprego, por exemplo, permite avaliar as tendências regionais que, possivelmente, se aplicam também ao seu negócio.

Levantamento feito pela Great Place to Work [42] mostrou que as melhores empresas para trabalhar no Brasil tiveram, em 2012, rotatividade anual de 23,1%, enquanto a estatística mais abrangente do DIEESE mostrou uma rotatividade de 43,1%.

Nomenclatura para a Rotatividade

O DIEESE adota os termos "Taxa de Rotatividade Global" e "Taxa de Rotatividade Descontada". Qual a diferença? A "Taxa de Rotatividade Global" inclui, além dos desligamentos por demissão, aqueles por transferência, aposentadoria, falecimento ou a pedido do trabalhador. Assim, o indicador inclui variáveis que estão fora do controle das empresas, como aposentadoria e falecimentos.

A "Taxa de Rotatividade Descontada" inclui apenas os desligamentos sem justa causa, excluindo os motivos citados antes. Ela é mais precisa para aferir a substituição dos trabalhadores naquilo em que as empresas podem influenciar.

Meta

Para escolher uma meta, é preciso saber a contribuição do resultado para o negócio e, igualmente importante, saber se o resultado desejado é compatível com as características da equipe, do negócio e dos ambientes interno e externo.

Embora o mais comum nas comparações externas e no planejamento — como orçar os custos de recrutamento e seleção — seja usar a rotatividade anual, a gestão geralmente obedece a uma rotina mensal. Assim, é conveniente que a meta mensal, que corresponde à anual dividida por 12, seja a usada no dia a dia. Por exemplo, a meta anual de 30% corresponde à rotatividade mensal de 2,5%.

Rotatividade Ótima

O valor ótimo depende da situação específica de cada organização, do mercado de trabalho e da estratégia da organização.

Diferentemente de outros indicadores como Absenteísmo e Taxa de Acidentes, que quanto menor melhor, ou Produtividade, que quanto maior melhor, a Rotatividade deve se situar dentro de uma faixa. Como usualmente o problema com o qual as empresas mais convivem é a rotatividade elevada, é comum esquecer que manter as pessoas erradas na equipe também tem custo. Mas, de modo geral, a redução da rotatividade contribui para a melhora dos resultados financeiros, traz ganhos de produtividade e melhora o clima organizacional.

A consultoria Towers Watson concluiu que organizações com uma rotatividade intermediária (cerca de 15% ao ano) apresentam produtividade maior que as com resultados elevados (30 a 40%) ou muito baixos (cerca de 5%). Outro aspecto levantado pela pesquisa é que o principal não é a quantidade de rotatividade de pessoal, e sim, a qualidade dessa rotatividade [43]. Assim, organizações com nível tecnológico mais elevado precisam ter rotatividade inferior, já que o custo de capacitar as equipes é maior.

Em resumo, a rotatividade ótima varia com vários fatores, como:

- **Segmento do Negócio**

A realidade de cada tipo de negócio é diferente. Daí a importância de tomar referenciais de desempenho no mesmo segmento. Vejamos.

– Supermercados e *call centers* tipicamente têm rotatividades elevadas. São negócios que se destacam por ofertarem o primeiro emprego e exigirem baixa qualificação para a maioria dos postos de trabalho, o que torna a mão de obra relativamente fácil de encontrar no mercado. Nesses segmentos, rotatividades anuais de 40% podem ser consideradas Classe Mundial [40].

– Indústrias químicas usualmente têm rotatividades muito baixas. Caracterizam-se por profissionais com nível técnico especializado e, portanto, difíceis de encontrar. O ambiente apresenta riscos de segurança elevados, que impõe investimentos em treinamentos que devem ser preservados, ainda que às custas de uma política salarial mais flexível.

– Em segmentos como os da construção e da agricultura, a saída do emprego geralmente está associada à conclusão de algum tipo específico de atividade. Esse efeito, inerente ao tipo de negócio, resulta em maiores rotatividades.

Para confirmar as diferentes realidades, seguem os resultados de levantamento com um conjunto de 201 empresas instaladas no Paraná.

Outro aspecto importante a considerar no estabelecimento das metas é o nível de relacionamento dos colaboradores com os clientes e fornecedores. Em empresas com estratégia de atendimento diferenciado, é mais importante contar com baixa rotatividade.

Tabela 5 – *Rotatividade anual em diferentes segmentos, %*

Segmento	Mínimo	Máximo	Média	Mediana
Adm. pública, serviços públicos e associações (8)	2,8	18,1	7,1	5,0
Alimentos e bebidas (11)	12,4	127,7	58,0	42,0
Comércio varejista (12)	16,8	140,9	67,0	62,5
Concessionárias de rodovias (5)	21,2	31,6	28,3	29,5
Construção pesada (9)	16,5	165,2	80,7	69,3
Educação (11)	21,5	70,7	37,0	34,2
Hospitais (14)	15,3	57,7	42,4	43,7
Indústria automotiva (13)	11,8	34,5	20,6	19,6
Indústria metalúrgica (16)	9,7	67,9	35,2	30,4
Indústria química (10)	7,1	77,9	33,4	22,8
Logística, transporte e armazenagem (9)	13,3	168,2	58,2	31,9
Papel e celulose (5)	12,9	44,3	23,5	22,9
Planos de saúde (8)	15,2	40,9	26,1	24,9
Microempresas (5)	0,0	109,1	41,4	28,6
Outras empresas de serviços (40)	4,3	102,3	41,2	33,5
Outras empresas industriais (35)	11,3	100,8	33,6	31,3
Outras empresas comerciais (5)	26,0	72,3	51,0	61,9

Nota: *O número entre parênteses indica a quantidade de empresas na amostra.*
Fonte: *Bachmann & Associados. 7º Benchmarking Paranaense de Recursos Humanos 2015: Dados de 2014. Curitiba. 2015.*

- **Sexo e Faixa Etária**

Há evidências de que o sexo pode influenciar a rotatividade e que a idade é um fator importante a ser considerado. Os números de 2010 do Walmart Brasil ilustram esses efeitos.

Tabela 6 – *índice de Rotatividade na Walmart Brasil, %*

Gênero		
	Masculino	19,1
	Feminino	17,8
Faixa etária		
	Até 30 anos	26,9
	De 30 a 50 anos	9,5
	Mais de 50 anos	0,6

Fonte: *Walmart Brasil.* ***Relatório de Sustentabilidade 2011****: Exercício 2010. Disponível em: www.walmartsustentabilidade.com.br/relatorio-online/port/ra/index.htm. Acesso em 16 set. 2011.*

- **Escolaridade**

Em geral, os grupos de profissionais com curso superior apresentam maior estabilidade nos empregos. Um levantamento de fábricas de celulose [44] mostrou que a rotatividade do pessoal é menor nas fábricas em que os colaboradores têm maior escolaridade. Mas deve-se levar em conta que o grau de instrução pode estar associado a outros fatores como idade, setor de negócio, remuneração etc. [45].

- **Localização**

A localização da empresa afeta a rotatividade de dois modos. Quando o local do trabalho é distante da residência do empregado, ou a logística é complicada devido à falta de transporte adequado, há maior chance de o empregado vir a pedir demissão.

Também as características culturais regionais e a diferente disponibilidade de empregos fazem com que a localização influencie a rotatividade, como ilustram os números de 2010 do Walmart.

Tabela 7 – *Rotatividade por região, %*

Região	Rotatividade
Centro-Oeste	1,6
Nordeste	8,0
Sudeste	10,1
Sul	17,1

Fonte: *Walmart Brasil.* ***Relatório de Sustentabilidade 2011****: Exercício 2010. Disponível em: www.walmartsustentabilidade.com.br/relatorio-online/port/ra/index.htm. Acesso em 16 set. 2011.*

- **Nível de Padronização das Atividades**

Um estudo feito em lojas do Borders Group, Inc. — empresa varejista internacional de livros e música baseada nos Estados Unidos — mostrou que, em geral, o aumento de rotatividade estava associado a uma redução do desempenho, medido pela qualidade do serviço prestado e pela margem de lucro [46]. O mesmo estudo concluiu que o efeito da rotatividade era minimizado em unidades com maior compromisso no cumprimento de procedimentos ou padrões. Nessas organizações, o conhecimento reside mais no sistema de gestão que nas pessoas, reduzindo os efeitos das trocas de empregados.

E, em uma empresa do setor de telecomunicações, os sistemas ficaram tão complicados que o treinamento para deixar um profissional médio familiarizado com tudo durava cerca de 13 meses. Como o tempo médio de permanência dos novos contratados era de nove meses, a satisfação dos clientes desabou [47].

A lição é que, em algumas circunstâncias, pode ser mais conveniente atuar para reduzir os efeitos da troca das pessoas do que lutar para reduzir a rotatividade. Afinal, em empresas com processos bem estruturados e padronizados, as perdas com a substituição das pessoas impactam menos, pois há menor dependência dos conhecimentos do indivíduo.

- **Estratégia Salarial**

Em muitos casos, a rotatividade pode ser correlacionada com a política salarial adotada. Salários menores correspondem às rotatividades mais altas. Trata-se, portanto, de uma estratégia de negócio [40]. Assim, nem sempre a empresa deseja manter uma rotatividade baixa. Um exemplo de sucesso com elevada troca de pessoas é apresentado pela Pret a Manger (ver *box*).

Pret a Manger, Cadeia Inglesa de Lanchonetes

Os salários são aumentados em 0,75 libra por hora se a loja alcança 90% na avaliação nos serviços ao consumidor. Os colaboradores que recebem uma boa avaliação do "comprador misterioso" ganham 50 libras. Há prêmios de até 1.000 libras por boas ideias. Mas a rotatividade anual é de 70% devido à política de contratar estudantes estrangeiros. Ainda assim, foi considerada como uma das melhores empresas para trabalhar na avaliação do *The Sunday Times*.

Ref.: Neely, Andy et alli. ***The Performance Prism****: The Scorecard for Measuring and Managing Business Success*. Prentice Hall. Great Britain. 2002. p. 259.

A Kimberly-Clark, gigante multinacional da área de cuidados pessoais, implantou um *software* que analisa o progresso dos funcionários e expõe rapidamente quem não está dando os resultados esperados. Com isso, a rotatividade atingiu o dobro da que era há dez anos. Cerca de 10% dos empregados na fábrica dos

Estados Unidos deixam a empresa a cada ano, voluntariamente ou não [48].

- **Contrato de Trabalho**

As características do contrato de trabalho também são relevantes para o estabelecimento de metas realistas. De modo geral, os trabalhadores de tempo parcial apresentam maior rotatividade que os de tempo integral. Uma análise publicada pela *Employment Policy Foundation* [49] informa que a rotatividade anual de um grupo de trabalhadores de tempo integral foi de 23,8%, enquanto a de um grupo de tempo parcial chegou a 45,9%.

Curiosidade

Em um programa de rádio, um especialista afirma que a música ambiente contribui para a menor rotatividade dos colaboradores. Fonte: Freakonomics Radio. ***Pick of the Week:*** *Tame to Take Back the Toilette* – Episode 190. 15.08.2018.

☞ Dicas: A rotatividade deve considerar apenas as posições com reposição para não ser afetada pelas reduções e ampliações permanentes do quadro de pessoal.

- É importante sempre explicitar o período a que a rotatividade se refere.

Em Resumo

A rotatividade ideal é aquela em que a organização consegue reter seu pessoal bem qualificado e substituir aqueles que apresentam deficiência no desempenho. A rigor, não há um número que defina esse valor ideal, que dependerá do ambiente externo e da situação específica de cada organização.

Embora o indicador Rotatividade seja útil para a gestão das organizações, a falta de padronização no cálculo dificulta as comparações externas (*benchmarking*).

Para o cálculo da rotatividade em áreas específicas da organização, as movimentações internas de entrada e saída de pessoal devem ser tomadas como equivalentes às admissões e desligamentos.

Empresas com taxas de turnover muito baixas (<3%) são, geralmente, organizações estáticas. O excesso de estabilidade pode ser um problema, pois pode dificultar a implementação de mudanças na empresa. São tão ruins taxas de turnover muito altas quanto muito baixas.

Luiz Augusto P.M. Simão

15.4. Rotatividade Voluntária

A Rotatividade Voluntária, às vezes denominada "Taxa de Evasão" ou "Taxa de Desligamento Voluntário", fornece o percentual dos empregados que deixou a organização por iniciativa própria. Como a saída desses empregados geralmente causa prejuízo às organizações, devido à perda de conhecimento ou ao custo de reposição, é um indicador importante para a gestão.

Como comentado no tópico anterior, a gestão eficaz da rotatividade exige sua segmentação conforme as causas dos desligamentos. Entre essas, a mais importante é, com certeza, a devido aos pedidos de demissão.

A Rotatividade Voluntária corresponde ao percentual dos empregados que deixa a organização por iniciativa própria em determinado período. Isso ocorre basicamente devido a:

- Insatisfação com a empresa (clima organizacional ou remuneração);
- Melhores oportunidades no mercado de trabalho;
- Razões de ordem pessoal, como mudança ou doença na família.

Há, ainda, uma quarta razão menos comum, que é a resposta aos programas de incentivo à saída que as organizações eventualmente promovem para fazer *downsizing* ou algum ajuste no efetivo.

Um levantamento [50] informa que em 23% dos casos em que o profissional pede desligamento, o motivo é o recebimento de uma proposta mais atrativa. Na sequência, vêm a falta de perspectiva na empresa atual (14%) e a insatisfação com o gestor (11%). Outro estudo concluiu que as causas para os pedidos de demissão variam com o tempo de casa dos colaboradores. Do mesmo modo, a eficácia das soluções para reter os profissionais muda conforme o nível hierárquico [51].

A troca de colaboradores costuma ser ruim para as empresas e é particularmente prejudicial quando a decisão é tomada pelo empregado. A AMBEV, por exemplo, monitora as rotatividades voluntárias, forçadas e total de forma independente.

Tabela 8 – *Taxas de Rotatividade na AMBEV*

Taxa de Rotatividade					
		Total Mês 12/ago	Total Ano	Taxa Mês	Taxa Ano
Brasil	Voluntário	129	2080	0,50%	8,90%
	Forçado	219	1252	0,90%	5,40%
	Total	348	3332	1,40%	13,33%

Fonte: *AMBEV. Relatório de Sustentabilidade 2008.*

Um levantamento feito nos Estados Unidos pela PricewaterhouseCoopers [52] mostra uma sensível diferença de comportamento na rotatividade voluntária por idade. Enquanto as pessoas mais velhas apresentam rotatividade voluntária de aproximadamente 5,4%, os representantes da chamada Geração Y (nascidos após 1981) têm uma taxa de 14,5%. Faz sentido, pois à medida que um colaborador torna-se mais velho, diminui bastante a chance de ele se demitir porque [53]:

- As alternativas no mercado de trabalho diminuem;
- A antiguidade confere-lhes vantagens que não encontram com facilidade em outros lugares.

Trabalhadores de tempo parcial apresentam maior rotatividade voluntária que os de tempo integral e tendem a ser menos comprometidos com a organização [54]. Segundo a Great Place to Work, nas melhores empresas para trabalhar, as saídas voluntárias são menos da metade do usual no mercado de trabalho [55], enquanto outro estudo [56] informa que organizações com programas de reconhecimento eficientes apresentam rotatividade voluntária 31% menor do que aquelas com iniciativas pouco efetivas.

O conforto (do ponto de vista das empresas) de saber que existem milhões de desempregados no mercado é relativo, pois muitos são profissionais com baixa qualificação que não atendem às necessidades sem um forte investimento em capacitação. Então é preciso agir preventivamente, buscando práticas de baixo custo que sejam eficazes na retenção dos colaboradores, antes que o problema cresça.

Para reduzir a Rotatividade Voluntária, as práticas mais comuns são [4]:

- Manter um ambiente de trabalho agradável e seguro;
- Adotar uma política de remuneração e recompensa adequada;
- Melhorar o processo de seleção e recrutamento;
- Priorizar as promoções internas.

Rotatividade Voluntária Interna

A rotatividade voluntária interna ocorre quando um colaborador deixa um departamento, por vontade própria, para trabalhar em outro dentro da mesma empresa. Observar esses casos com cuidado pode trazer bons *insights* para a gestão.

Programas de Demissões Voluntárias

Os programas de demissão voluntária criam dificuldade em caracterizar se as saídas são efetivamente voluntárias (e devem contar na medida da Rotatividade Voluntária) ou se são vistas pelo colaborador como uma pressão ou ameaça e devem ser contadas na Rotatividade Forçada. O especialista Jac Fitz-enz [57] esclarece que não há uma solução padronizada. Ele recomenda que os profissionais da empresa analisem cada caso e estabeleçam a forma como deve ser considerada.

Entrevista de Desligamento

É comum que as pessoas que pedem desligamento passem por uma entrevista em que têm oportunidade de apresentar suas razões para a demissão. Essas entrevistas, muitas vezes, geram estatísticas e informações úteis para a gestão.

Como muitos se recusam a participar, para que se possa avaliar a representatividade dos resultados, pode ser conveniente monitorar o "Percentual de ex-empregados que se recusou a participar da entrevista de desligamento". Mas — e isso é importante — trata-se de um indicador bem operacional que não deve ser apresentado fora do RH.

Porém, a fonte mais confiável quanto às causas dos desligamentos voluntários não são, como usualmente se pensa, as entrevistas de desligamento, mas as pessoas que ficam na organização e que trabalhavam próximas aos desligados [58].

Retenção Proativa – Uma Nova Ferramenta para o RH

Graças à inteligência artificial, a IBM pode prever com 95% de precisão os funcionários que provavelmente sairão nos próximos seis meses. A ferramenta de "retenção proativa" analisa milhares de dados e direciona os gerentes para os funcionários que podem estar saindo, dizendo-lhes para "fazer algo agora para que nem pensem em sair".
Fonte: McGregor, Jena. *The New Way Your Boss Can Tell If You're About to Quit Your Job*. Disponível em: https://www.washingtonpost.com/business/2019/04/11/new-way-your-boss-can-tell--if-youre-about-quit-your-job/ Acesso em 8.08.19.

Por Que Medir

Rotatividades voluntárias elevadas frequentemente indicam que os processos precisam ser aprimorados. Empresas com muitas movimentações devem investigar a razão dos desligamentos e tomar medidas para reduzir as perdas que prejudicam a competitividade.

Muitos gestores de RH sentem-se impotentes para a busca de um melhor resultado, acreditando que a retenção depende fundamentalmente dos salários pagos. Entretanto, uma pesquisa publicada na *McKinsey Quarterly* de 2009 constatou que gestores e funcionários colocam, entre os seis motivadores mais eficientes quando o objetivo é a retenção de pessoas, cinco que não são financeiros:

1. Elogios do gestor;
2. Atenção dos líderes;
3. Frequência de promoções;
4. Oportunidades de liderar projetos;
5. Possibilidade de ingressar em programas de aperfeiçoamento;
6. Remuneração.

Logo, há bastante espaço para trabalhar a retenção nas empresas, ainda que a flexibilidade para aumentos salariais seja restrita.
Fonte: *Revista HSM Management*, Jan/fev. 2011. p. 122.

Como Calcular

Embora existam outras maneiras de calcular a Rotatividade Voluntária, a mais comum é seguinte:

Rotatividade Voluntária

$$ROTV = \frac{\text{Desligados a pedido}}{\text{Efetivo médio}} \times 100$$

Em que

$$\text{Efetivo médio} = \frac{\text{Empregados no início} + \text{Empregados no final}}{2}$$

Desligados a pedido – é o número total de desligamentos ocorridos a pedido dos empregados no período avaliado. Não deve incluir saídas por aposentadoria e óbito.

Empregados no início – é o número de empregados da organização no último dia do período anterior.

Empregados no final – é o número de empregados da organização no último dia do período considerado.

Obs.: O resultado, em percentual, deve ser apresentado com uma casa decimal.

A mesma fórmula pode ser usada para diferentes períodos, como mês, semestre ou ano, conforme o interesse. E, ainda, para outras causas da rotatividade, como a forçada.

Recomendamos que não sejam incluídas as saídas por aposentadoria ou por óbito. Esses desligamentos, embora não sejam de iniciativa da organização, se considerados, acabam provocando distorção nos resultados do indicador, prejudicando seu uso mais provável na gestão de pessoas.

O cálculo deve incluir apenas os empregados. O objetivo é ter uma referência para a gestão dos empregados da organização. A inclusão de aprendizes, *trainees*, estagiários etc. leva a distorções, já que esses colaboradores estão sujeitos a regras administrativas diferentes. A Rotatividade Voluntária pode ser calculada também para esses públicos, se julgado conveniente, mas como medida separada para evitar influenciar o resultado relativo aos empregados.

Pela mesma razão, empregados temporários (contratados por períodos definidos) não devem ser incluídos nos cálculos da rotatividade voluntária e de vários outros indicadores.

Exemplo de Cálculo

O acompanhamento da rotatividade voluntária costuma ser feito mensalmente.

Rotatividade Voluntária Mensal

O exemplo adiante mostra alguns casos úteis para a compreensão do cálculo da Rotatividade Voluntária nas condições típicas das empresas.

	B	C	D	E	F	G	H	I	J	K
2			Número de empregados no final do mês anterior	Admitidos	Todos os desligados	Número de empregados no final do mês	Acréscimo ou redução permanente da equipe (1)	Desligados a pedido	Efetivo médio	Rotatividade Voluntária, %
3	2019	Dezembro				1.000	0			
4	2020	Janeiro	1.000	100	100	1.000	0	10	1.000	1,0
5		Fevereiro	1.000	50	100	950	0	0	975	0,0
6		Março	950	100	50	1.000	0	5	975	0,5
7		Abril	1.000	100	120	980	0	30	990	3,0
8		Maio	980	140	120	1.000	0	120	990	12,1
9		Junho	1.000	0	0	1.000	0	0	1.000	0,0
10		Julho	1.000	100	100	1.000	0	0	1.000	0,0
11		Agosto	1.000	300	100	1.200	0	0	1.100	0,0
12		Setembro	1.200	0	100	1.100	0	0	1.150	0,0
13		Outubro	1.100	100	0	1.200	0	0	1.150	0,0
14		Novembro	1.200	35	45	1.190	0	0	1.195	0,0
15		Dezembro	1.190	90	75	1.205	0	0	1.198	0,0
16								Rotatividade Voluntária média mensal		1,4
17			Soma	1.115	910			165	1.103	
18								Rotatividade Voluntária anual		15,0
19	Notas									
20		Dados do fechamento (final) do mês.								
21			Valor fornecido							
22			Valor calculado							
23		(1) - Positivo, se acréscimo, e negativo, se redução.								

Planilha 4 – *Exemplo de Cálculo da Rotatividade Voluntária*

Os parâmetros usados no cálculo da Rotatividade Voluntária são o Número de Desligados a Pedido e o Efetivo Médio.

O "Efetivo Médio" corresponde à média aritmética entre o "Número de empregados no final do período anterior" e o "Número de empregados no final do período". Por exemplo: J4=(D4+G4)/2.

Para o cálculo, usamos a quantidade de empregados no encerramento do período anterior para evitar que pessoas eventualmente contratadas a partir do primeiro dia do período possam ser incorretamente contabilizadas.

Cálculo Detalhado

Seguem algumas situações particulares que podem acontecer e como devem ser tratadas:

Dezembro

O ano de 2019 terminou com 1.000 empregados. Essa informação servirá de referência para o cálculo de janeiro de 2020.

Janeiro

Nesse mês, foram admitidos 100 empregados e, contando os desligados por iniciativa da empresa e os que pediram demissão, também temos 100 empregados. Mas apenas dez dos desligamentos ocorreram por iniciativa dos empregados e devem ser contabilizados no indicador.

Então temos:

$$\text{Efetivo médio} = \frac{\dfrac{\text{empregados no final de dezembro} + \text{empregados no final de janeiro}}{}}{2}$$

$$\text{Efetivo médio} = \frac{1000 + 1000}{2} = 1000 \text{ empregados}$$

$$\text{Rotatividade Voluntária} = \frac{\text{Desligados a pedido}}{\text{Efetivo médio}} \times 100$$

$$\text{Rotatividade Voluntária} = \frac{10 \times 100}{1000} = 1{,}0\%$$

Logo, a Rotatividade Voluntária do mês ficou em 1,0%.

Fevereiro

Nesse período não houve pedidos de demissão e, portanto, a Rotatividade Voluntária ficou em 0,0%.

Março

Devido à movimentação de pessoas nos meses anteriores, em março, o Efetivo Médio ficou em 975 empregados. Com cinco pedidos de desligamentos, a Rotatividade Voluntária ficou em 0,513%. Como os resultados desses indicadores devem, para simplificar, ser apresentados com apenas uma casa decimal, então a Rotatividade Voluntária de março foi de 0,5%.

Abril a dezembro

Os cálculos nos meses seguintes são similares e, portanto, não justificam detalhamento.

Rotatividade Voluntária Anual

O cálculo da Rotatividade Voluntária no ano é feito do mesmo modo que para os demais períodos. Mas, claro, com os números correspondentes ao ano todo. Exemplificando com os valores da planilha:

Número de empregados no final do ano anterior = 1000
Número de empregados no final do ano = 1205

$$\text{Efetivo médio} = \frac{1000 + 1205}{2} = 1102{,}5 \text{ empregados}$$

Número de desligamentos a pedido no ano = 165 empregados
Logo,

$$\text{Rotatividade Voluntária} = \frac{165 \times 100}{1102{,}5} = 15{,}0\%$$

É importante observar que multiplicar por 12 a média das Rotatividades Voluntárias mensais calculadas (1,4% no exemplo) resulta em um valor (16,8%) diferente do calculado usando os dados de todo o período (15,0%). Daí a recomendação de sempre calcular a Rotatividade Voluntária usando o número de desligados a pedido e o efetivo médio no período desejado.

Análise dos Resultados

A análise dos resultados da Rotatividade Voluntária é feita pela comparação com a meta, com valores históricos e com referenciais de excelência. Valores menores indicam resultados melhores, enquanto números elevados sugerem problemas na política salarial ou no clima organizacional, mas é importante lembrar que muitas demissões a pedido decorrem de causas externas.

Rotatividade e Conjuntura Econômica

Dados do departamento de estatísticas do trabalho dos Estados Unidos (*U.S. Bureau of Labor Statistics*) indicam que existe uma forte correlação entre a quantidade de pedidos de demissão feitos pelos empregados e o desemprego no país [59].

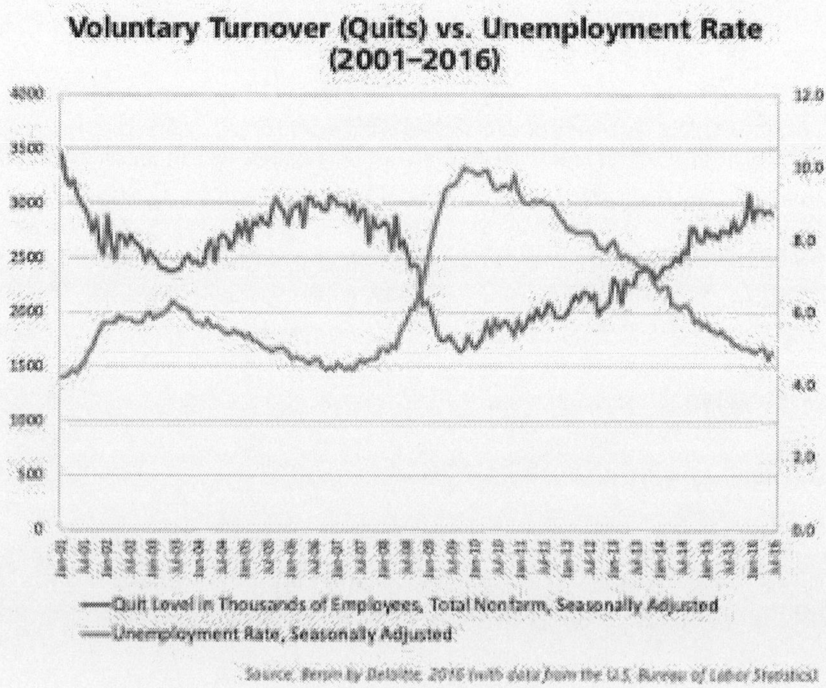

Figura 9 – *Rotatividade Voluntária versus Taxa de Desemprego*

Assim, o simples fato de a Rotatividade Voluntária ter se reduzido em relação ao período anterior não significa melhoria nos processos. Nos períodos em que a economia vai mal, o resultado indica apenas que os empregados têm menores oportunidades no mercado e não necessariamente que os programas de retenção de talentos são eficazes. Portanto, nas análises, é importante considerar — e documentar — as taxas de desemprego existentes [50].

Estratificação

Para análises mais completas, a Rotatividade Voluntária pode ser calculada para cada área da organização ou grupo específico de profissionais (gerentes, técnicos, mulheres etc.). Por exemplo, uma rotatividade voluntária elevada no corpo gerencial ou no grupo de supervisores é mais importante para a organização que nos grupos operacionais. Também pode ser avaliada separadamente para cada uma das causas, quando identificadas nas entrevistas de desligamento.

O acompanhamento da tendência pode antecipar a existência de problemas, permitindo ações preventivas.

Correlações com Outros Indicadores

As análises podem ser melhoradas pela associação com outras variáveis, permitindo ampliar o conhecimento sobre o ambiente organizacional. Por exemplo, por meio das seguintes correlações:

- Rotatividade voluntária *versus* clima organizacional;
- Rotatividade voluntária *versus* volume de treinamento.

Outra Forma de Medir

Rotatividade Voluntária no 1º Ano

Algumas empresas de recrutamento adotam a medida da Rotatividade Voluntária no 1º Ano (*First Year of Service Voluntary Separation Rate*) [60], enquanto outras chamam a métrica de Taxa de Demissão do 1º Ano.

$$\text{Rotatividade Voluntária no 1º Ano} = \frac{\text{Desligamentos a pedido com menos de 1 ano}}{\text{Empregados com menos de 1 ano na empresa}} \times 100$$

Em que:

Desligamentos a pedido com menos de 1 ano – É o número de empregados com menos de um ano na empresa que pediram desligamento no período.

Empregados com menos de 1 ano na empresa – É o número total de empregados com menos de um ano na empresa no final do período.

Fazendo Benchmarking

Os dados comparativos são uma referência adicional para as decisões, mas deve prevalecer a relevância do resultado do indicador para o sucesso da organização em relação à sua estratégia.

Apenas porque o resultado do indicador é pior do que a média do mercado, isso não significa que se deve melhorá-lo. Na verdade, essa informação pode sugerir que esse talvez não seja um aspecto prioritário para a gestão de pessoas nesse tipo de negócio, embora possa sinalizar um aspecto de menor competitividade em relação às outras organizações.

Meta

Para determinar a taxa de rotatividade voluntária "ideal" de sua organização:

1. Colete os números de rotatividade voluntária da empresa de todo um ano para ter uma noção de como ela varia com o volume de negócios ao longo do tempo.
2. Compare o resultado com os dos concorrentes para conhecer os resultados típicos do segmento (*benchmarking* externo).
3. Então decida qual é o limite aceitável para a rotatividade voluntária em seu negócio. Talvez seja melhor estabelecer um valor para os empregados de tempo integral e outro, maior, para os de tempo parcial.

Vale lembrar que a baixa rotatividade obtida por manter empregados que não são os melhores em suas posições também tem um custo para a organização. Daí que metas mais rigorosas para a Rotatividade Voluntária podem ser melhores do que as impostas para a Rotatividade Geral, que inclui também os desligamentos por iniciativa da empresa.

> ☞ **Dica**: Ao fazer comparações com outras organizações para estabelecer a meta para a Rotatividade Voluntária, leve em conta que os resultados fornecidos pelas empresas podem estar subestimados, dada a prática brasileira do "acordo", em que o empregado que deseja sair negocia com a empresa sua demissão para ter acesso aos benefícios como o seguro-desemprego e o FGTS. Com a reforma trabalhista de 2017, essa distorção está gradualmente diminuindo.

Em Resumo

É raro encontrar uma empresa que usa indicadores e não calcula a rotatividade. Mas a verdade é que não é uma métrica muito boa. Ao misturar os desligamentos feitos por iniciativa da empresa com as saídas por pedidos de demissão, a informação acaba não sendo útil para a gestão. Muito melhor é acompanhar a Rotatividade Voluntária, que mede apenas os desligamentos feitos por iniciativa dos empregados; esse sim é um número importante para conhecer o desempenho da empresa.

A baixa rotatividade voluntária pode refletir apenas a falta de oportunidades de emprego em uma economia com pouco crescimento e não o sucesso de um programa de retenção. Nesse caso, a reativação do mercado de trabalho vai expor as fragilidades da gestão de pessoas da organização.

Cerca de 95% de meus ativos vão embora do escritório todos os dias às cinco da tarde. Meu trabalho é fazê-los voltar.

James Goodnight, fundador e presidente-executivo do SAS Institute.

15.5. Outros Indicadores de Movimentação de Pessoas

Indicadores menos comuns também são usados pelas empresas para avaliar a movimentação das pessoas.

Taxa de Admissão

A Taxa de Admissão, erroneamente denominada de Rotatividade em algumas empresas, é a relação entre o número de admissões e o efetivo médio em determinado período.

$$\text{Taxa de admissão (TA)} = \frac{\text{Número de admissões no período}}{\text{Efetivo médio no período}} \times 100$$

Taxa de Desligamento

A Taxa de Desligamento corresponde ao percentual dos desligamentos em relação ao efetivo médio em um período específico.

$$\text{Taxa de Desligamento (TD)} = \frac{\text{Número de desligamentos no período}}{\text{Efetivo médio no período}} \times 100$$

Percentual de Desligamento Voluntário

Uma forma prática de monitorar as saídas indesejadas pela empresa é calcular o percentual da rotatividade que ocorreu por iniciativa dos empregados. Essa métrica é, às vezes, denominada de Percentual de Desligamento Voluntário.

$$\text{Desligamento Voluntário} = \frac{\text{Rotatividade Voluntária}}{\text{Rotatividade}} \times 100$$

Por exemplo, o setor supermercadista paranaense teve, em 2011, Rotatividade de 84% e Rotatividade Voluntária de 42%. Assim:

$$\text{Desligamento Voluntário} = \frac{42 \times 100}{84} = 50{,}0\%$$

Logo, naquele ano, a metade dos desligamentos no setor ocorreu por iniciativa dos empregados.

Taxa de Aproveitamento Interno

O preenchimento das vagas com pessoas que já trabalham na empresa estimula a equipe e amplia a flexibilidade da força de trabalho.

A Taxa de Aproveitamento Interno (TAI) corresponde ao percentual das vagas preenchidas com empregados promovidos ou deslocados em determinado período.

$$\text{TAI} = \frac{\text{Vagas preenchidas com empregados existentes}}{\text{Total de vagas preenchidas}} \times 100$$

Em que:

Vagas preenchidas com empregados existentes – Número de vagas preenchidas com pessoas já pertencentes ao efetivo da empresa, no período.

Total de vagas preenchidas – Número total de vagas preenchidas no período.

Exemplo de Cálculo

Em junho, 24 vagas foram preenchidas com remanejamento de pessoal e oito, por meio de admissão de novos colaboradores.

$$TAI = \frac{24}{32} \times 100$$

$$TAI = 75,0\%$$

Ou seja, 75% das vagas no mês foram preenchidas com pessoas que já estavam na equipe de empregados.

Percentual de Aprendizes Aproveitados

Quando o período de participação em um programa é limitado, como acontece com os jovens aprendizes, uma opção para avaliar a eficácia do trabalho de preparo e integração das pessoas — melhor que a Rotatividade — é usar o percentual de participantes que é incorporado ao efetivo da empresa. Assim:

$$\text{Percentual de Aprendizes Aproveitados} = \frac{\text{Número de aprendizes incorporados}}{\text{Número de aprendizes do programa no período}} \times 100$$

Percentual de Empregados Promovidos

Este indicador permite acompanhar a evolução profissional oferecida pela empresa aos empregados. Corresponde ao percentual de promoções ocorridas em determinado período, usualmente um ano, em relação ao total de empregados.

$$\text{Percentual de Empregados Promovidos} = \frac{\text{Número de promoções no período}}{\text{Efetivo médio no período}} \times 100$$

De modo geral, as promoções só são contabilizadas quando envolvem mudanças salariais ou de cargo.

Utilização do Plano de Sucessão

A métrica avalia o aproveitamento do plano de sucessão para preenchimento das posições de liderança. A Utilização do Plano de Sucessão (UPS) corresponde ao percentual das vagas de liderança com os empregados previstos no plano de sucessão.

$$UPS = \frac{\text{Vagas preenchidas com empregados do cadastro}}{\text{Total de vagas de liderança preenchidas}} \times 100$$

Em que:

Vagas preenchidas com empregados do cadastro – Número de vagas preenchidas com pessoas existentes no cadastro do Plano de Sucessão, no período.

Total de vagas de liderança preenchidas – Número total de vagas de liderança, constantes do Plano de Sucessão, preenchidas no período.

Exemplo de Cálculo

Em 2022, foram preenchidas dez vagas de liderança. Destas, seis foram preenchidas com os empregados previstos no Plano de Sucessão da empresa.

$$UPS = \frac{6}{10} \times 100$$

$$UPS = 60,0\%$$

Ou seja, 60% das vagas de liderança no ano foram preenchidas com as pessoas previstas no Plano de Sucessão.

Nível de Prontidão do Capital Humano

Este indicador, definido como a porcentagem de posições-chave com no mínimo uma pessoa plenamente qualificada e preparada para assumir imediatamente, é recomendado pelos professores Kaplan & Norton [61] nos livros sobre a implementação do *Balanced Scorecard*. Trata-se de um passo além do Banco de Potenciais Gerentes.

Adequação Quantitativa do Efetivo

Esse indicador — mais usado na área pública, que depende de concursos e autorizações por vezes difíceis de fazer ou obter — mede a proporção entre as posições preenchidas e as previstas em determinado momento.

$$\text{Adequação Quantitativa do Efetivo} = \frac{\text{Vagas preenchidas}}{\text{Vagas previstas}} \times 100$$

A métrica pode ser estratificada por tipo de relação de trabalho (servidores do quadro próprio, funcionários cedidos por outros órgãos, empregados contratados, estagiários etc.).

Manter a rotatividade sob controle faz parte da gestão do conhecimento.

15.6. Custo da Rotatividade

Boa parte das empresas entende que a rotatividade elevada é um grande problema, mas poucas se dão ao trabalho de quantificar o custo da troca das pessoas, informação essencial para boas decisões ou para justificar as opções feitas.

A elevada rotatividade é um mal que atinge fortemente a competitividade das empresas. A reposição de um empregado que pediu demissão inclui os custos de recrutamento, seleção, contratação, integração e treinamento para a posição, além dos custos adicionais de supervisão no período inicial e do impacto da troca no moral da equipe. Usualmente, o período da substituição também provoca sobrecarga nos trabalhadores que ficaram e algum aumento nas horas extras, o que pode se refletir em piora na segurança do ambiente, elevando ainda mais o custo da movimentação. Mas, claro, existe uma compensação pela economia do salário até que a substituição seja feita, ou mesmo depois.

Um dos benefícios de considerar o custo da rotatividade nas ações do dia a dia da empresa é levar os gestores a entender que a demissão custa muito caro e deve ser tratada como recurso extremo. Além disso, mesmo na substituição, há o risco de contratar errado, o que afetará a produtividade ou pode levar a uma nova troca do colaborador. Sem contar que a rotatividade frequentemente resulta na migração dos empregados para empresas concorrentes, tornando o prejuízo ainda maior, pois parte do conhecimento e do investimento em treinamento poderá ser usada contra a organização.

Talvez seja mais adequado estimar do que calcular o custo da rotatividade. Isso porque, se a rotatividade não for muito alta, o esforço de calcular seu custo com muita precisão não se justifica. Nesses casos, uma aproximação, com base em parâmetros, pode ser suficiente. Estimativas são adequadas, por exemplo, para avaliar ou justificar o investimento em ações que visam reduzir a perda de empregados ou para apoiar a decisão de fazer ou não uma pesquisa de clima.

O custo da rotatividade geralmente aparece nos relatórios em diferentes formatos: custo total da rotatividade no período, custo médio por empregado desligado no período ou como uma tabela com os custos por cargo.

Custos Subjetivos

Além dos custos objetivos do desligamento e da contratação de uma pessoa para substituir a que saiu, a troca de empregados traz prejuízos intangíveis, mais difíceis de quantificar. Então, ainda que não incluídos nas contas, deve haver consciência de que eles oneram ainda mais a troca dos colaboradores e precisam ser levados em conta nas decisões.

Alguns desses custos menos visíveis são:

- Impacto negativo no clima organizacional e na imagem da empresa;
- Perda de relacionamento com clientes e fornecedores;
- Perda de conhecimento;
- Risco da transferência de conhecimentos para a concorrência;
- Perdas na produção ou no atendimento durante a adaptação do novo empregado;
- Perdas de negócios em decorrência da falta do empregado.

Os casos adiante ilustram e quantificam alguns desses aspectos:

– A Klabin notou que nas fábricas onde a rotatividade é menor, a produtividade é maior e, consequentemente, o resultado financeiro é melhor. "Há uma correlação estatística que demonstra que, para cada ponto percentual de redução no *turnover*, houve um crescimento de 0,5 ponto percentual no crescimento do negócio", afirmou Sergio de Toledo Piza, Diretor de Gente e Gestão da empresa [62].

– A consultoria norte-americana Independent Project Analysis (IPA), especializada em *benchmarking* na área de gerenciamento de projetos, constatou um atraso médio de 12% no cronograma, nos casos em que houve substituição do líder do projeto, comparativamente a projetos similares em que o líder permaneceu [63].

Outros Efeitos

O custo médio para contratar um empregado diminui na medida em que aumenta o tamanho da empresa, avaliado pela quantidade de colaboradores, devido à economia de escala. De acordo com dados da Bersin & Associates, para empresas pequenas, o custo médio por contratação é de US$ 3.665, reduzido para US$ 3.632 para empresas de médio porte (de 100 a 999 funcionários) e US$ 1.949 para empresas maiores [64]. As diferenças são significativas.

É interessante observar que em empresas com alta rotatividade, o custo unitário da troca de pessoas diminui, pois os processos de substituição são mais baratos devido ao volume. Também a perda de conhecimento é menor, já que os profissionais substituídos são menos experientes [65].

Finalmente, em empresas com processos bem estruturados e padronizados, as perdas devido às trocas das pessoas são menores, pois diminui a dependência dos conhecimentos do indivíduo.

Rotatividade como Estratégia

Algumas empresas adotam a rotatividade elevada como estratégia para manter a massa salarial menor. Nessas organizações, a política remuneratória costuma oferecer os salários iniciais do mercado, mas um crescimento posterior mais lento, estimulando a saída dos profissionais dos cargos menos críticos. Pois, mesmo nas empresas que buscam a retenção como estratégia empresarial, os novos empregados frequentemente são contratados com salários inferiores aos dos desligados. Um estudo [66] de âmbito nacional mostrou que, no período de 1998 a 2008, a diferença foi, em média, de 12%.

Figura 10 – *Relação entre os salários médios dos trabalhadores admitidos e desligados*

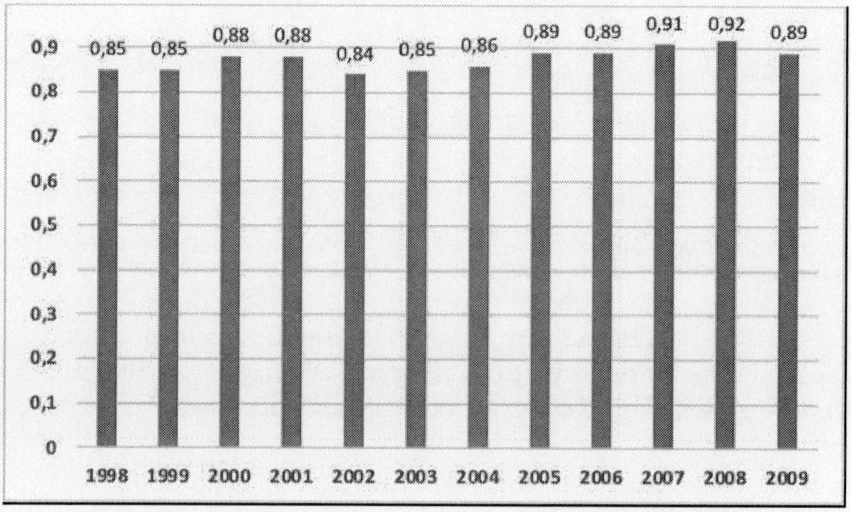

Nota: *Figura pelo autor, com dados de estudo realizado pelo DIEESE, disponível em https://pt.slideshare.net/stoc3214/rotatividade-mao-deobra. Acesso em 18.10.20.*

Mas essa situação não é comum a todas as posições. Por exemplo, substituir um engenheiro especializado em inteligência artificial pode, devido à alta demanda desses profissionais, resultar em um salário mais alto que o do ocupante anterior.

O ganho ou a perda para a empresa pode ser calculado tomando a diferença entre o salário e os benefícios anuais dos ocupantes da vaga, antes e depois da movimentação, multiplicado pelo tempo médio de permanência dos empregados nessa vaga em anos. Esse tempo pode ser calculado tomando-se o inverso da rotatividade dos empregados dessa posição. Por exemplo, se estamos analisando a posição de caixa de supermercado em que a rotatividade anual é de 50%, concluímos que o tempo médio de permanência dos empregados é de dois anos, o que corresponde a 1/0,50.

Nota: *No exemplo, o valor 0,50 corresponde a 50% na forma decimal.*

Entretanto, para conhecer o custo da substituição das pessoas na empresa, o melhor é levantar os custos individuais mais significativos, como detalhado adiante.

Porque Medir

A medida é útil especialmente para orçamentação. Sabendo a rotatividade e a quantidade de pessoas da equipe, é fácil estimar quantas pessoas têm de ser substituídas no período. Por exemplo, se a Rotatividade é de 10% ao ano e você tem uma equipe de 500 pessoas, pode-se prever o custo de trocar 50 empregados. Se sabemos quanto custa, em média, a troca de um colaborador, basta multiplicar esse valor pelo número de substituídos.

Outra vantagem de conhecer e divulgar internamente o custo da substituição das pessoas, ainda que estimado, é levar os gestores a uma maior reflexão antes de optar pela demissão dos empregados, alternativa geralmente mais cara do que eles imaginam.

Como Calcular

O custo da rotatividade em um período específico é a soma do custo da substituição do total dos empregados que saíram nesse mesmo período. A solução mais simples é tomar esse custo como igual ao número de desligamentos multiplicado pelo custo médio dessas substituições. Assim:

Custo da Rotatividade = Número de Desligamentos x Custo médio das substituições

Em que o Número de Desligamentos corresponde ao número de empregados da empresa, ou da unidade avaliada, multiplicado pela rotatividade anual na forma decimal.

Entretanto, as diferenças de custo entre as diversas posições tornam essa solução pouco útil. Então, é mais adequado somar o custo da troca para cada colaborador substituído no período. Ou seja:

Custo da Rotatividade = Soma dos custos de cada substituição no período

Embora seja difícil determinar todos os custos, principalmente os intangíveis, como o impacto no moral dos demais empregados, podemos ter uma boa referência somando os seis blocos de custo e de economia correspondentes à substituição de um empregado de uma posição específica.

A – Custos de recrutamento, seleção e contratação

1. Divulgações em jornais, *sites*, rádios etc.
2. Empresas de recrutamento e seleção.
3. Testagens.
4. Profissionais que efetuam seleção de currículos, verificação de referências, fazem as entrevistas, incluem na folha de pagamento, preparam o contrato de trabalho e demais procedimentos burocráticos legais etc., obtido com base na multiplicação do tempo dispendido por cada um pelo custo unitário das horas desses profissionais.
5. Exames admissionais.
6. Ajudas de custo para viagens e instalação.

B – Custos de integração e treinamento

1. Treinamentos legais e outros essenciais para o trabalho.
2. Uniformes, equipamentos de proteção individual etc.
3. Tempo dos profissionais envolvidos nas tarefas de integração.

C – Custos de aprendizagem e desenvolvimento

1. Remuneração do empregado no período em que está sendo capacitado para o trabalho.
2. Tempo destinado pelo supervisor ao acompanhamento, avaliação e treinamento do empregado, obtido pela multiplicação do custo da hora desse profissional pelo número de horas usadas.
3. Materiais eventualmente usados no período de treinamento.
4. Perdas na produção ou no atendimento durante o período em que o novo empregado ainda não alcançou o desempenho do colaborador substituído.

D – Custos do tempo com a posição não preenchida

1. Horas extras realizadas para cobrir as atividades do empregado desligado durante o período em que a posição permaneceu aberta.
2. Mão de obra temporária para cobrir as atividades do empregado desligado durante o período em que a posição permaneceu aberta.
3. Perdas na produção ou no atendimento durante o período em que a vaga permaneceu aberta.

E – Custos de desligamento

1. Tempo dos profissionais envolvidos no desligamento, com base na multiplicação do tempo dispendido por cada um pelo custo unitário das horas desses profissionais.
2. Multas legais e indenizações.
3. Despesas com os exames demissionais.

F – Economia durante a vacância

1. Salários e benefícios economizados durante a vacância.
   Apesar dos diversos inconvenientes que a saída de um empregado traz, há uma economia temporária por não estarem sendo pagos o salário e os benefícios correspondentes a essa posição. Essa economia deve ser calculada e subtraída nos cálculos. O valor pode ser obtido tomando o total anual de salário e benefícios do empregado que saiu, ao longo dos últimos 12 meses, dividido por 360 e multiplicado pelo número de dias em que a vaga permaneceu aberta.
2. Diferença salarial entre os novos e velhos ocupantes das vagas.
   Como a remuneração dos novos empregados pode ser diferente dos empregados desligados, a folha poderá ser impactada positiva ou negativamente pela mudança. Como essa diferença não é permanente, deve-se escolher um horizonte de alguns meses para totalizar o benefício ou inconveniente da movimentação.

Naturalmente, nem todos esses itens de custo se aplicam a todos os casos. E como os custos subjetivos não estão incluídos, pela dificuldade de estimar, é seguro afirmar que o custo total da substituição será maior que o calculado.

Exemplo de Cálculo

Considerando a grande quantidade e variedade de dados necessários para a estimativa, o mais prático é usar uma planilha e coletar as informações por bloco.

O exemplo considera o custo da contratação de dois trabalhadores para a área administrativa e cinco para a operacional, com dois deles tendo de operar empilhadeiras.

A – Custos de recrutamento, seleção e contratação.

A1.Divulgações em jornais, sites, rádios, etc.	1.600,00			
A2.Empresas de recrutamento e seleção.	2.300,00			
A3.Testagens.	0,00			
A4.Custo dos profissionais de seleção.	Remuneração anual, R$	Remuneração/hora, R$	Tempo dispendido, h	Custo, R$
Profissional 1	65.000,00	22,57	12,00	270,83
Profissional 2	70.000,00	24,31	13,00	315,97
Profissional 3	75.000,00	26,04	14,00	364,58
Profissional 4	55.000,00	19,10	15,00	286,46
Total				1.237,85
A5.Custo dos exames admissionais.	Custo médio dos exames, R$	Número de admitidos	Custo, R$	
Profissionais operacionais	120,00	5	600,00	
Supervisores e gerentes	150,00	2	300,00	
Total		7	900,00	
A6.Ajudas de custo para viagens e instalação.	700,00			

Nota: *As células em branco são usadas para fornecer os dados necessários aos cálculos, enquanto as cinzas apresentam os resultados.*

As despesas para divulgação das vagas são apropriadas e totalizadas no item A1.

Eventuais pagamentos feitos para empresas de recrutamento e seleção são totalizados no item A2.

O tempo dos profissionais da empresa gasto na etapa de recrutamento e seleção é calculado em separado para cada um deles, tomando como base sua remuneração anual dividida pelo número de horas trabalhadas no ano; os custos horários são multiplicados pelo tempo dispendido por cada um. A soma dos valores corresponde ao item A3.

O custo dos exames admissionais por empregado geralmente é fixo, embora diferente para os profissionais operacionais e administrativos. Então o custo total é obtido pela multiplicação do custo correspondente pelo número de admitidos em cada uma das categorias, e o resultado é somado, totalizando o item A4. Essa planilha soma automaticamente o número de admitidos para facilitar a visualização e prevenir erros.

As ajudas de custo e instalação pagas são apropriadas e anotadas no item A5.

B1.Custos dos treinamentos legais	Custo médio dos treinamentos, R$	Número de admitidos	Custo, R$
Profissionais operacionais	550,00	5	2.750,00
Operadores de empilhadeiras	680,00	2	1.360,00
Supervisores e gerentes	150,00	2	300,00
Total			4.110,00

B2.Custo dos uniformes, equipamentos de proteção individual, etc.	Custo médio dos uniformes e EPIs, R$	Número de admitidos	Custo, R$
Profissionais operacionais	650,00	5	3.250,00
Supervisores e gerentes	130,00	2	260,00
Total			3.510,00

B3.Custo do tempo dos profissionais envolvidos na integração.	Remuneração anual, R$	Remuneração/hora, R$	Número de admitidos	Tempo dispendido por admitido, h	Custo, R$
Profissionais operacionais	85.000,00	29,51	5	12	1.770,83
Supervisores e gerentes	150.000,00	52,08	2	13,00	1.354,17
Total					3.125,00

B – Custos de integração e treinamento.

Os treinamentos legais são bastante padronizados, o que implica custos também definidos. Assim, pode ser prático, como mostrado no item B1, multiplicar o número de admitidos que fizeram cada um dos cursos pelo custo correspondente.

Observe que alguns empregados podem fazer mais de um treinamento; isso foi exemplificado com dois empregados operacionais que, adicionalmente, fizeram o curso obrigatório para operadores de empilhadeira, o que custou à empresa R$ 1.360,00. A soma de todos esses custos compreende o item B1.

Para poder trabalhar, os novos empregados muitas vezes precisam de uniformes, equipamentos de proteção individual, crachás e outros itens que, diferentemente dos computadores, por exemplo, não podem ser aproveitados do ocupante anterior da vaga, representando custo adicional. No exemplo, foi suposto que esses custos sejam diferentes para os trabalhadores operacionais e administrativos; essas necessidades variam com a posição, o que pode exigir uma tabela mais complexa. De qualquer modo, os custos individuais, multiplicados pelo número de admitidos, quando somados, resultam no custo total do item B2.

A integração dos novos empregados exige atenção por parte de profissionais do RH, de supervisores e gerentes. O custo desses tempos é determinado pela multiplicação do custo da hora desses profissionais — estimado a partir do custo total de cada categoria profissional — pelo tempo dispendido. A soma do custo das diversas categorias de profissionais corresponde ao item B3.

C1. Remuneração dos empregados no período de capacitação.	Remuneração mensal, R$	Meses de adaptação	Custo, R$	
Admitido 1	5.000,00	3	15.000,00	
Admitido 2	5.000,00	3	12.500,00	
Admitido 3	4.000,00	2	8.000,00	
Admitido 4	7.500,00	4	30.000,00	
Admitido 5	9.000,00	2	18.000,00	
Total			83.500,00	
C2. Custo dos supervisores para treinamento dos novos empregados.	Remuneração anual, R$	Remuneração/hora, R$	Tempo dispendido, h	Custo, R$
Profissional 1	65.000,00	22,57	3	67,71
Profissional 2	65.001,00	22,57	5	112,85
Profissional 3	65.002,00	22,57	2	45,14
Profissional 4	0,00	0,00	0	0,00
Total				225,70
C3. Materiais usados nos treinamentos.	430,00			
C4. Perdas durante a adaptação dos novos empregados.	Perdas estimadas, R$			
Admitido 1	500,00			
Admitido 2	1.000,00			
Admitido 3	800,00			
Admitido 4	800,00			
Admitido 5	1.200,00			
Total	4.300,00			

C – Custos de aprendizagem e desenvolvimento.

A remuneração dos novos empregados durante o período de adaptação ao trabalho e, portanto, no qual ainda não estão gerando retorno para a empresa, é um custo que, em geral, deve ser estimado individualmente. Deve-se multiplicar a remuneração mensal no período pelo número de meses até que ele inicie sua efetiva contribuição. A soma desse custo de todos os admitidos no período a que se refere o cálculo corresponde ao item C1.

O custo do tempo dos supervisores encarregados de treinar os novos empregados é calculado de forma semelhante. Partindo da remuneração anual desses supervisores, calcula-se o custo horário de cada um. Esse custo horário é multiplicado pelo número de horas dispendidas para obter o custo de cada um dos envolvidos. A soma desses custos corresponde ao item C2.

Embora, comparativamente aos demais custos, as despesas com a compra de materiais necessários aos treinamentos sejam em geral pequenas, excepcionalmente podem justificar a apropriação e sua inclusão no item C3. Um exemplo é o profissional de laboratório que, para treinamento, exige o consumo de produtos químicos caros.

Mesmo bem treinados, é comum que nos períodos iniciais os novos trabalhadores provoquem perdas maiores que as usuais como, por exemplo, maior número de peças rejeitadas por falta de qualidade ou perda de vendas em relação a um profissional bem treinado. Estimativas individuais desses custos devem ser feitas e totalizadas para inclusão no item C4.

D1.Horas extras durante o período com as posições abertas.	Custo unitário da horas extra, R$	Horas extras realizadas, h	Custo, R$
Posição do admitido 1	25,00	30	750,00
Posição do admitido 2	20,00	15	300,00
Posição do admitido 3	13,00	22	286,00
Posição do admitido 4	15,00	0	0,00
Posição do admitido 5	18,00	12	216,00
Total			1.552,00

D2.Mão-de-obra contratada para as atividades da posição aberta.	Custo unitário da horas contratadas, R$	Horas pagas, h	Custo, R$
Posição do admitido 1	30,00	240	7.200,00
Posição do admitido 2	23,00	120	2.760,00
Posição do admitido 3	15,00	480	7.200,00
Posição do admitido 4	20,00	240	4.800,00
Posição do admitido 5	21,00	180	3.780,00
Total			25.740,00

D3.Perdas na produção ou no atendimento enquanto as vagas abertas.	Perdas estimadas, R$
Posição do admitido 1	2.300,00
Posição do admitido 2	0,00
Posição do admitido 3	1.500,00
Posição do admitido 4	1.300,00
Posição do admitido 5	2.700,00
Total	8.000,00

D – Custos do tempo com a posição não preenchida.

O custo mais comum, quando um empregado sai, é o decorrente das horas extras que normalmente são necessárias para cobrir a ausência. Como o custo dessas horas extras é bastante específico, deve ser estimado para o posto de trabalho de cada empregado. Isso é feito pela multiplicação do custo unitário da hora extra na posição pelo número de horas necessárias durante a vacância. A soma desses custos, para todos os admitidos no período do cálculo, corresponde ao item D1.

Mas, algumas vezes, em vez de cobrir a vacância com horas extras, a empresa opta pela contratação de um profissional temporário ou um serviço terceirizado para cobrir a necessidade. Do mesmo modo que no item anterior, nesses casos, o cálculo deve ser feito para cada posição individual, multiplicando-se o custo das horas contratadas pelo número de horas pagas. A soma desses custos, para todos os admitidos no período do cálculo, resulta no item D2.

Mas a vacância nem sempre pode ser compensada total ou parcialmente pela realização de horas extras ou terceirização das atividades. Nesses casos, ocorrem perdas que devem ser estimadas por posição de trabalho de cada um dos admitidos e totalizadas para compor o item D3.

E – Custos de desligamento

Além dos custos dos novos empregados, a substituição das pessoas inclui pagamentos relacionados aos trabalhadores cujos desligamentos geraram a necessidade das novas admissões. Esses custos são de três naturezas.

E1. Custo dos profissionais envolvidos nos desligamentos.	Remuneração anual, R$	Remuneração/hora, R$	Tempo dispendido, h	Custo, R$
Recursos humanos 1	65.000,00	22,57	3	67,71
Recursos humanos 2	40.000,00	13,89	4	55,56
Advogado	120.000,00	41,67	2	83,33
Contador	82.000,00	28,47	5	142,36
Total				348,96
Nota: Inclui os custos associados ao cálculo dos valores das rescisões e homologações.				

E2. Multas legais e indenizações.	Custos, R$
Desligado da posição do admitido 1	18.500,00
Desligado da posição do admitido 2	13.000,00
Desligado da posição do admitido 3	13.000,00
Desligado da posição do admitido 4	14.500,00
Desligado da posição do admitido 5	47.200,00
Total	106.200,00

E3. Despesas com os exames demissionais.	Custo unitário dos exames, R$	Número de exames	Despesas, R$
Despesas com exames das posições dos admitidos	150,00	5	750,00

O custo dos diversos profissionais envolvidos nos processos de desligamento, que pode ser estimado com base nas respectivas remunerações anuais, a partir das quais se obtém o custo horário. Esses custos, multiplicados pelos tempos dispendidos nessas tarefas, permitem obter o custo total de cada profissional. E a soma corresponde ao item E1.

O desligamento dos empregados que estão sendo substituídos também exige o pagamento de multas legais, como um percentual do FGTS e, eventualmente, indenizações. Como são custos que não existiriam se a substituição do empregado não fosse feita, devem ser considerados no cálculo. Dadas as particularidades de cada caso, o mais prático é obter esses valores para cada empregado desligado e tomar a soma como correspondendo ao item E2. Mas observe que valores como férias e 13º proporcional, incorridos por ocasião da rescisão, não devem ser computados, pois se referem ao período trabalhado e seriam, de qualquer modo, pagos.

Na mesma linha, é preciso considerar o custo dos exames demissionais dos empregados substituídos. Como esse exame geralmente tem um custo fixo e determinado, basta multiplicar o número de empregados substituídos no período do cálculo pelo custo do exame, compondo o item E3.

F – Economia durante a vacância

F1.Salários e benefícios economizados durante a vacância.	Remuneração anual dos empregados desligados, R$	Custo mensal dos empregados desligados, R$	Meses de vacância	Custo, R$
Desligado da posição do admitido 1	65.000,00	5.416,67	1,0	5.416,67
Desligado da posição do admitido 2	66.000,00	5.500,00	1,5	8.250,00
Desligado da posição do admitido 3	50.000,00	4.166,67	1,0	4.166,67
Desligado da posição do admitido 4	90.000,00	7.500,00	3,0	22.500,00
Desligado da posição do admitido 5	120.000,00	10.000,00	2,0	40.333,33
Total				80.666,67

F2.Diferença na remuneração dos novos empregados.	Custo mensal dos empregados desligados, R$	Custo mensal dos novos empregados, R$	Diferenca de custo (desligados - novos), R$/mês	Benefício para 12 meses, R$
Desligado da posição do admitido 1	5.416,67	5.000,00	416,67	5.000,00
Desligado da posição do admitido 2	5.500,00	5.000,00	500,00	6.000,00
Desligado da posição do admitido 3	4.166,67	4.000,00	166,67	2.000,00
Desligado da posição do admitido 4	7.500,00	7.500,00	0,00	0,00
Desligado da posição do admitido 5	10.000,00	9.000,00	1.000,00	12.000,00
Total				25.000,00

Apesar dos muitos custos, a troca de pessoas pode trazer dois benefícios econômicos.

O primeiro é que, durante o período de vacância, a remuneração do posto de trabalho não é paga. A melhor forma de estimar esse ganho é tomar o custo mensal do antigo empregado de cada posição — calculado a partir da remuneração anual dividida por 12 — multiplicado pelo número de meses em que a vaga permaneceu aberta. A soma referente aos diversos admitidos no período compõe o item F1.

O segundo é que, em muitos casos, a remuneração dos novos empregados pode ser inferior à dos empregados desligados. Então, podemos usar as diferenças mensais de remuneração entre os novos e velhos ocupantes de cada vaga (já disponíveis na planilha) e multiplicar por um período julgado adequado para o aproveitamento desse benefício. No exemplo, foram tomados 12 meses. A soma dessas diferenças, que pode ser um ganho ou prejuízo, corresponde ao item F2.

Na planilha, os valores de cada item podem ser transferidos de forma automática para consolidação visando uma visão global para análise.

Assim, a planilha fornece o Custo Total da Rotatividade no período ao qual os dados fornecidos se referem (mês, semestre, ano etc.) e o Custo Médio por Empregado Substituído. A coluna da direita mostra o percentual dos diversos itens em relação ao custo total, permitindo que as ações para economia sejam dirigidas aos custos mais significativos; no exemplo, foram a remuneração do recém-admitido no período de adaptação (C1) e as multas e indenizações (E2).

	B	C	D	E
2				
3	**A. Custos de recrutamento, seleção e contratação.**		**Reais**	**Percentual**
4		1.Divulgações em jornais, sites, rádios, etc.	1.600,00	1,0
5		2.Empresas de recrutamento e seleção.	2.300,00	1,4
6		3.Testagens	0,00	0,0
7		4.Profissionais que efetuam o processo de seleção.	1.237,85	0,7
8		5.Exames admissionais.	900,00	0,5
9		6.Ajudas de custo para viagens e instalação.	700,00	0,4
10				
11	**B. Custos de integração e treinamento.**			
12		1.Treinamentos legais e outros essenciais para o trabalho.	4.110,00	2,4
13		2.Uniformes, equipamentos de proteção individual, etc.	3.510,00	2,1
14		3.Tempo dos profissionais envolvidos na integração.	3.125,00	1,9
15				
16	**C. Custos de aprendizagem e desenvolvimento.**			
17		1.Remuneração do empregado no período de adaptação.	83.500,00	49,7
18		2.Tempo dos supervisores no treinando dos empregados.	225,70	0,1
19		3.Materiais usados no período de treinamento.	430,00	0,3
20		4.Perdas no período de adaptação dos novos empregados.	4.300,00	2,6
21				
22	**D. Custos do período com a posição não preenchida.**			
23		1.Horas extras durante o período com a posição aberta.	1.552,00	0,9
24		2.Mão-de-obra temporária para cobrir as posições abertas.	25.740,00	15,3
25		3.Perdas durante o período com as vagas abertas.	8.000,00	4,8
26				
27	**E. Custos de desligamento.**			
28		1.Tempo dos profissionais envolvidos nos desligamentos.	348,96	0,2
29		2.Multas legais e indenizações.	106.200,00	63,3
30		3.Despesas com os exames demissionais.	750,00	0,4
31				
32	**F. Economia durante a vacância.**			
33		1.Salários economizados no período das vacâncias.	-80.666,67	-48,1
34				
35		**TOTAL**	**167.862,84**	
36		**Número de empregados substituídos**	**7**	
37		**Custo médio por empregado substituído**	**23.980,41**	

Planilha 5 – *Custo Médio Estimado da Rotatividade*

Importante: A planilha apresentada é uma solução genérica, com o objetivo de chamar a atenção para os aspectos mais relevantes do custo e dar orientação sobre os cálculos. É útil para o entendimento e como referência para a construção de uma planilha que leve em conta as peculiaridades da empresa.

Essa forma detalhada de cálculo, por ser trabalhosa, pode ser usada eventualmente para levantar parâmetros para estimativas rápidas para cargos específicos, como os apresentados no próximo item.

Estimando o Custo da Rotatividade (Benchmarks)

Muitas organizações que calculam detalhadamente o custo da troca dos empregados acabam gerando índices ou parâmetros para o uso no dia a dia. Essas regras práticas são adotadas por empresas de consultoria que, mesmo sem acesso aos dados reais, conseguem fazer boas estimativas.

- Organizações como o instituto Gallup [67] e levantamentos como o *Compensation Force 2015 Turnover Rates* [68] consideram que o custo de encontrar, contratar e treinar cada novo funcionário é de 1,5 vez seu salário anual. Nesse valor não estão incluídos os custos dos relacionamentos com clientes e colegas, que é mais difícil medir.
- O Hay Group [69] estima que o custo relacionado à demissão de um empregado gira entre 12 e 18 meses de seu salário, considerando a perda e a capacidade de multiplicação de conhecimento, a experiência na execução das tarefas e solução de problemas e até mesmo a satisfação dos clientes.
- Pesquisa elaborada por Manoela Ziebell de Oliveira, professora da PUC-RS, indica que o impacto da saída de um profissional (acima do nível operacional) representa um custo de 93 a 200% do salário anual daquele posto; nessa conta estão inclusos os gastos para recrutar, contratar e treinar o colaborador [70], enquanto o cálculo da consultoria internacional INFOHRM indica que a saída voluntária de um executivo custa, em média, um ano de seu salário.
- Segundo a American Management Association, o custo de contratar e treinar um novo empregado pode variar entre 25 e 200% do salário e dos benefícios que o funcionário recebe durante o ano. Os custos incluem interrupção dos serviços ao consumidor, custos emocionais, queda do moral, sobrecarga e absenteísmo dos empregados que permanecem, perda de experiência e da memória da organização [71]. Números ainda mais elevados são apresentados por outros estudos [65].

Um Exemplo de Uso

Supondo, pegando carona na sugestão do livro *Quebre Todas as Regras*, a primeira referência do item anterior, que a troca das pessoas custe 1,5 vez seu salário anual, e o salário médio das pessoas na organização (excluídos diretores e alta gerência) seja de R$ 3.000,00/mês, o salário anual seria 13 vezes isso, ou seja, R$ 39.000,00. Então, 1,5 vez esse valor corresponderia a R$ 58.500,00; este seria o custo de cada troca.

Em uma equipe de 100 empregados e rotatividade anual de 26,9%, resultado médio das empresas paranaenses em 2018 [72], teríamos a troca de 27 pessoas. O custo seria superior a um milhão e meio de reais (27 x 58.500,00 = R$ 1.579.500,00).

Número de empregados		Rotatividade anual, %		Custo médio de cada troca, R$		Custo total da rotatividade, R$
100	X	26.9/100	X	58.500,00	=	1.579.500,00

Limitações

O uso desses parâmetros para estimar o custo da rotatividade deve ser cuidadoso, levando em conta que a realidade da empresa na qual a regra foi estabelecida pode ser diferente por razões culturais, geográficas, tipo de negócio e nível de especialização dos colaboradores. Também é importante ser transparente e informar junto ao resultado que se trata de um valor estimado. O ideal é levantar o custo detalhado em algumas situações para daí estabelecer uma regra prática específica para a empresa.

Meta

O Custo da Rotatividade não é um bom indicador para a gestão, ou seja, uma métrica para a qual devem ser estabelecidos a meta e os planos de ação focados na redução do custo. Antes, é uma medida que deve ser olhada com alguma periodicidade — usualmente anual — para balizar as metas de Rotatividade, Rotatividade Voluntária e Retenção para cargos específicos, úteis para a gestão do dia a dia.

De qualquer modo, se decidido estabelecer meta para o Custo da Rotatividade, o melhor critério, dadas as peculiaridades de cada organização, é optar por um percentual de redução em relação ao ano anterior, levando em conta a inflação prevista. Por exemplo, reduzir o custo em 3 ou 5%.

Mesmo com um custo da rotatividade alto, tentar obter um resultado fora da realidade pode ter um preço elevado, pois manter empregados que não são os melhores em suas posições também tem custo para a organização.

Análise dos Resultados

O custo da rotatividade tem muitas parcelas. Algumas facilmente mensuráveis (recrutamento, seleção, treinamento etc.) e outras mais difíceis de quantificar, como a perda da cultura organizacional, prejuízo no relacionamento com os clientes, piora nos relacionamentos internos etc. Além disso, os benefícios oferecidos para conseguir uma maior retenção também podem custar caro.

Tudo isso torna o cálculo e as análises dos resultados do indicador trabalhoso e complicado. Como já destacado, o ideal é efetuar o cálculo do custo da rotatividade com pouca frequência, usando os resultados para:

– Identificar as parcelas de custo mais significativas e propor ações visando sua redução.

– Obter referências de custo para subsidiar e justificar decisões relativas aos programas de retenção promovidos pelo RH.

– Estabelecer regras práticas aproximadas para a estimativa do custo da substituição dos trabalhadores.

Outra estratégia para avaliar o impacto da rotatividade e justificar, ou não, o investimento em sua redução é fazer uma análise de sensibilidade, verificando o efeito no custo com a redução de, por exemplo, um ponto percentual no resultado.

Número de empregados		Rotatividade anual, %		Custo médio de cada troca, R$		Custo total da rotatividade, R$
100	X	26.9/100	X	58.500,00	=	1.579.500,00
100	X	25,9/100	X	58.500,00	=	1.515.150,00

Ou seja, reduzir a rotatividade anual de 26,9% para 25,9% resultaria numa economia de R$ 64.350,00.

☞ **Dicas:** • O custo pode ser calculado separadamente para os desligamentos forçados e voluntários e para cargos e áreas específicas. A Kalunga, por exemplo, calcula separadamente o custo para os funcionários demitidos e os que pediram demissão [73].
• É muito mais eficaz para a gestão se, em vez de o RH fornecer mensalmente aos gestores das diversas áreas o custo exato da troca dos empregados, divulgar com menor frequência um parâmetro prático que acaba sendo decorado pelas pessoas. Assim, a troca de um colaborador deixa de ser lembrada como custando em média R$ 58.500,00 (número que varia todo mês) para ser estimada pela multiplicação do salário anual por 1,5 (número que pode ser usado quase permanentemente).

Em Resumo

Conhecer o custo da substituição das pessoas, embora trabalhoso, é importante para uma boa gestão, especialmente para decidir sobre os investimentos relacionados à retenção dos empregados. Embora o custo exato não possa ser obtido, devido aos muitos fatores intangíveis, boas aproximações podem ser conseguidas usando a metodologia descrita. O uso de regras práticas de cálculo para as decisões do dia a dia dispensa o cálculo frequente do indicador.

Demissão custa tão caro quanto contratar. Portanto, deve ser tratada como recurso extremo. Antes disso, recomenda-se esgotar todas as possibilidades de transferência, treinamento, coaching, diálogo, avaliações, baixa motivação.
Lens & Minarelli

15.7. Retenção 90 Dias

O indicador Retenção 90 dias mostra o percentual dos empregados que permaneceu na organização por mais de 90 dias desde a admissão. Trata-se de uma informação importante para a gestão, mas frequentemente é mal interpretada e utilizada, pois apresenta peculiaridades em relação às outras métricas de RH.

A área de recursos humanos executa um bom número de processos essenciais. Boa parte atende a exigências legais e compromissos assumidos com os empregados, como admissão, remuneração, benefícios e desligamento. Também administra as atividades de treinamento e, em muitos lugares, as ações voltadas à segurança dos trabalhadores. Mas, de todos os processos sob responsabilidade da área, provavelmente o mais estratégico e importante para a organização seja o de recrutamento e seleção (R&S).

O desempenho do processo de recrutamento e seleção pode ser medido de diversas maneiras, como será mostrado adiante. Mas sua eficácia depende, primeiro, de entregar a mão de obra adequada às necessidades da empresa e, segundo, de que os trabalhadores admitidos permaneçam por algum tempo na empresa. Se o trabalhador recém-admitido não tiver as habilidades e os conhecimentos necessários — e não puder ser adequadamente treinado —, os gestores rapidamente pedirão sua substituição. Se, por outro lado, a empresa não atender às expectativas do colaborador nos aspectos de relacionamento, segurança no trabalho, esforço demandado etc., ele logo pedirá demissão. Por essa razão, o percentual de trabalhadores que permanece na empresa até 90 ou 180 dias depois da admissão — ou seja, o resultado da métrica Retenção — é uma ótima medida da eficácia do R&S.

Resumindo, a Retenção avalia a adequação entre a empresa e o empregado no início da relação, ou seja, o desempenho do processo de seleção e recrutamento. Processo em que a empresa vai ao mercado para buscar as pessoas ou talentos. Mas, se eles vêm e não ficam, só dão prejuízo.

A retenção pode ser calculada com base em diferentes períodos. Os mais comuns consideram os empregados que permaneceram na empresa mais de 90 dias (período associado ao chamado "tempo de experiência"), mais de 180 dias ou mais de um ano.

Apesar de sua importância para a organização, menos de um quinto das empresas monitora a retenção [74]. E, erroneamente, boa parte delas tenta melhorar o resultado do indicador por meio de ações para agradar o empregado. Para avaliar se a empresa está tratando bem o colaborador, as métricas apropriadas são a Rotatividade Voluntária e as pesquisas de clima.

Onboarding

Onboarding é o processo pelo qual o novo empregado conhece o propósito, os valores, as diferentes áreas e as políticas de funcionamento da empresa. A prática auxilia na inserção do profissional no ambiente de trabalho.

Empresas com um *onboarding* forte aumentam a retenção dos novos empregados em até 82% e a produtividade em mais de 70%.

Fonte: Glassdoor. ***The True Cost of a Bad Hire***. Disponível em: https://www.glassdoor.com/employers/blog/the-true-cost-of-a-bad-hire/ Acesso em 26.01.21.

Por Que Medir

O indicador Retenção permite medir, objetivamente, a adaptação entre as pessoas recém-admitidas e a organização. É uma excelente forma de avaliar o processo de recrutamento e seleção ao longo do tempo.

Como Calcular

A retenção é o percentual de empregados que permanecem na organização após um determinado período, contado da data da admissão.

Retenção

$$RETn = \frac{(\text{Admissões} - \text{Desligamentos no prazo})}{\text{Admissões}} \times 100$$

Em que:

Admissões – número de empregados admitidos (número de vagas preenchidas) no período avaliado.

Desligamentos no prazo – é o número total de empregados desligados (tanto por iniciativa da organização como por iniciativa dos empregados) em determinado prazo (30 dias, 90 dias, 1 ano etc.), contado a partir da data da admissão, no período avaliado.

n – deve ser substituído, na fórmula acima, pela indicação do período de referência, como segue:

90 – Para 0 a 90 dias.
180 – Para 0 a 180 dias.
365 – Para 0 a 365 dias (primeiro ano).

Obs.: O resultado, em percentual, deve ser apresentado com uma casa decimal.

Os pedidos de demissão ocorridos em menos de três meses entram tanto no cálculo da Rotatividade Voluntária quanto no da Retenção 90 dias. Enquanto estagiários, aprendizes e desligados por adesão a programas de demissão voluntária (PDV) não devem ser incluídos nos cálculos.

Exemplo de Cálculo

As informações para o cálculo da Retenção normalmente estão disponíveis nos sistemas de gestão. Segue uma planilha que esclarece o cálculo mensal em uma empresa.

	B	C	D	E	F	G	H	I
2	Mês	Admitidos	Desligados até 90 dias	Desligados até 180 dias	Desligados até 365 dias	Retenção 90 dias, %	Retenção 180 dias, %	Retenção 365 dias, %
3	Janeiro	100	12	15	20	88,0	85,0	80,0
4	Fevereiro	50	7	7	10	86,0	86,0	80,0
5	Março	100	10	12	14	90,0	88,0	86,0
6	Abril	90	15	14	17	83,3	84,4	81,1
7	Maio	30	8	10	11	73,3	66,7	63,3
8	Junho	100	6	8	21	94,0	92,0	79,0
9	Julho	110	17	20	26	84,5	81,8	76,4
10	Agosto	80	12	13	15	85,0	83,8	81,3
11	Setembro	75	14	19	23	81,3	74,7	69,3
12	Outubro	97	8	12	15	91,8	87,6	84,5
13	Novembro	35	9	10	12	74,3	71,4	65,7
14	Dezembro	90	16	19	26	82,2	78,9	71,1
15								
16	No ano	957	134	159	210	86,0	83,4	78,1

Planilha 6 – *Cálculo da retenção*

A coluna C mostra, em cada linha, o número de empregados admitidos no mês correspondente. Foram 100 em janeiro.

A coluna D apresenta quantos contratados no mês correspondente foram desligados no prazo de até 90 dias. Para os contratados em janeiro, foram 12.

A coluna E mostra o número de desligados em até 180 dias que, claro, inclui os que saíram até os 90 dias, anotados na coluna D.

Na coluna G, foi incluída a fórmula para a Retenção 90 dias que, para fevereiro, G4=(C4-D4)/C4*100.

O resultado do indicador sempre se refere ao período, por exemplo mês, em que houve a admissão, pois o objetivo é apresentar o percentual de empregados, admitidos no período, que foi mantido após determinado prazo.

Assim, embora a tabela não detalhe, dos 100 empregados admitidos em janeiro, temos as seguintes quantidades de desligados em até 90 dias:

Janeiro = 4,
Fevereiro = 3,
Março = 4,
Abril = 1,

totalizando os 12 desligamentos mostrados na célula D3.

Observe que a quantidade de admitidos em janeiro que foram desligados em até 90 dias é uma informação que só estará disponível em abril, pois alguém admitido, por exemplo, em 31 de janeiro, deverá ser incluído na conta se sair até 30 de abril. Assim, é uma informação que demora e dá algum trabalho para se obter.

Calculando

$$\text{RET90 dias} = \frac{(\text{Número de admissões} - \text{Desligamentos até 90 dias})}{\text{Número de admissões}} \times 100$$

$$\text{RET90 dias} = \frac{(100 - 12)}{100} \times 100$$

$$\text{RET90 dias} = 88{,}0\%$$

Portanto, a Retenção 90 dias mostra que 88,0% dos empregados admitidos em janeiro continuavam na organização depois de 90 dias.

Note que o cálculo considera apenas o número de desligados (demitidos ou que pediram demissão) admitidos há menos de 90 dias, ignorando os demais.

Procedimento semelhante é feito para os cálculos da Retenção 180 dias (coluna H) e da Retenção 365 dias (coluna I); nesses casos, o prazo para obter a informação sobre os desligados admitidos em determinado mês é ainda mais longo.

Uma Simplificação

Um aspecto que merece cuidado é o período das informações para o cálculo. De forma rigorosa, o cálculo da Retenção 90 dias de determinado ano só pode ser feito no final de março do ano seguinte, quando estará disponível o número exato de admitidos no ano que ficaram menos de 90 dias na organização, pois alguém contratado em dezembro pode sair em março do ano seguinte, antes de completar os três meses de casa, como exemplificado na figura.

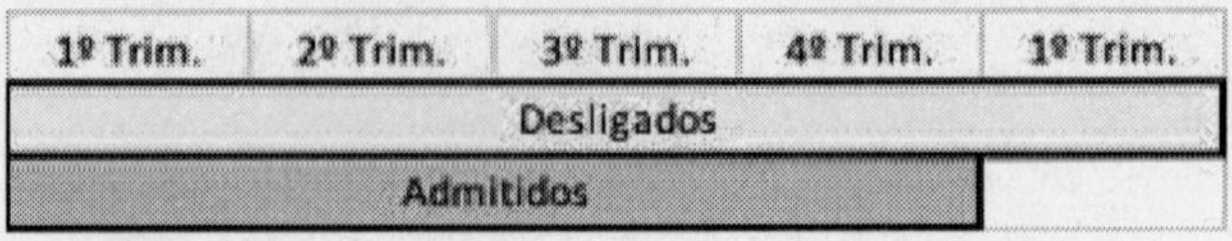

Figura 11 – *Cálculo rigoroso da Retenção 90 dias*

Entretanto, quando trabalhando com grupos grandes e fazendo o cálculo da Retenção 90 dias para períodos longos — como um ano —, é razoável usar uma simplificação (Figura 12). Assim, pode-se considerar que as saídas que ocorrerão nos meses iniciais do ano seguinte serão compensadas pelas saídas dos contratados nos últimos meses do ano anterior. Essa abordagem simplificada — que considera todas as saídas com prazo inferior a 90 dias — é prática e, respeitadas as premissas citadas, suficiente para a gestão.

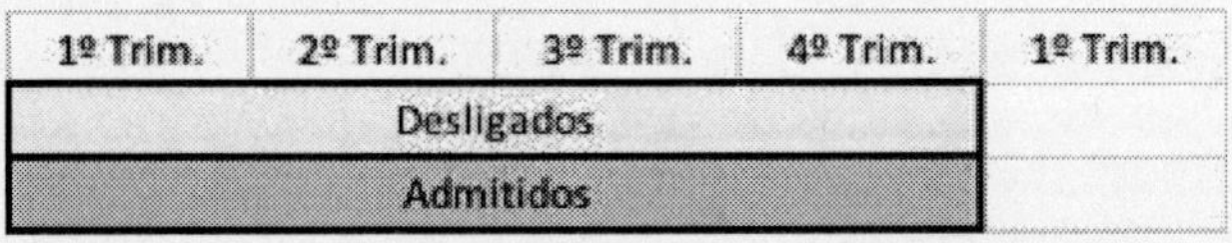

Figura 12 – *Cálculo simplificado da Retenção 90 dias*

A abordagem para o cálculo da retenção em períodos diferentes é semelhante.

Fazendo Benchmarking

É útil conhecer os resultados obtidos por outras empresas do mesmo setor. Isso permite determinar a conveniência de investir na melhoria do processo ou de alocar os recursos em áreas com maior potencial de ganho. Como exemplo, segue a Retenção 90 dias média anual das empresas paranaenses em 2018.

Tabela 9 – *Retenção 90 dias no ano de 2018, %*

Setor	Média	Mediana
Amostra (122)	88,1	90,8
Serviços (65)	87,5	90,0
Indústrias (51)	88,7	92,2

Nota: *O número entre parênteses indica a quantidade de empresas na amostra e não inclui empresas de construção e microempresas. Fonte: Bachmann & Associados & ABRH-PR. 11º Benchmarking Paranaense de Recursos Humanos 2019: Dados de 2018. Curitiba. 2019.*

Meta

Como os resultados da retenção estão fortemente associados ao desempenho do R&S, a primeira comparação que se deve fazer é com os resultados históricos para confirmar se houve melhora ou, ao menos, que não ocorreu degradação. Logo, qualquer resultado melhor que os anteriores pode ser uma boa meta.

Uma boa prática é estabelecer como meta um valor que coloque a organização entre as 20% melhores em seu setor de negócio. Na falta de informações mais seguras, com base nos resultados dos levantamentos de *benchmarks* feitos ao longo de vários anos, recomendo as seguintes metas mínimas (valores anuais) por tipo de negócio. Mas cada caso deve ser analisado considerando suas peculiaridades.

Tabela 10 – *Retenção 90 dias por tipo de negócio*

Tipo de negócio	Retenção 90 dias (mínima), %
Instituições governamentais	97
Empresas estatais	95
Indústrias de elevada complexidade (ex.: química, automotiva)	95
Indústrias de baixa complexidade (ex.: metalúrgica)	90
Empresas de serviços	90
Empresas comerciais	85
Comércio varejista (ex.: supermercado)	80
Hospitais	80
Empresas de logística e armazenagem (ex.: transportadora)	80

Fonte: *B&A.* **Benchmarking Paranaense de Rh**: *Diversas edições. Disponíveis em: https://www.indicadoresrh.com.br/benchmarking/?mnu=28&id=73&area=material. Acesso em 24.10.20.*

Análise dos Resultados

Esse indicador é um dos mais importantes para o RH, mas geralmente é mal compreendido. Quando usado, as empresas tentam melhorar seu resultado por meio de ações para agradar os empregados, oferecendo melhores salários e benefícios. Mas a Retenção 90 dias mede, essencialmente, a qualidade do processo de seleção; a medida da satisfação dos empregados com salários e benefícios é dada pela pesquisa de clima.

Além da qualidade do R&S, a retenção pode ser influenciada por fatores como a qualidade do *onboarding* e as características do gestor imediato do novo empregado. Portanto, antes de planejar ações de melhoria, a baixa retenção deve motivar uma investigação das causas dos desligamentos.

Também é útil comparar a Retenção 90 dias com valores históricos e com referenciais de excelência (*benchmarks*); se o resultado é menor que em empresas semelhantes, é fácil perceber que o aprimoramento do processo de seleção é um bom ponto para agir. Mas o principal deve ser observar a tendência de melhora (aumento) ou piora (redução) dos resultados.

Para análises mais completas, a Retenção pode ser calculada para cada grupo específico de empregados (gerentes, técnicos, mulheres, pessoas chave etc.).

A medida da Retenção pode ser feita para períodos mensais?

Sim, mas... o cálculo da Retenção pode ser feito para pequenos períodos, mas isso não faz muito sentido, pois é uma métrica muito sensível às variações pontuais que não devem servir de referência para uma decisão.

Melhores alternativas são usar o Controle Estatístico de Processo – CEP [23], fazer o cálculo anual ou semestral ou adotar a "média móvel", calculando, a cada mês, a Retenção 90 dias com os dados dos últimos 6 ou 12 meses, como exemplificado na planilha a seguir. Nesses casos, mais importante que os valores em si, é a tendência de crescimento ou de queda do resultado do indicador.

Planilha 7 – *Cálculo da média móvel da Retenção 90 dias*

	B	C	D	E	F
2	Mês	Admitidos	Desligados até 90 dias	Retenção 90 dias, %	Média móvel Retenção 90 dias, %
3	Janeiro	100	12	88,0	
4	Fevereiro	50	7	86,0	
5	Março	100	10	90,0	
6	Abril	90	15	83,3	
7	Maio	30	8	73,3	
8	Junho	100	6	94,0	85,8
9	Julho	110	17	84,5	85,2
10	Agosto	80	12	85,0	85,0
11	Setembro	75	14	81,3	83,6
12	Outubro	97	8	91,8	85,0
13	Novembro	35	9	74,3	85,2
14	Dezembro	90	16	82,2	83,2

Nota: *Algumas empresas e sistemas preferem recalcular a média tomando o número de admitidos e desligados até os 90 dias nos seis meses correspondentes. Isso não é importante, desde que sempre seja usada a mesma metodologia de cálculo. No exemplo, o resultado de junho ficaria em 87,7%.*

A média móvel de 85,8% apresentada em junho (célula F9) corresponde à média aritmética da retenção mensal calculada para os meses de janeiro a junho.

A menor retenção obtida em maio (73,3%) poderia recomendar, indevidamente, que fosse tomada alguma ação gerencial para a melhora do resultado. Entretanto, o baixo resultado possivelmente é apenas parte da variação normal, dada a alta sensibilidade do indicador. Isso fica evidente pela observação do gráfico com os resultados da retenção mensal (linha longa) e a média móvel para seis meses (linha curta).

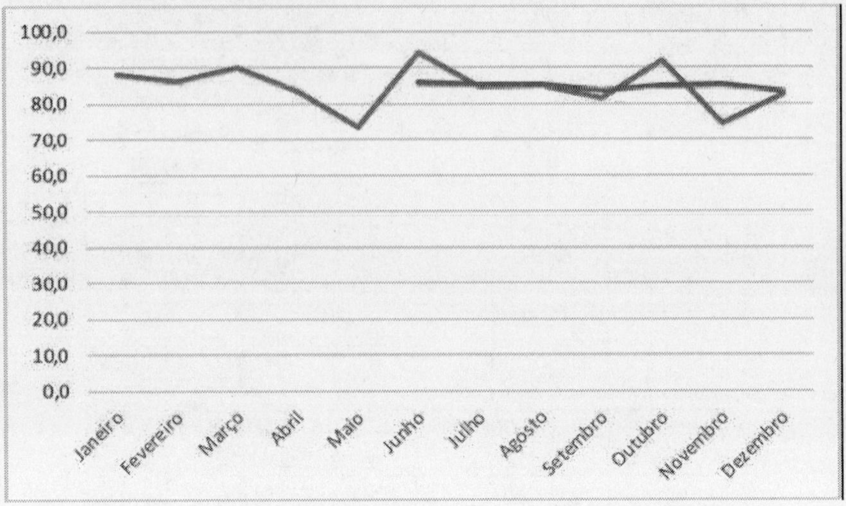

Gráfico 4 – *Retenção 90 dias e média móvel de seis meses, %*

Atenção: Como a retenção pode ser calculada para diferentes períodos, o primeiro cuidado deve ser identificar e registrar o período tomado como referência. Por exemplo, uma reportagem [75] informa que "o INDG criou o programa de *trainee* há cinco anos e desde então já formou 300 profissionais, e o índice de retenção é de 95%". Embora possivelmente o percentual refira-se à duração do programa, isso não está documentado, impedindo uma análise segura ou o uso para fins de *benchmarking*.

Outras Medidas de Retenção

Outras medidas da permanência dos empregados nas organizações.

Taxa de Abandono

A Taxa de Abandono é a retenção invertida. A Retenção é mais usada que a Taxa de Abandono porque tem a mesma polaridade da resposta, ou seja, resultado maior e retenção mais alta são os resultados desejados.

Taxa de Abandono = 100 – Retenção

Índice de Retenção de Servidores

O Índice de Retenção de Servidores corresponde ao percentual de servidores com mais de um número determinado de anos de serviço na instituição [76].

Resolutividade da Seleção

Muitas empresas calculam o percentual de trabalhadores efetivados após os três meses do início do contrato de trabalho e denominam essa métrica de Resolutividade da Seleção. Logo, se foram contratados 18 empregados e depois dos três meses foram efetivados 14, a Resolutividade da Seleção foi de 77,8%.

Retenção do Recém-Empossado

É a medida da retenção feita considerando a data da movimentação (promoção ou troca de função ou cargo) do empregado, em vez da data da admissão. Serve para avaliar o grau de acerto nas movimentações internas.

Retenção após Licença-Maternidade

Algumas empresas, como a Ernst & Young, adotam a "Retenção após licença-maternidade". O indicador corresponde ao percentual de empregadas que retornam ao trabalho depois da licença-maternidade [77].

Retenção de PCDs e Outras Minorias

O indicador de Retenção também pode ser um instrumento valioso para monitorar e aprimorar os programas de inclusão de PCDs e outras minorias na organização. Mas, diferentemente do calculado para os demais empregados — que geralmente é focada no período de experiência —, para esses públicos é melhor avaliar a Retenção 180 dias ou a Retenção 365 dias.

> ☞ **Dica**: Análises melhores são feitas com o cálculo para períodos maiores, como seis ou 12 meses, e observando mais a tendência que os valores absolutos.

Em Resumo

O indicador de retenção de pessoas, principalmente a Retenção 90 dias, pode ser uma referência importante para os gestores de RH. Mas, por apresentar peculiaridades, é frequentemente mal usado. O entendimento correto permite interpretação mais objetiva, servindo para que as ações, especialmente as relacionadas aos processos de recrutamento e seleção, sejam mais bem avaliadas.

O que segura o gado é o
pasto e não a cerca.
Daniel Castanho – CEO Anima

15.8. Absenteísmo

Os piores problemas são aqueles que não sabemos que temos. Este costuma ser o caso do absenteísmo nas empresas. Por ocorrer em pequenas quantidades e de forma disseminada na organização, a menos que tenhamos sua medida, ficamos com a impressão de que se trata de uma questão menor. Pode não ser!

Absenteísmo, absentismo ou ausentismo é a fração do tempo não trabalhado em decorrência de atrasos ou faltas, em relação ao tempo total contratado. As ausências, especialmente as não programadas, provocam perda de produtividade e representam uma parcela importante dos custos de pessoal.

A medida do Absenteísmo permite fazer a gestão do tempo perdido pelas ausências, contribuindo para um melhor aproveitamento das equipes. Especialistas consideram que esse indicador também é útil para avaliar a qualidade do ambiente de trabalho. Além disso, dependendo do negócio, as faltas provocam consequências negativas nas atividades da organização. A importância de poder contar com as pessoas é tão grande que na Toyota dos Estados Unidos os empregados das unidades que registram 100% de assiduidade concorrem anualmente a sorteios de carros [78].

Algumas empresas [79] não medem mais o absenteísmo, pois, com a adoção do *home office* e outras formas de trabalhar baseadas na confiança, julgam que o indicador perdeu a utilidade. Quer dizer que as faltas se tornaram irrelevantes? Não. Quer dizer que sua forma de gestão mudou. Não faz mais sentido — em uma organização com elevado grau de maturidade gerencial e de responsabilidades — que as faltas sejam apropriadas pelo RH e repassadas mensalmente para os gestores que, então, deverão tomar uma atitude. Nessas empresas com gestão mais moderna, uma falta ou atraso deve ser motivo de preocupação imediata por parte do supervisor ou gerente que buscará saber o que está acontecendo e como pode apoiar o colaborador, se for um problema pessoal, ou como resolver, se for simplesmente indisciplina.

Uma forma prática de compreender o indicador é dada pelo diagrama.

Diagrama 3 – *Distribuição do tempo dos trabalhadores, horas*

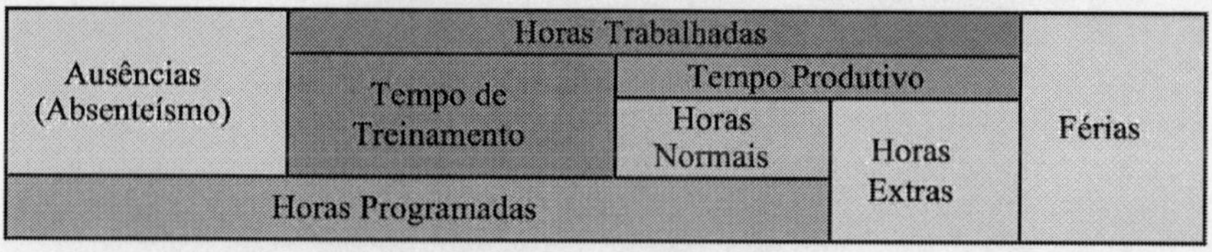

O fundamento do cálculo do Absenteísmo considera apenas as horas ausentes com o custo absorvido pela empresa. Dessa forma, não se deve incluir na conta as ausências após o 15º dia de afastamento por razões médicas ou acidentárias, e o período em que os empregados estão em licença-maternidade ou paternidade, ainda que a empresa pague os encargos sociais correspondentes. Entretanto, mesmo que não sejam incluídos no cálculo do Absenteísmo, é importante que o RH acompanhe as informações dos tempos dos afastamentos médicos acima de 15 dias e de licença-maternidade e paternidade.

Embora a medida do absenteísmo total seja a mais comum, nas organizações de maior porte que sofrem com muitas faltas pode ser conveniente dividir o absenteísmo em classes [80], cada uma merecendo análise e tratamento diferentes:

1. Absenteísmo voluntário: é a ausência voluntária do trabalho por razões particulares, não justificadas por doença e sem amparo legal.

2. Absenteísmo compulsório: é o impedimento ao trabalho mesmo que o trabalhador não deseje, por dificuldade de transporte ou outra razão que não lhe permita chegar ao local do trabalho.

3. Absenteísmo legal: compreende as faltas ao serviço amparadas por lei, como licença-maternidade, nojo, gala, doação de sangue etc. São as chamadas faltas justificadas.

4. Absenteísmo por patologia profissional: compreende as ausências por doenças profissionais ou por acidentes de trabalho.

5. Absenteísmo por doença: inclui todas as ausências por doença ou procedimentos médicos não relacionados às atividades profissionais.

Um interessante exemplo desse levantamento estratificado foi feito em um hospital universitário [81].

Em casos excepcionais, pode ser útil calcular separadamente o absenteísmo decorrente apenas dos atrasos daqueles causados exclusivamente por faltas, pois a forma de corrigir o problema pode ser diferente. O diagrama mostra outras possibilidades de estratificação dos tempos perdidos.

Diagrama 4 – *Estratificação do Absenteísmo, tempo*

<table>
<tr><td colspan="6">Ausências</td></tr>
<tr><td rowspan="2">Liberalidade</td><td rowspan="2">Não justificadas</td><td rowspan="2">Legais</td><td colspan="3">Médicas</td></tr>
<tr><td>Acidentes</td><td>Doenças Ocupacionais</td><td>Doenças</td></tr>
</table>

Nota: *Férias e folgas são consideradas ausências planejadas dentro de uma jornada legal, não prejudicando o trabalho previsto.*

Embora as causas mais comuns do absenteísmo sejam doenças, problemas familiares, dificuldades de transporte, baixa motivação, deficiência das lideranças ou políticas inadequadas da organização, outras causas são possíveis. A complexidade das análises do absenteísmo pode ser destacada com alguns exemplos:

– Levantamentos em supermercados ingleses indicam que nas lojas onde a proporção de trabalhadores maduros é grande, o absenteísmo chega a ser menos de um terço da média da rede [82].

– Uma dissertação de mestrado, que analisou o absenteísmo dos servidores estaduais da área de educação de São Paulo, concluiu que aproximadamente 20% da força de trabalho contratada esteve ausente durante o período estudado. O levantamento também mostrou que as ausências se distribuíam de forma distinta ao longo do ano, concluindo que não se deve usar todo o ano (365 dias) para a obtenção de uma média geral, pois há uma oscilação muito importante em períodos específicos. Também identificou diferenças nas proporções do absenteísmo entre o pessoal de apoio escolar e o quadro do magistério; os professores apresentaram maior proporção de faltas médicas e ausências homologadas por perícia [83].

– Em países de clima mais rigoroso, como é comum no hemisfério norte, algumas empresas acompanham separadamente o absenteísmo nas diversas estações [84]. Aqui, com um clima mais uniforme ao longo do ano, isso não se justifica. Mas nos casos em que o absenteísmo é elevado, um levantamento pontual, mostrando a distribuição do absenteísmo por dia da semana, do mês ou nos dias que precedem ou sucedem aos feriadões pode trazer algum *insight* para o gestor.

Alguns especialistas [85] defendem que a gestão sobre o absenteísmo deve ser responsabilidade do supervisor imediato, que tem a função de motivar, divulgar e aplicar as normas da empresa, de modo a evitar que os trabalhadores que não se enquadram sofram as penalidades previstas na legislação.

Uma observação prática, que ajuda a entender o impacto do absenteísmo, é olhar o resultado como o percentual de tempo total contratado (e pago) que foi perdido devido às ausências dos empregados. Por exemplo, uma escola paranaense teve um absenteísmo médio de 4,9% em 2017 [86]. Isso representa, de modo aproximado, a necessidade de um empregado adicional para cada grupo de 20 colaboradores ou, de outro modo, 5% do tempo pago não foi usado de forma produtiva. A aplicação desse percentual sobre o custo da folha de pagamento mostra o impacto financeiro das ausências sobre a organização.

Como Calcular

As empresas fazem uso de diversas formas de cálculo do Absenteísmo, conforme a peculiaridade da situação ou a prática de seus gestores. A mais usada, e validada pela ABRH [17], é a seguinte.

Absenteísmo

$$ABSENT = \frac{\text{Tempo perdido por ausências}}{\text{Horas normais}} \times 100$$

Em que:

Tempo perdido por ausências – É o número total de horas perdidas por ausências dos empregados, no período avaliado. As ausências consideradas incluem:

– Faltas, justificadas ou não;

– Atrasos e saídas antecipadas, justificadas ou não;

– Afastamentos médicos, por doenças ocupacionais ou não, e por acidentes do trabalho;

– Licença paternidade.

Nota: Nos casos de afastamentos longos, incluir apenas os primeiros 15 dias; os demais são cobertos pelo auxílio-doença, nos termos da lei nº 8.213.

Horas normais – É a soma das horas trabalhadas nos horários previstos no contrato de trabalho, pelo conjunto dos empregados, no período avaliado. Não inclui as horas extras, o descanso semanal remunerado (DSR), o tempo em treinamento fora do expediente e o período de férias.

Obs.: O resultado, em percentual, deve ser apresentado com uma casa decimal.

A mesma fórmula pode ser usada para diferentes períodos, como mês, semestre, ano etc., conforme o interesse. A opção de usar horas, em vez de dias, facilita tratar os atrasos e os empregos de tempo parcial. O cálculo do Absenteísmo para uma pessoa, ou para um grupo de empregados, é feito do mesmo modo.

Ausências que são compensadas em bancos de horas, feriados e férias não devem ser contadas como falta ao trabalho. As horas extras eventualmente realizadas também não são incluídas na conta. E o cálculo pode ser feito descontando alguns impedimentos à presença dos empregados, como greves no sistema de transporte, mas é importante que esses critérios sejam bem documentados.

O indicador deve incluir apenas os empregados. O objetivo é ter uma referência para a gestão desse grupo de trabalhadores. A inclusão de aprendizes, *trainees*, estagiários etc. leva a distorções, já que esses colaboradores usualmente estão sujeitos a regras administrativas diferentes. Se conveniente, o Absenteísmo pode ser calculado também para esses públicos, mas como medida separada, para não influenciar o resultado relativo aos empregados.

A ideia de calcular as Horas Normais dividindo o total de dias do mês por sete, para descobrir o número de semanas, e multiplicar por 44 horas (tempo previsto de trabalho semanal para um colaborador) é simples e prática, mas ignora os feriados que, em alguns meses, podem impactar bastante o cálculo. O melhor é detalhar um pouco mais, ainda que dê algum trabalho, já que é uma conta que deverá ser feita apenas uma vez por mês. Nesse caso, somar os dias úteis (de segunda a sexta), multiplicar por oito e somar os sábados que não são feriados multiplicados por quatro, resultaria no número de horas esperadas de trabalho de cada empregado com maior precisão.

Mas há uma terceira alternativa. Muito provavelmente o *software* de apropriação de horas da empresa ou da folha de pagamento já deve ter esse cálculo feito internamente e basta consultar o sistema. Afinal, o *software* calcula o total de horas trabalhadas das pessoas que não tiveram nenhuma falta ou atraso, e este pode ser o melhor número.

Exemplo de Cálculo

Tomando uma empresa com a seguinte situação em determinado período:

Horas normais = 1.801.580 horas

Tempo total perdido por ausências = 69.854 horas

$$\text{ABSENT} = \frac{\text{Tempo perdido por ausências}}{\text{Horas normais}} \times 100$$

Então,

$$\text{ABSENT} = \frac{69.854}{1.801.580} \times 100 = 3{,}9\%$$

Que pode ser traduzido como "no período, 3,9% do tempo dos empregados foi perdido devido às ausências não previstas".

Absenteísmo Mensal

O exemplo a seguir usa uma planilha [87] para simplificar o cálculo mensal do Absenteísmo ao longo de um ano.

	B	C	D	E
1		Horas normais programadas, h	Tempo total perdido por ausências, h	Absenteísmo, %
2	Janeiro	1.801.580	69.854	3,9
3	Fevereiro	1.502.712	65.989	4,4
4	Março	1.956.023	71.463	3,7
5	Abril	1.712.670	68.287	4,0
6	Maio	1.850.234	70.178	3,8
7	Junho	1.613.975	68.867	4,3
8	Julho	1.790.356	69.593	3,9
9	Agosto	1.855.678	67.279	3,6
10	Setembro	1.678.573	69.967	4,2
11	Outubro	1.833.572	71.022	3,9
12	Novembro	1.776.393	69.956	3,9
13	Dezembro	1.797.257	71.683	4,0
14	Soma	21.169.023	834.138	
15			Absenteísmo médio mensal	4,0
16			Absenteísmo médio anual	3,9

Planilha 8 – *Exemplo de Cálculo do Absenteísmo mês a mês*

O Absenteísmo corresponde à divisão entre o "Tempo total perdido por ausências" e as "Horas normais programadas", multiplicada por 100. Por exemplo, em janeiro temos E2=D2/C2*100.

O cálculo se repete para os demais meses do ano.

Absenteísmo Anual

O cálculo do Absenteísmo ocorrido no ano é feito do mesmo modo que para qualquer outro período. Mas, claro, são usados os números correspondentes ao ano todo. Exemplificando com os valores anuais da planilha:

Horas normais = 21.169.023 horas

Tempo perdido por ausências = 834.138 horas

$$\text{ABSENT} = \frac{\text{Tempo perdido por ausências}}{\text{Horas normais}} \times 100$$

Então,

$$\text{ABSENT} = \frac{834.138}{21.169.023} \times 100$$

$$\text{ABSENT} = 3{,}9\%$$

É importante notar que há uma diferença entre o "Absenteísmo médio mensal no ano", calculado pela média aritmética dos resultados mensais no ano, e o "Absenteísmo anual", obtido pela divisão entre o tempo total perdido por ausências no ano e o total de horas normais programadas no ano, multiplicada por 100. Sempre que possível, é melhor efetuar o cálculo diretamente para todo o período de interesse.

O cálculo usado pelo Ministério do Trabalho dos Estados Unidos [88] é:

$$\textit{Índice de Absenteísmo} = \frac{\textit{Nº de dias de trabalho perdidos por ausência no mês}}{\textit{Nº médio de empregados x Nº de dias de trabalho no mês}}$$

Outras Formas de Medir as Ausências

A simples medida do Absenteísmo, como apresentada anteriormente, pode não ser suficiente para a gestão das ausências quando este é um aspecto relevante para a organização.

Uma análise mais profunda pode ser complementada por outras métricas, como o percentual dos empregados que teve faltas e a duração média das ausências. Um levantamento feito em uma indústria química mostrou que menos de 10% dos empregados eram responsáveis por mais de 80% dos dias perdidos. Nessas situações, alguns dos indicadores apresentados adiante [89] são usados para melhor entendimento da realidade.

$$\text{Taxa de Frequência} = \frac{\textit{Número de ocorrências}}{\text{Número de empregados}}$$

$$\text{Taxa de Gravidade} = \frac{\textit{Número de dias perdidos}}{\text{Número de empregados}}$$

$$\text{Percentual de Ausentes} = \frac{\textit{Número de empregados ausentes x 100}}{\textit{Número de empregados}}$$

$$\text{Duração Média das Ausências} = \frac{\textit{Número de dias perdidos}}{\textit{Número de ocorrências}}$$

Presenteísmo

Pela sua conotação positiva, algumas organizações têm substituído o Absenteísmo pelo Presenteísmo, calculado como complemento do Absenteísmo.

Presenteísmo = 100 – Absenteísmo

Assim, se o Absenteísmo medido foi de 2,5%, o Presenteísmo foi de 97,5%.

> **Atenção:** É importante saber que o termo Presenteísmo também é usado para descrever a situação em que o empregado está fisicamente no posto de trabalho, mas com sua atenção voltada a problemas particulares ou outros interesses e, portanto, não é produtivo.

Fazendo Benchmarking

Os dados comparativos podem ajudar o RH a tomar melhores decisões ou a promover mudanças culturais. Se o absenteísmo na empresa for bem maior do que nas concorrentes, não é difícil supor que a tolerância às faltas está prejudicando o negócio e os gestores precisam ser mais rigorosos.

A quantidade de faltas aceitável varia com o segmento de negócio e com a área de trabalho dos colaboradores. Logo, não há um número mágico ou ideal para o Absenteísmo. Por exemplo, a falta de pessoas em uma linha de montagem é crítica, então devem existir monitoramento e ações para manter o absenteísmo em nível menor que em uma área de desenvolvimento de *software*, por exemplo, em que os trabalhos são individuais e, portanto, eventuais ausências impactam menos.

Para referência, seguem resultados em diversos segmentos de negócio que podem ser usados para balizar o estabelecimento de metas.

Tabela 11 – *Absenteísmo Anual por Segmento em 2018 no Paraná, %*

Segmento	Mínimo	Máximo	Média	Mediana
Alimentos e bebidas (4)	1,7	4,4	2,8	2,5
Concessionárias de rodovias (4)	0,6	2,8	1,9	2,1
Educação (5)	0,0	1,9	0,9	1,0
Hospitais (15)	1,2	3,5	2,5	2,7
Indústria automotiva (5)	0,2	1,6	1,2	1,4
Indústria metalúrgica (7)	0,0	2,8	1,7	1,8
Indústria química (4)	0,1	1,7	0,8	0,8
Logística, transporte e armazenagem (7)	0,8	3,4	1,6	1,7
Papel e celulose (6)	0,2	2,9	1,3	1,3
Planos de saúde (9)	1,1	4,4	2,2	2,0
Fundações, Associações, Federações, Sindicatos (7)	0,2	4,1	1,6	1,3

Nota: *O número entre parênteses indica a quantidade de empresas na amostra.*

Fonte: *Bachmann & Associados & ABRH-PR. 11º Benchmarking Paranaense de Recursos Humanos 2019: Dados de 2018. Curitiba. 2019.*

Meta

Uma boa referência para estabelecer a meta inicial para o Absenteísmo em uma organização, caso ainda não exista um acompanhamento histórico, é tomar a média das empresas do segmento. Em médio prazo, deve-se buscar estar entre as 20% empresas com os melhores resultados.

Análise dos Resultados

Valores menores indicam resultados melhores.

Para checar a consistência dos resultados, vale observar que, em nenhum caso, o absenteísmo correspondente às causas específicas, como, por exemplo, as por motivos médicos, pode ser maior que o absenteísmo total. Caso o absenteísmo seja maior que a meta, é importante identificar as causas (razões médicas, legais, liberalidade da empresa etc.) e as áreas da empresa onde o problema é mais acentuado para, só então, agir.

Alguma variação entre os resultados dos diferentes períodos é normal e não deve ser motivo de preocupação. Assim, é importante observar se existe uma sucessão de resultados ruins ou alguma tendência de piora dos resultados, antes de planejar qualquer ação corretiva. Também é útil saber que o aumento no absenteísmo pode ser um indício de que o colaborador está se preparando para pedir demissão.

O Absenteísmo pode ser calculado para toda a organização, por área de atividade (vendas, produção etc.), por grupo de trabalho (gerentes, operários etc.) ou pode ser computado separadamente para cada empregado. Como visto, também pode ser estratificado para causas como: faltas médicas (considera apenas o tempo perdido devido às licenças médicas), faltas estabelecidas pela legislação (licença-maternidade etc.), acordos com o sindicato e outras. Naturalmente, a adoção desse controle mais detalhado impõe o estabelecimento de metas diferenciadas para cada grupo e a prática de *feedback* nos casos de desvios.

Uma análise mais profunda pode ser complementada pelos resultados de outros dois indicadores: Percentual da equipe que teve faltas e Duração média das ausências. E, na avaliação do impacto financeiro sobre a empresa, deve-se levar em consideração que a falta de um trabalhador nem sempre recai apenas sobre as atividades desempenhadas pelo ausente.

☞ **Dicas**: • O absenteísmo poderá ser distorcido se incluir empregados que estejam fora por motivos válidos, como viagens a trabalho ou em treinamento externo.
• Uma dificuldade adicional no cálculo do Absenteísmo é a inclusão dos profissionais isentos de controle de frequência. A maioria das empresas, por razões práticas, ignora esse público no cálculo.

Resumo

O absenteísmo pode impactar fortemente a produtividade e os custos das organizações. Também é relevante do ponto de vista legal, por ensejar desconto de salário e perda de dias de férias. Logo, é um indicador importante para a gestão de pessoas.

O cálculo do absenteísmo é fácil e pode ser estratificado para atender às características da organização e das diferentes áreas. Valores elevados também podem indicar desmotivação, problemas no clima organizacional ou intenção de trocar de emprego.

Quando alguém falta, outra pessoa acaba tendo de fazer o trabalho, muitas vezes ao custo de horas extras ou do prejuízo da qualidade de seu próprio trabalho.

15.9. Absenteísmo Médico

As ausências por doenças, ocupacionais ou não, e por acidentes do trabalho podem representar uma parcela importante do absenteísmo total.

O Absenteísmo Médico mede o percentual das horas de trabalho perdidas por afastamentos causados por doenças, ocupacionais ou não, e por acidentes do trabalho. Essas ausências contribuem normalmente para um a dois terços do absenteísmo total [39]. Veja, no item Absenteísmo, as consequências negativas das faltas.

A saúde costuma ser importante causa para a ausência dos empregados; 55% pela própria saúde e 10% devido à saúde de parentes [90]. No Brasil, 27% das pessoas dão nota 10 para a própria saúde; entretanto, um levantamento comprovou que 42% da população está acima do peso, sendo que 10% estão obesos. Os números mostraram também que 46% da população não realiza exames periódicos; entre os homens, esse índice é de 59% [91].

As cinco causas mais comuns de ausências médicas em 2015, segundo levantamento feito a partir de atestados médicos, foram:

Código (CID)	Descrição	Ocorrências, %	Afastamento médio, dias
M54.5	Dor lombar baixa	5	2
A09	Diarreia e gastroenterite	4	1
M25.5	Dor articular	3	3
A90	Dengue	2	5
593,4	Entorse e distensão do tornozelo	2	6

Fonte: *Revista Melhor. Julho. 2016. p. 22.*

Os absenteísmos por patologia profissional (compreendem as ausências por doenças profissionais ou por acidentes de trabalho) e por doença (incluem as ausências por doença ou procedimentos médicos não relacionados às atividades profissionais) são algumas das possibilidades usadas na estratégia de estratificar as faltas para um melhor entendimento e gestão das causas. A classificação de uma doença como ocupacional cabe ao médico perito do Instituto Nacional do Seguro Social (INSS) e impõe ônus aos empregadores, como a garantia de estabilidade por 12 meses depois de o trabalhador se recuperar.

Por Que Medir

O acompanhamento do Absenteísmo Médico permite avaliar a eficácia das ações voltadas a preservar a saúde e a integridade dos empregados, contribuindo para reduzir custos e melhorar o clima organizacional.

Como Calcular

O cálculo do Absenteísmo Médico para uma pessoa ou para um grupo de empregados é feito do mesmo modo. Divide-se o tempo total das ausências causados por doenças, ocupacionais ou não, e por acidentes do trabalho no período considerado pelo número de horas de trabalho previsto para esse mesmo período. Portanto, as horas extras eventualmente realizadas não devem ser incluídas na conta.

Absenteísmo Médico

$$\text{ABSENTM} = \frac{\text{Tempo perdido}}{\text{Horas normais}} \times 100$$

Em que:

Tempo perdido – total de horas de trabalho perdidas por ausências causadas por doenças — ocupacionais ou não — e por acidentes do trabalho, no período avaliado.

Nota: Não inclui os afastamentos previdenciários (superiores a 15 dias), em que os empregados estão cobertos pelo auxílio-

-doença, nos termos da lei nº 8.213. Nos casos de afastamentos longos, incluir apenas os primeiros 15 dias.

Horas normais – soma das horas trabalhadas nos horários previstos no contrato de trabalho, pelo conjunto dos empregados, no período avaliado. Não inclui as horas extras, o descanso semanal remunerado (DSR), o tempo em treinamento fora do expediente e o período de férias.

Obs.: O resultado, em percentual, deve ser apresentado com uma casa decimal.

A mesma fórmula pode ser usada para diferentes períodos como mês, semestre ou ano, conforme o interesse. A opção de usar horas, em vez de dias, facilita tratar os atrasos e os empregos em tempo parcial.

O cálculo deve incluir apenas os empregados. O objetivo é ter uma referência para a gestão desse grupo de trabalhadores. A inclusão de aprendizes, *trainees*, estagiários etc. provoca distorções, já que esses colaboradores usualmente estão sujeitos a regras administrativas diferentes. Caso conveniente, o Absenteísmo Médico pode ser calculado também para esses públicos, mas como medida separada, para não influenciar o resultado relativo aos empregados.

Exemplo de Cálculo

Tomando uma empresa com a seguinte situação em determinado período.

Horas normais = 1.801.580 horas

Tempo perdido por ausências médicas = 45.405 horas

$$\text{ABSENTM} = \frac{\text{Tempo perdido por ausências médicas}}{\text{Horas normais}} \times 100$$

$$\text{ABSENTM} = \frac{45.405}{1.801.580} \times 100$$

$$\text{ABSENTM} = 2{,}5\%$$

Que pode ser interpretado como "no período, 2,5% do tempo dos empregados foi perdido devido às ausências causadas por problemas de saúde ou acidentes".

Absenteísmo Médico Mensal

A planilha exemplifica o cálculo mensal do Absenteísmo Médico durante um ano.

	B	C	D	E	F	G
2		Horas normais programadas, h	Tempo perdido por ausências médicas, h	Tempo total perdido por ausências, h	Absenteísmo médico, %	Absenteísmo, %
3	Janeiro	1.801.580	45.405	69.854	2,5	3,9
4	Fevereiro	1.502.712	39.976	65.989	2,7	4,4
5	Março	1.956.023	43.256	71.463	2,2	3,7
6	Abril	1.712.670	44.793	68.287	2,6	4,0
7	Maio	1.850.234	43.630	70.178	2,4	3,8
8	Junho	1.613.975	41.573	68.867	2,6	4,3
9	Julho	1.790.356	43.528	69.593	2,4	3,9
10	Agosto	1.855.678	42.679	67.279	2,3	3,6
11	Setembro	1.678.573	39.879	69.967	2,4	4,2
12	Outubro	1.833.572	44.834	71.022	2,4	3,9
13	Novembro	1.776.393	41.747	69.956	2,4	3,9
14	Dezembro	1.797.257	46.345	71.683	2,6	4,0
15	Soma	21.169.023	517.645	834.138		
16				Absenteísmo médio mensal	2,5	4,0
17				Absenteísmo médio anual	2,4	3,9

Planilha 9 – *Exemplo de Cálculo do Absenteísmo e Absenteísmo Médico*

O resultado do indicador corresponde à divisão entre o "Tempo perdido por ausências médicas" e as "Horas normais programadas", multiplicada por 100. Por exemplo, em janeiro: F3=D3/C3*100. O cálculo se repete para os demais meses do ano.

Caso desejássemos calcular o absenteísmo decorrente de alguma outra causa, bastaria substituir o "Tempo perdido por ausências médicas" pelos dados correspondentes, como "Tempo perdido por liberalidade da empresa", por exemplo.

Absenteísmo Médico Anual

O cálculo do Absenteísmo Médico ocorrido no ano é feito do mesmo modo que para qualquer outro período. Mas, claro, são usados os números correspondentes ao ano todo. Exemplificando com os valores da planilha:

Horas normais = 21.169.023 horas

Tempo perdido por ausências médicas = 517.645 horas

$$\text{ABSENTM} = \frac{\text{Tempo perdido por ausências médicas}}{\text{Horas normais}} \times 100$$

$$\text{ABSENTM} = \frac{517.645}{21.169.023} \times 100 = 2{,}4\%$$

É importante notar que há uma diferença entre o "Absenteísmo Médico médio mensal", calculado pela média aritmética dos resultados de cada mês do ano, e o "Absenteísmo Médico anual", obtido pela divisão entre o tempo total perdido por ausências médicas no ano pelo total de horas normais programadas no mesmo período, multiplicada por 100. Sempre que possível, deve-se efetuar o cálculo diretamente para o período que nos interessa.

Análise dos Resultados

Embora as causas do absenteísmo médico sejam doenças e acidentes, outros aspectos devem ser considerados. A complexidade das análises do absenteísmo médico pode ser destacada com alguns exemplos:

– Estudos [92] mostram que pessoas obesas têm um índice de afastamento do trabalho 1,5 a 1,9 superior ao de pessoas com peso normal.

– A comparação dos resultados de um órgão público (Prefeitura Municipal) e uma empresa privada (fábrica de máquinas de lavar e móveis) mostrou que o absenteísmo na empresa privada é maior. A conclusão dos autores do estudo [93] é que o trabalhador estatutário acaba utilizando o direito às faltas abonadas para tratar de sua saúde, afetando a medida do absenteísmo. O mesmo levantamento mostra que a contribuição dos atestados odontológicos é muito pequena (3,3% das faltas na empresa pública e 6,3% na empresa privada), comparativamente aos atestados médicos.

A análise do Absenteísmo Médico é feita pela comparação com a meta estabelecida para o período, com valores históricos ou com referenciais de excelência (*benchmarks*). Também vale observar que:

- Valores menores indicam resultados melhores.
- Em nenhum caso o absenteísmo correspondente às causas específicas, como, por exemplo, os por motivos médicos, pode ser maior que o absenteísmo total.

- Caso o Absenteísmo Médico seja maior que a média do setor, é importante identificar as causas e as áreas onde o problema é mais acentuado para, só então, agir.
- É importante observar se existe uma sucessão de resultados ruins ou alguma tendência de piora dos resultados antes de planejar qualquer ação corretiva. Alguma variação entre os resultados dos diferentes períodos é normal e não deve ser motivo de preocupação.

Para análises mais detalhadas, o indicador pode ser calculado por departamento, contrato ou negócios específicos.

Fazendo Benchmarking

O absenteísmo médico representa problema não apenas pela falta dos empregados, mas também por sinalizar que o ambiente laboral não é saudável ou seguro. Para referência, seguem alguns resultados, em diversos segmentos de negócio, que podem balizar o estabelecimento da meta inicial.

Tabela 12 – *Absenteísmo Médico Anual por Segmento no Paraná, %*

Segmento	Mínimo	Máximo	Média	Mediana
Alimentos e bebidas (4)	0,0	3,3	1,6	1,6
Concessionárias de rodovias (4)	0,1	2,2	1,4	1,7
Educação (5)	0,0	1,8	0,7	0,8
Hospitais (15)	0,0	2,3	1,4	1,5
Indústria automotiva (6)	0,1	1,6	1,0	1,1
Indústria metalúrgica (7)	0,0	2,1	1,2	1,2
Indústria química (4)	0,0	0,9	0,3	0,2
Logística, transporte e armazenagem (8)	0,0	2,5	1,0	0,9
Papel e celulose (6)	0,0	1,9	0,8	0,7
Planos de saúde (9)	0,5	4,4	1,8	1,4
Fundações, Associações, Federações, Sindicatos (7)	0,1	1,8	0,9	0,8

Nota: *O número entre parênteses indica a quantidade de empresas na amostra.*
Fonte: *Bachmann & Associados & ABRH-PR. 11º Benchmarking Paranaense de Recursos Humanos 2019: Dados de 2018. Curitiba. 2019.*

Nas comparações do indicador, é importante notar as peculiaridades definidas para o padrão de cálculo. Por exemplo, a Petrobras não considera como horas perdidas as ausências médicas não associadas às doenças como, por exemplo, a realização do pré-natal.

Afastamentos e Absenteísmo por Motivo de Doença

Em 2006, o absenteísmo por doença atingiu 163 empregados da Petros, o que corresponde a 40,6% do corpo funcional. A média de dias de afastamento dos empregados que se ausentaram foi de dez dias.

No mesmo ano, foram concedidos 23 auxílios-doença e ocorreram três acidentes de trabalho com afastamento. Os afastamentos abrangeram 6,3% dos empregados contra o percentual de 5,1% em 2005. A média do tempo de afastamento em 2006 foi de 5 meses e 17 dias.
Fonte: *Balanço Social Petros 2006*.

Meta

Para estabelecer a meta inicial para o Absenteísmo Médico em uma organização, é razoável tomar a média do setor ou segmento, se for menor que o resultado já conseguido. Mas, em médio prazo, deve-se buscar estar no mínimo entre as 20% empresas com os melhores resultados.

Gerindo o Absenteísmo Médico

Uma empresa do setor de construção, com atuação na Holanda e na Alemanha, criou um painel com indicadores que integrou os dados financeiros e de RH. A visibilidade das métricas apontou o benefício na redução do absenteísmo médico, que era ligeiramente superior à média do setor e estava em 6,3%. A Companhia, com cerca de 900 empregados, estruturou um programa de incentivo aos gerentes, com metas diferenciadas para cada divisão, e adotou exigências mais rigorosas de documentos para justificar as ausências. A implementação das medidas provocou uma redução no absenteísmo médico para 2,3% (uma queda de 64%), resultando em um aumento de 9,8% na produtividade e de 6% na receita por empregado.
Fonte: Aberdeen Group. *Workforce Analytics: Key to Aligning People to Business Strategy. June* 2011. p. 6.

☞ **Dica**: O absenteísmo médico não pode ser tratado no âmbito médico. Deve ser resolvido no domínio da política empresarial, apoiado pela ação dos gestores.

Resumo

O absenteísmo médico normalmente impacta bastante o absenteísmo total e pode sinalizar problemas no ambiente da empresa, mas seu cálculo é fácil e permite monitorar a eficácia das ações voltadas à saúde e à segurança dos trabalhadores.

Não existe essa história de "súbito ataque cardíaco". Ele requer anos de preparação.
Mount Sinai Medical Center

15.10. Custo do Absenteísmo

O custo das faltas, quaisquer que sejam as razões, impacta a rentabilidade das organizações.

Apesar do efeito negativo nos resultados das empresas, de modo geral, o absenteísmo não é tratado com a devida importância. Um levantamento [94], baseado em 1.000 entrevistas telefônicas em várias cidades brasileiras, concluiu que 21% faltam ao trabalho ao menos uma vez por mês. O mais surpreendente é que a maioria dos entrevistados avalia que a ausência não traz impactos para sua carreira profissional. Em 86% dos casos, os trabalhadores não têm desconto no salário, 98% dos entrevistados não têm advertência e 68% declaram que não impacta em promoção futura.

O custo direto das faltas pode ser estimado multiplicando a quantidade de horas ausentes pelo custo horário dos empregados correspondentes, acrescentado do custo das horas extras para cobrir essas faltas. Se uma empresa tem um Absenteísmo de 5%, e uma equipe de 100 trabalhadores, isso significa que — sem as faltas — poderia produzir o mesmo com apenas 95 pessoas. Logo, o custo dessas cinco pessoas adicionais corresponde ao custo do absenteísmo.

Já os custos indiretos são mais difíceis de avaliar, pois incluem a sobrecarga para os demais empregados e outros efeitos que podem influenciar o clima organizacional e as condições de segurança do trabalho.

O custo direto mensal do absenteísmo, embora geralmente disponível nos sistemas de informação, não é uma informação prática. Muito melhor para a gestão, dadas as mudanças no tamanho da equipe e as variações salariais, é adotar uma relação, como o custo percentual das faltas em relação à folha.

Por Que Medir

Ainda que de forma aproximada, é importante estimar o custo das faltas na organização toda e em algumas áreas específicas. Basicamente, o cálculo da métrica justifica-se em três situações:

– Avaliar a conveniência de efetuar ações para reduzir o absenteísmo.

– Subsidiar a escolha da meta para a gestão do absenteísmo.

– Convencer a alta administração a investir para reduzir o absenteísmo.

Como Calcular

O Custo do Absenteísmo em Relação à Folha pode ser calculado com diferentes graus de precisão, mas em geral é feito como segue:

Custo do Absenteísmo em Relação à Folha

$$\text{Custo ABSENT} = \frac{\text{Custo direto das ausências}}{\text{Custo da folha de pagamento}} \times 100$$

Em que

Custo direto das ausências – quantidade de horas ausentes multiplicada pelo custo horário dos empregados correspondentes, acrescentado do custo das horas extras para cobrir essas faltas em determinado período, em reais.

Custo da folha de pagamento – custo total da folha de pagamento, incluindo encargos e benefícios, no mesmo período, em reais.

Obs.: O resultado, em percentual, deve ser apresentado com uma casa decimal.

A mesma fórmula pode ser usada para o cálculo incluindo os custos indiretos, nos casos em que for possível estimá-los, e para diferentes períodos, como mês, semestre ou ano.

Exemplo de Cálculo

Tomando uma empresa com a seguinte situação em determinado período:

Horas de ausência por absenteísmo = 8.000 horas
Horas extras para cobrir as ausências = 2.000 horas
Salário médio da equipe por hora = R$ 20,00/hora
Custo médio das horas extras pagas = R$ 30,00/hora
Custo da folha de pagamento = R$ 7.500.000,00

Custo das ausências = horas ausentes x custo horário dos empregados

Custo das ausências = 8.000 x 20,00 = 160.000,00

Custo das horas extras = horas extras pagas x custo das horas extras

Custo das horas extras = 2.000 x 30,00 = 60.000,00

Custo direto das ausências = 160.000,00 + 60.000,00 = 220.000,00

$$\text{Custo ABSENT} = \frac{\text{Custo direto das ausências}}{\text{Custo da folha de pagamento}} \times 100$$

$$\text{Custo ABSENT} = \frac{220.000{,}00}{7.500.000{,}00} \times 100 = 2{,}9\%$$

Ou seja, o custo do absenteísmo correspondeu a 2,9% do custo da folha de pagamento da empresa no período medido.

Custo do Absenteísmo na ECT

De janeiro a setembro de 2005, a Empresa de Correios e Telégrafos (ECT) registrou a ausência de, em média, 21.085 funcionários por mês. Esses funcionários foram responsáveis por 221.052 dias de ausência no período; levando-se em conta que o mês tem 30 dias, equivale a 7.368 pessoas faltando o mês inteiro. Sendo o salário médio de R$ 2.587,46, as despesas mensais com os funcionários ausentes por motivo de doença foram de R$ 18.778.598,32. No período dos nove meses, o custo total foi de R$ 169.007.384,84.

Considerando a necessidade de reduzir esses custos, a ECT modificou alguns processos na organização:

1. Edital de Concurso Público – Reformatou o edital do processo seletivo para os cargos operacionais (carteiro, motorista e atendente comercial), introduzindo novos critérios e especificações, tais como: inclusão de teste de esforço físico e ficha de acompanhamento do recém-contratado na fase de experiência. Essa ação permitiu uma melhor seleção dos empregados.

2. Ficha de Acompanhamento do Novo Empregado – O sistema de acompanhamento do novo empregado foi reformulado, com o objetivo de subsidiar as chefias na avaliação da compatibilidade do novo empregado ao cargo e na identificação dos aspectos que poderiam interferir na adaptação do empregado.

3. Homologação de Atestado – Estabelecidas novas regras para homologação e fornecimento de atestados médicos, com a atualização das normas internas.

4. Programa de Gestão de Pessoal – Implantação de sistema corporativo que auxilia na mensuração e no controle das alterações de frequência, permitindo uma melhor avaliação do gestor para a tomada de decisões.

Referência: Dias Marques Neto, Alonso. ***Absenteísmo nas Organizações***. Monografia para conclusão do curso de bacharelado em Administração do UniCEUB – Centro Universitário de Brasília. Brasília, novembro de 2006. Disponível em: https://repositorio.uniceub.br/jspui/bitstream/123456789/934/2/20401048.pdf Acesso em 22.09.20.

☞ **Dicas**: • Evite usar o Custo do Absenteísmo como Percentual da Folha de Pagamentos como indicador, isto é, estabelecendo uma meta a ser buscada. As metas devem ser definidas apenas sobre as horas de ausência.

• Uma boa prática para manter o absenteísmo sob controle é descontar as faltas no salário do empregado, nos casos permitidos pela legislação.

Resumo

As ausências, especialmente as imprevistas, criam grande transtornos e prejuízo para a organização. Mas a solução não depende apenas do RH. Calcular e divulgar os custos do absenteísmo é importante para sensibilizar os gestores para o problema.

O verdadeiro custo do absenteísmo é maior que o calculado.

15.11. Grau de Terceirização

A terceirização é uma estratégia empresarial. O Grau de Terceirização deve ser medido periodicamente para avaliar se a política está sendo obedecida.

Em relação aos países desenvolvidos, a terceirização é pouco praticada no Brasil; provavelmente pelas restrições impostas pela legislação até há pouco tempo e à ideia de que se trata de um recurso para reduzir despesas e transferir responsabilidades trabalhistas. Porém, mais do que reduzir custos, a terceirização deve buscar agilidade, flexibilidade e competitividade à empresa, sendo, portanto, uma opção estratégica.

Por meio da terceirização, uma empresa pode ter acesso às tecnologias mais avançadas em todas as suas atividades empresariais sem precisar dominá-las internamente. Os usos mais comuns da terceirização são [95]:

- Reduzir custos operacionais.
- Instituir disciplina operacional.
- Aumentar a produtividade e a flexibilidade do processo de produção.
- Alavancar a competência e a inovação das empresas terceirizadas especializadas.
- Estimular a utilização das melhores práticas comprovadas nas atividades internas.
- Evitar o investimento de capital, particularmente em épocas de incerteza.
- Liberar recursos — pessoal, capital e tempo — para se concentrar em suas competências essenciais.

Um benefício menos evidente da terceirização é a interface bem definida, com custos e resultados (medidos objetivamente por meio de indicadores) mais claros e transparentes. Na verdade, essas mesmas vantagens podem ser conseguidas dentro das organizações por meio de uma postura gerencial disciplinada e focada em resultados, com as vantagens de maior domínio sobre os aspectos culturais, inclusive éticos, e de colaboração entre as áreas. Mas observa-se que, na prática, isso é mais difícil.

De acordo com a pesquisa da Global Future of Work, metade dos empregadores afirma que a mão de obra externa — incluindo temporários, agentes independentes e trabalhadores cedidos por outras organizações — está tão disposta a dar um esforço adicional quanto seus empregados em tempo integral [96].

Uma terceirização elevada exige forte capacitação em gestão de contratos e de pessoal contratado, além do cuidado em preservar o domínio do conhecimento técnico das funções terceirizadas; tarefas estas que também são de responsabilidade do RH. Quando temos serviços terceirizados, normalmente recebemos o que foi contratado. Mas todo o aprendizado (capital intelectual) associado à atividade vai embora no final do contrato. Eventualmente, esse conhecimento pode até ser usado por um concorrente.

É importante entender que o RH não administra os terceirizados, mas apenas — se for o caso — administra o contrato, ainda que no Brasil, para prevenir riscos associados à responsabilidade solidária, a empresa tenha de fazer alguma fiscalização sobre o cumprimento das obrigações trabalhistas da empresa contratada.

Na escolha dos indicadores para a gestão de serviços terceirizados, é importante considerar as razões para a terceirização (custo, nível de especialização etc.), a qualidade dos resultados desejados — lembrando que exigir qualidade acima da necessária implicará em custos igualmente desnecessários — e, ainda, os principais riscos que a terceirização representa para o negócio.

Por Que Medir

O Grau de Terceirização deve ser avaliado periodicamente para saber se a política de terceirização está sendo obedecida. Mesmo as organizações que não têm estratégia de terceirização são eventualmente demandadas para fornecer informações institucionais sobre o uso de terceiros em suas operações, pois é uma das métricas usadas para descrever as características da força de trabalho.

Como Calcular

É o percentual de empregados terceirizados existente na força de trabalho permanente da organização.

Grau de Terceirização

$$GTER = \frac{\text{Contratados permanentes}}{\text{Efetivo próprio} + \text{Contratados permanentes}} \times 100$$

Em que:

Contratados permanentes – é o número de empregados vinculados às empresas prestadoras de serviços (terceirizados) para a execução de atividades de caráter permanente nas instalações da organização, no momento avaliado.

Nota: Não inclui pessoal de contratos eventuais, como pintura de paredes etc.

Efetivo próprio – é o número total de empregados, no momento a que se refere o cálculo.

Obs.: O resultado, em percentual, deve ser apresentado com uma casa decimal.

Os terceirizados temporários, como os contratados para serviços eventuais de manutenção, não são incluídos no cálculo por não dependerem da Política de Terceirização da empresa. E a contratação de escritórios de contabilidade e de assistência jurídica, por exemplo, devem ser tratados como compra de serviços. Nesses casos, a empresa contratante não sabe, sequer, quantas pessoas estão envolvidas na operação.

Algumas empresas calculam o Grau de Terceirização dividindo o número de contratados permanentes pelo efetivo próprio. Mas, pelas mesmas razões apresentadas na discussão sobre o indicador de Horas Extras Pagas, essa não é uma boa prática.

Exemplo de Cálculo

As informações para o cálculo do Grau de Terceirização geralmente estão disponíveis nos sistemas de gestão da empresa.

Planilha 10 – *Grau de Terceirização*

	B	C	D	E	F	G
2	Mês	Efetivo próprio, pessoas	Contratados, pessoas			Grau de Terceirizaçãos, %
			Permanentes	Temporários	Total	
3	Janeiro	270	30	0	30	10,0
4	Fevereiro	300	30	2	32	9,1
5	Março	310	32	0	32	9,4
6	Abril	305	32	7	39	9,5
7	Maio	300	30	3	33	9,1
8	Junho	297	35	1	36	10,5
9	Julho	302	33	4	37	9,9
10	Agosto	302	34	3	37	10,1
11	Setembro	305	30	2	32	9,0
12	Outubro	303	32	1	33	9,6
13	Novembro	0	0	0	0	
14	Dezembro	0	0	0	0	
15	Total	2.994	318	23	341	9,6

Nota: *Dados fictícios para os primeiros dez meses de um ano. As células cinzas são calculadas.*

Embora algumas empresas façam o cálculo para períodos diferentes, a avaliação mensal é geralmente a mais adequada para o monitoramento da política de terceirização da empresa.

O Grau de Terceirização (coluna G) é calculado dividindo o número de contratados permanentes no mês (coluna D) pela soma do efetivo próprio com o número de contratados permanente (colunas C e D); o resultado é multiplicado por 100 para colocar o resultado na forma percentual. A tabela típica também mostra o número de terceirizados temporários (coluna E) e o total de permanentes e temporários (coluna F), mas essas informações não são usadas no cálculo.

Então, para abril, temos:

$$GTER = \frac{\text{Contratados permanentes}}{\text{Efetivo próprio} + \text{Contratados permanentes}} \times 100$$

$$GTER = \frac{32 \times 100}{305 + 32} = 9{,}5\%$$

Ou seja, em abril, o Grau de Terceirização foi de 9,5%.

Análise dos Resultados

A análise deve ser feita comparando os resultados do indicador com a meta, com a faixa de valores estabelecida para o período ou com os resultados históricos, levando em conta a estratégia da organização. Valores maiores e menores que os desejados são igualmente inconvenientes, embora exijam ações corretivas diferentes.

Meta

A meta deve ser estabelecida conforme a política de terceirização adotada pela organização. Quando a terceirização é praticada em apenas algumas áreas, como limpeza, segurança, manutenção ou informática, pode ser conveniente estabelecer metas ou controles separados para essas atividades.

Fazendo Benchmarking

Como comentado, o Grau de Terceirização não é um indicador cujo resultado ótimo seja o máximo ou o mínimo possível. De qualquer modo, é interessante saber que algumas empresas adotam uma terceirização agressiva com bastante sucesso. Um exemplo é a Aracruz Celulose que, em 2007, tinha 9.515 terceiros permanentes e 2.495 empregados próprios, resultando em um Grau de Terceirização de 79,2% [97].

☞ Dicas: • O trabalho da fiscalização dos contratos — desde que os indicadores tenham sido bem escolhidos — é ajudar a contratada a ganhar os bônus previstos no acordo, pois a superação das metas gera benefícios comuns. Como essa visão conflita com a cultura de contratação de mão de obra que normalmente prevalece, deve ser objeto de frequentes exortações.

• O indicador pode ser calculado separadamente para atividades específicas, como manutenção, informática, teleatendimento etc.

A terceirização é uma técnica administrativa que é útil quando contribui para aumentar a produtividade, permite à empresa se adaptar rapidamente a mudanças de mercado e libera tempo e recursos para atividades que agregam mais valor.

JAN WIEGERINCK – PRESIDENTE DA GELRE

15.12. Profissionais do RH na Equipe

Os profissionais de RH são aqueles alocados à área que executa os processos relacionados à gestão de pessoas.

A proporção entre o número de profissionais de RH e o efetivo da empresa é um indicador bastante comum nas organizações. Mas, geralmente, ele só é útil para a análise eventual da estrutura da empresa e, portanto, não deve ser monitorado continuamente.

A quantidade de profissionais da área de recursos humanos deve ser adequada à obtenção dos resultados que o RH tem de oferecer à empresa, e isso varia conforme as atribuições, o volume de projetos em execução e a complexidade burocrática e legal imposta à equipe. Portanto, perseguir um determinado número ou percentual geralmente não é uma boa ideia.

Como Calcular

É o percentual de empregados da área de RH existente na força de trabalho permanente da organização.

Profissionais de RH na Equipe

$$PRH = \frac{\text{Profissionais de RH}}{\text{Efetivo próprio}} \times 100$$

Em que:

Profissionais de RH – é o número de empregados que trabalham na área de RH em determinado momento.

Efetivo próprio – é o número total de empregados, incluindo os da área de RH, no momento a que se refere o cálculo.

Obs.: O resultado, em percentual, deve ser apresentado com uma casa decimal.

Exemplo de Cálculo

Uma empresa de 528 empregados com 12 trabalhando no RH tem 2,3% dos colaboradores na gestão de pessoas.

$$PRH = \frac{\text{Profissionais de RH}}{\text{Efetivo próprio}} \times 100$$

$$PRH = \frac{12 \times 100}{528} = 2{,}3\%$$

Outra Forma de Medir

Empregados por Profissional de RH

Algumas empresas preferem usar o número de empregados para cada profissional de RH. Tomando os mesmos números do exemplo anterior, teríamos 44 empregados para cada profissional de RH.

$$\text{Empregados por profissional de RH} = \frac{528}{12} = 44$$

Fazendo Benchmarking

Um ótimo artigo [98] exemplificou um mau uso para o indicador citando a publicação, em uma revista de recursos humanos, do *benchmark* informado por uma empresa de consultoria de um profissional de RH para cada 85 empregados. Como resultado, muitas empresas passaram a comparar sua relação com a publicada e, em vários casos, a fazer cortes para se ajustar, ignorando outros aspectos como a abrangência das atividades executadas pela área de RH e os resultados obtidos.

Em uma visão mais restrita, o Instituto Saratoga estudou práticas de contratação por dez anos e encontrou a relação de recrutadores para requisições variando de 1:3 a 1:100, dependendo do nível de serviço oferecido pela área de gestão de pessoas [57]. O exemplo mostra o risco de se tentar fazer *benchmarking* nessa métrica. Mas, se uma empresa tem diversas unidades com gestão semelhante e no mesmo ambiente legal, o indicador pode oferecer uma referência comparativa útil.

Meta

O esforço do RH não deve ser na redução da equipe, mas na otimização dos resultados dos indicadores do negócio que dependem das pessoas, como a lucratividade ou o faturamento por empregado e o percentual da folha sobre o faturamento. Ou, se o foco for exclusivamente no RH, o custo para contratar, o custo para treinar etc. Portanto, as metas devem ser estabelecidas para essas métricas.

> ☞ **Dica**: Muitas empresas calculam a métrica substituindo os números de empregados pela Força de Trabalho Equivalente (FTE), mas isso é inadequado, pois o trabalho do RH é proporcional ao número real de empregados.

Em Resumo

Apesar da popularidade que a medida de proporção de profissionais do RH em relação ao efetivo das empresas tem, geralmente essa informação só traz problemas e não oferece qualquer contribuição.

Gente é importante para a empresa.
Gente que cuida de gente é
ainda mais importante.

15.13. Qualidade da Contratação

A qualidade da contratação está em obter a pessoa mais adequada para cada vaga a ser preenchida, respeitados os requisitos de custo e de prazo.

O processo de recrutamento e seleção (R&S) objetiva escolher e trazer para a empresa as pessoas mais adequadas para cada posição. Para isso, tem de observar vários aspectos dos candidatos: competência técnica, escolaridade, saúde, relacionamento interpessoal, remuneração etc.

O recrutamento de qualidade tem efeito positivo nas receitas e na lucratividade das empresas [99]. Empresas que recrutam bem têm crescimento de receita 3,5 vezes maior e duas vezes a margem de lucro de outras que dão menor atenção a esse processo [100]. Logo, o RH deve agir como intermediário na relação entre os potenciais empregados e a empresa, buscando deixar ambos satisfeitos.

Embora, pela sua complexidade, não haja consenso sobre como avaliar o sucesso da contratação [101] [102], geralmente são observados três aspectos:

1. Desempenho do novo colaborador, com base na agregação de valor como atingir uma quota de vendas, produzir determinado número de peças ou conseguir um nível de satisfação dos clientes. É uma medida direta e específica de cada posição.
2. Satisfação do gestor com relação ao novo empregado, medida por meio de consulta.
3. Satisfação do novo empregado, medida por meio de pesquisa.

Algumas empresas apresentam a Qualidade da Contratação de cada novo admitido usando um indicador composto por essas métricas. Assim:

$$\text{Qualidade} = \frac{\text{Desempenho} + \text{Satisfação do gestor} + \text{Satisfação do novo empregado}}{3}$$

E, para determinar a Qualidade das Contratações em determinado período, tomam a média aritmética das medidas das contratações desse período.

Mas pesquisas e indicadores mais trabalhosos como esse devem ser reservados para as posições mais críticas e estratégicas. Uma alternativa simples e prática para avaliar a adequação entre o novo colaborador e a empresa é observar sua permanência na organização, medida pela Retenção 90 dias; afinal, se o empregado não se adaptar, pedirá demissão, e se a empresa não ficar satisfeita com seu desempenho, vai desligá-lo. Mas, claro, a Retenção pode ser influenciada por fatores externos ao processo de R&S, como a qualidade da integração.

Uma Prática Inovadora

Em 2010, a Xerox adotou uma avaliação *online* que incorpora testes de personalidade, avaliação de habilidades cognitivas e perguntas de múltipla escolha sobre como o candidato lidaria com cenários específicos que ele poderia encontrar no trabalho. Um algoritmo analisa as respostas, juntamente com informações factuais coletadas da inscrição do candidato, e apresenta uma classificação codificada por cores: vermelho (candidato fraco), amarelo (médio) ou verde (contratar). Os candidatos que melhor pontuam tendem a exibir uma personalidade criativa, mas não excessivamente inquisitiva, e participam de pelo menos uma, mas não mais de quatro redes sociais, entre muitos outros fatores.

Ter experiência anterior, um dos poucos critérios que a Xerox tinha explicitamente testado no passado, acaba por não ter qualquer influência sobre a produtividade ou a retenção. A distância entre a casa e o trabalho, por outro lado, está fortemente associada ao envolvimento e retenção dos funcionários.

Quando a Xerox começou a usar a pontuação em suas decisões de contratação, a qualidade de suas contratações melhorou imediatamente. A taxa de atrito caiu 20% no período piloto inicial e, com o passar do tempo, o número de promoções aumentou. A Xerox ainda entrevista todos os candidatos pessoalmente antes de decidir contratá-los, mas estamos chegando ao ponto em que alguns de nossos gerentes de contratação nem querem mais entrevistar; eles só querem contratar as pessoas com as maiores pontuações.

Fonte: ***They're Watching You at Work***: *What Happens When Big Data Meets Human Resources. The Atlantic Magazine*. Disponível em www.theatlantic.com/magazine/archive/2013/12/theyre-watching-you-at-work/354681/ Acesso em 3.08.19.

Por Que Medir

Monitorar a qualidade da contratação permite melhorar o processo de R&S, possivelmente o mais importante na gestão de pessoas.

Como Medir

Há diversas formas de avaliar o sucesso do processo de R&S. Seguem as mais comuns, para que seja adotada a melhor para a situação particular.

Alternativa 1 – Medir Apenas a Satisfação

Com base no conceito de cliente interno, é comum o RH querer conhecer a satisfação dos gestores responsáveis pelas vagas preenchidas. Com esse propósito, é feita uma Pesquisa de Satisfação, geralmente usando a Escala de Likert.

Registre o quanto ficou satisfeito com a contratação do empregado ________.

1. Muito insatisfeito	2. Insatisfeito	3. Indiferente	4. Satisfeito	5. Muito satisfeito

Na análise dos resultados, é comum que as respostas 1 e 2 sejam somadas, assim como as respostas 4 e 5, resultando em apenas três grupos: Insatisfeitos, Indiferentes e Satisfeitos. Para avaliar a evolução do processo de R&S, interessa o percentual de respostas no grupo dos satisfeitos no conjunto das pesquisas feitas no período [103].

No exemplo, as consultas feitas aos gestores sobre as contratações feitas em determinado mês foram consolidadas na tabela 13.

Tabela 13 – *Pesquisa sobre os contratados no mês*

Número do processo	Nome do contratado	1. Muito insatisfeito	2. Insatisfeito	3. Indiferente	4. Satisfeito	5. Muito satisfeito
123	Carlos				X	
124	Maria				X	
125	Zenaide			X		
126	Pedro					X
127	Afonso		X			
128	Joana			X		
TOTAL			1	2	2	1

Na tabela, observamos que foram avaliadas seis contratações e, destas, três foram nos grupos de "Satisfeito" ou "Muito satisfeito". Então o resultado da pesquisa seria: 50% de satisfação. Esse número deve ser acompanhado mês a mês e os desvios, investigados.

Alguns Cuidados

A pesquisa deve ser padronizada e aplicada sempre no mesmo prazo, por exemplo, dois meses após o gestor receber o novo colaborador. Esse prazo permite que, se o recém-contratado não tiver atendido às expectativas, possa ser desligado com menores custos para a organização.

Também é importante que a pesquisa seja feita por meios digitais ou impressos para evitar que o respondente fique inibido em registrar sua insatisfação.

Alternativa 2 – Para Controle, com Várias Questões

Em uma visão mais estratégica, tão importante quanto saber se o gestor ficou feliz com o resultado da contratação, é determinar, objetivamente, se ela atendeu aos requisitos de desempenho combinados para o processo. Assim, as seguintes consultas adicionais podem ser feitas.

Questões	Sim	Não	Não sei / não se aplica
O novo empregado foi recebido no prazo acordado?			
O novo empregado é adequado à posição pretendida?			
Em que podemos melhorar?			

Observe que é melhor perguntar se o prazo acordado para a contratação foi atendido do que se o gestor ficou satisfeito com o prazo.

Nessa abordagem, qualquer resposta negativa indica uma falha no processo de R&S e deve ser debatida com o gestor consultado para que ele reconheça que o RH atendeu aos requisitos negociados ou para que o processo seja aprimorado.

Alternativa 3 – Para Diagnóstico, com Várias Questões

Quando o nível de insatisfação parece ser elevado, ou há necessidade de um diagnóstico, podem ser usados formulários diferentes para o contratado e para seu gestor para identificar os aspectos que merecem melhoria. Seguem exemplos de perguntas típicas:

Para o recém-contratado

- O recrutador foi profissional?
- O recrutador explicou claramente qual era a função/cargo?
- O recrutador informou claramente o salário e os benefícios?
- O recrutador esclareceu as etapas do processo seletivo?
- No geral, em uma escala de 1 a 5 (em que 1 é muito insatisfeito e 5 é muito satisfeito), o quão satisfeito você ficou com o processo seletivo?
- Em que podemos melhorar?

Para o gestor imediato do novo contratado

- O quão adequado é o novo empregado para a posição?
- O quão produtivo é o novo empregado?
- Como o novo empregado se relaciona com as demais pessoas?
- Como o empregado reage às críticas e orientações?
- No geral, em uma escala de 1 a 5 (em que 1 é muito insatisfeito e 5 é muito satisfeito), o quão satisfeito você ficou com o processo seletivo?
- Em que podemos melhorar?

Nesse tipo de trabalho, é útil ter algumas perguntas abertas e é válido pedir uma justificativa para as respostas para obter informações mais completas. Mas é uma pesquisa trabalhosa tanto para o RH quanto para os respondentes, portanto, deve ser aplicada eventualmente, sem fazer parte da rotina.

Alternativa 4 – Retenção

Preencher as vagas rapidamente e com baixo custo, ainda que deixando os gestores satisfeitos, pode não ser suficiente para atender aos interesses da organização. Afinal, a satisfação dos gestores pode ser influenciada pela simpatia do novo empregado e pelas características pessoais e de relacionamento do gestor com a área de recursos humanos.

Uma alternativa simples, objetiva e que dispensa consultas aos envolvidos para avaliar a adequação entre o novo colaborador e a empresa é observar sua permanência na organização, medida pela Retenção 90 dias, pois se o empregado não se adaptar, pedirá demissão, e se a empresa não ficar satisfeita com seu desempenho, vai desligá-lo. Para o cálculo da Retenção, veja o item correspondente.

Fazendo Benchmarking

Apenas a Retenção 90 dias, que tem um procedimento padrão de cálculo, pode ter seu resultado comparado, com segurança, com os de outras empresas. As demais medidas incorporam aspectos culturais típicos de cada organização e, embora úteis para a observação da evolução ao longo do tempo, não permitem comparações externas.

Meta

Uma boa meta para a Retenção 90 dias é estar entre as 20% das empresas do mesmo segmento de negócio com os valores mais elevados. Para as demais medidas, se usadas, devem ser estabelecidos valores realistas, levando em conta sua importância, seu histórico e os custos para a melhoria.

Análise dos Resultados

A análise do processo de recrutamento e seleção deve ser feita observando diferentes aspectos. Os três principais são: a adequação dos empregados admitidos (qualidade), o prazo para as contratações e seu custo. O processo ótimo é aquele em que há equilíbrio entre esses resultados. Para complicar, esse ótimo varia com a posição a ser preenchida; por exemplo, para postos hierárquicos mais elevados, é razoável aceitar custos e prazos maiores.

Os resultados dos processos de R&S também são muito influenciados pela taxa de desemprego e pelas demissões e fusões de outras empresas. Portanto, as análises também devem observar aspectos do ambiente externo.

> ☞ Dicas: • Para maior eficiência na gestão do processo de contratação, os prazos devem ser negociados internamente por tipo de contratação (p. ex.: executivos, administrativos, operacionais etc.) e não para cada processo aberto.
> • Muitas empresas de recrutamento de mão de obra oferecem um prazo de garantia. Se o profissional contratado sair da empresa em um prazo inferior ao acordado, elas vão refazer o processo sem custo.

Em Resumo

O processo de recrutamento e seleção deve atender a três requisitos: custar pouco, ser rápido e, principalmente, obter a pessoa certa para cada vaga. Trata-se de um processo complexo e sua eficácia é relevante para o sucesso da organização, merecendo um esforço continuado para sua melhoria.

Provavelmente é mais politicamente correto e soa melhor dizer que "pessoas são nosso mais valioso ativo", porém, isso é errado. O correto a dizer é: "As pessoas certas são nosso mais valioso ativo".

Christer Idhammar

15.14. Tempo Médio para Contratar

A demora na reposição de um empregado pode significar custos elevados com horas extras, perda de oportunidades de negócio e maior risco de acidentes.

O Tempo Médio para Contratar (*Time to Hire*), também chamado de Tempo Médio para Preenchimento das Vagas, é outra métrica importante para avaliar o processo de recrutamento e seleção. Corresponde ao número de dias entre a formalização dos pedidos à área de recursos humanos e a assinatura do contrato dos novos empregados. No caso do R&S terceirizado, normalmente equivale ao número de dias úteis do pedido até a apresentação dos candidatos qualificados.

Embora muito cobrada pelos clientes do RH, essa métrica deve ser equilibrada com outros indicadores, pois uma priorização excessiva na velocidade das contratações pode, facilmente, levar a contratações caras e inadequadas. Em um caso documentado, os recrutadores, sob pressão, limitaram o número de entrevistas e aumentaram a oferta salarial inicial para as posições em aberto. Assim, melhoraram o resultado do indicador, mas à custa da estratégia de remuneração e com aumento na rotatividade dos novos contratados.

O trabalho para o preenchimento de uma vaga tem duas etapas distintas. A primeira consiste em ir ao mercado e selecionar o candidato adequado. A segunda inclui as atividades burocráticas para a admissão do empregado selecionado. Embora para o cliente do processo — o gestor que vai receber o novo colaborador — interesse o tempo total, para o RH pode ser útil ter as informações em separado.

Tempo Médio para Contratar	
Tempo para seleção	Tempo para admissão

Diagrama 5 – *Tempo para Preenchimento de Vagas*

Por Que Medir

O tempo necessário para preencher as vagas em aberto é muito importante para a maioria dos clientes do processo de R&S e, portanto, tem de ser monitorado e mantido dentro dos prazos combinados. O resultado do indicador também pode ser usado como uma estimativa confiável do tempo para preencher uma posição vaga.

Como Calcular

O Tempo Médio para Contratar corresponde ao número médio de dias desde a solicitação ao RH até o preenchimento das vagas, em determinado período.

Tempo Médio para Contratar

$$\text{Tempo para Contratar} = \frac{\text{Tempo para contratação}}{\text{Vagas fechadas}}$$

Em que:

Tempo para contratação – corresponde à soma dos tempos desde a chegada da requisição no RH (abertura da vaga) até a admissão do empregado, de todas as vagas fechadas no período, em dias.

Nota: Ainda que várias admissões possam estar em um mesmo processo administrativo, para o cálculo cada admissão deve ser tratada separadamente.

Vagas fechadas – corresponde ao número de vagas preenchidas no período.

Obs.: O resultado, em dias, deve ser apresentado com uma casa decimal.

Não há consenso sobre o fechamento das vagas: se é o momento da admissão, o aceite do gestor da vaga, o primeiro dia de trabalho etc. Logo, a empresa deve estabelecer e documentar sua regra.

É comum efetuar o cálculo considerando apenas os dias úteis, mas isso dá mais trabalho e traz pouco benefício; além disso, para os clientes do processo, interessa o prazo total para contar com o novo empregado.

Exemplo de Cálculo

A planilha exemplifica o cálculo tanto do Tempo Médio para Seleção quanto do Tempo Médio para Contratar.

	B	C	D	E	F	G	H	I
2			Tempo gasto para seleção dos candidatos, dias	Tempo de seleção + Tempo de admissão, dias	Seleções completadas no mês	Vagas Fechadas no mês	Tempo Médio para Seleção no mês, dias	Tempo Médio para Contratar no mês, dias
3	2020	Janeiro	124	276	8	9	15,5	30,7
4		Fevereiro	94	149	10	11	9,4	13,5
5		Março	112	143	8	7	14,0	20,4
6		Abril	250	162	4	3	62,5	54,0
7		Maio	226	213	9	11	25,1	19,4
8		Junho						
9		Julho						
10		Agosto						
11		Setembro						
12		Outubro						
13		Novembro						
14		Dezembro						
15						Média	25,3	27,6

Planilha 11 – *Tempo Médio para Contratar*

A coluna D registra a soma do número de dias gastos para a seleção dos empregados para as vagas completadas no mês correspondente, isto é, aquelas que tiveram o profissional indicado e só falta o processo burocrático de admissão.

A coluna E mostra o total de dias gastos para a seleção e admissão das vagas fechadas no mês.

O Tempo Médio para Seleção no mês (coluna H) é obtido pela divisão entre o tempo total gasto para seleção dos candidatos das vagas completadas no mês (coluna D) pelo número de seleções completadas no mesmo mês (coluna F).

O Tempo Médio para Contratar no mês (coluna I) é obtido pela divisão entre o tempo total desde a chegada da requisição no RH (abertura da vaga) até a admissão do empregado (coluna E) pelo número de vagas fechadas no mês (coluna G).

> **Atenção:** Observe que os cálculos tomam como referência o mês no qual as vagas foram fechadas, e não o mês da solicitação.

O preenchimento da planilha 11 é facilitado pelo uso da planilha 12, que fornece os tempos para seleção e para contratação dos diversos processos. Caso algum processo tenha mais de uma vaga, deve ser feito o desdobramento por vaga, como exemplificado para o processo 1031, com duas vagas.

	B	C	D	E	F	G	H
2	Número do processo	Vaga	Data do recebimento do pedido	Data da conclusão da seleção	Data da admissão	Tempo para seleção, dias	Tempo total para contratação, dias
3	1029		01/02/2020	01/04/2020	01/05/2020	60	90
4	1030		01/02/2020	27/04/2020	15/05/2020	86	104
5	1031	Vaga 1	12/02/2020	04/04/2020	10/04/2020	52	58
6	1031	Vaga 2	12/02/2020	04/04/2020	10/04/2020	52	58
7	1032		15/02/2020	28/03/2020	01/04/2020	42	46

Planilha 12 – *Tempos para Seleção e Contratação por Vaga*

O Tempo para seleção (coluna G) apresenta o número de dias dispendido pelo R&S até o momento em que o candidato à vaga foi selecionado (coluna E menos a coluna D).

O Tempo total para contratação (coluna H) mostra o período desde que o RH recebeu o pedido para preencher uma vaga até a data de admissão do novo empregado (coluna F menos coluna D).

Assim, para as vagas com a seleção encerrada em abril (processos 1029, 1030 e 1031), teríamos o tempo total de 250 dias (soma de 60, 86, 52 e 52 dias). E, para os processos concluídos nesse mesmo mês (1031 e 1032, com os empregados já admitidos), o tempo total dos processos soma 162 dias (58, 58 e 46 dias).

Muitas empresas optam por usar planilhas mais detalhadas, incluindo o tempo para cada uma das atividades de R&S (levantar o descritivo da vaga, divulgar, recrutar, entrevistar, aceitar), para observar desvios e oportunidades de melhoria. Embora úteis, esses parâmetros devem ser avaliados esporadicamente e não acompanhados mensalmente.

Outra Forma de Medir

Percentual de Vagas Fechadas no Prazo

O Percentual de Vagas Fechadas no Prazo, em determinado período, é uma referência importante para saber se os compromissos assumidos junto aos clientes internos estão sendo atendidos.

$$\text{Percentual de Vagas Fechadas no Prazo} = \frac{\text{Número de vagas fechadas no prazo}}{\text{Número de vagas fechadas}} \times 100$$

Naturalmente, qualquer resultado diferente de 100% deve ser investigado para evitar repetição.

Fazendo Benchmarking

Várias empresas de contratação de pessoal adotam o prazo de 15 dias úteis para a apresentação dos candidatos qualificados, mas esse número varia bastante com as características das posições a serem preenchidas, sendo maior para os níveis mais estratégicos.

Meta

Prazos mais curtos costumam ter um custo mais elevado. Assim, os limites máximos devem ser negociados com os clientes internos e devem ser estabelecidas metas diferentes para os diversos grupos de cargos.

Análise dos Resultados

O indicador Tempo Médio para Contratar pode ser calculado de forma global, para todos os processos completados em determinado período, mas a estratificação por áreas (administrativa, operacional etc.) ou nível hierárquico pode ser útil se adotados prazos máximos diferentes.

Também é conveniente ter os resultados do Tempo Médio para Selecionar separados para as contratações feitas pela equipe própria e por empresas terceirizadas.

☞ Dicas:

- Se usar um sistema informatizado para obter os resultados do indicador, certifique-se de conhecer o procedimento de cálculo usado.
- Evite incluir nos cálculos os processos em aberto para evitar distorções.

Em Resumo

O Tempo Médio para Contratar é uma medida importante da eficácia do processo de recrutamento e seleção. Para o melhor interesse da empresa, os limites aceitáveis para os diversos grupos de cargos devem ser negociados com os clientes internos.

Minha musa inspiradora é o
meu prazo de entrega.
Luis Fernando Veríssimo

15.15. Custo Médio de Contratação

O custo para contratar não é o mais importante na gestão do processo de recrutamento e seleção, mas não pode ser ignorado.

Seleções rápidas e baratas, feitas por profissionais pouco preparados, podem levar a contratações inadequadas que trarão problemas e maus resultados. Economizar alguns reais na contratação e conviver com um profissional errado por muitos anos certamente terá um custo bem maior. Empresas que contratam bem — e isso certamente não é contratar mais barato — têm margem de lucro duas vezes maior que as empresas que não concentram esforços nessa atividade [100]. Portanto, é importante buscar um equilíbrio entre o custo e a qualidade das contratações.

Há evidências [104] de que, quanto mais eficaz for a função de recrutamento, maior será o gasto médio por contratação — a diferença entre as organizações mais e menos eficazes é quase o dobro no gasto por contratação. Esse investimento extra se traduz em empresas mais maduras, resulta em perda 40% menor de novos contratados e tempo 20% mais curto para preencher as vagas. Isso leva à conclusão de que colocar muita ênfase em baixar o Custo de Contratar é, em longo prazo, mais caro.

A melhor forma de medir o desempenho econômico do processo de R&S, por incluir também os ganhos, é o Retorno sobre o Investimento – ROI. Entretanto, devido à complexidade de algumas das estimativas necessárias, a métrica tem sido substituída pelo Custo Médio para Contratar, mais fácil de calcular [18].

Por Que Medir

Conhecer o custo da atividade, além de ajudar a identificar oportunidades de redução das despesas, permite avaliar a alternativa de terceirizar as contratações ou, ao contrário, absorver o trabalho internamente. É, ainda, uma importante referência para a orçamentação.

Como Calcular

Há diversas maneiras de calcular o Custo Médio de Contratação, em face da disponibilidade dos dados e do grau de exatidão necessário. A mais completa e recomendada obedece ao padrão da ANSI/SHRM [105].

Custo Médio de Contratação

$$CMC = \frac{\text{Custos internos} + \text{Custos externos}}{\text{Número de contratações}}$$

Em que:

Custos internos – compreendem os custos dos recursos internos, incluindo a soma dos salários e benefícios da equipe de recrutamento durante o período, assim como os custos fixos da infraestrutura física usada.

Custos externos – compreendem todos os gastos fora da organização em esforços de recrutamento durante o período, como taxas de empresas terceirizadas, custos de divulgação, custos de viagens para recrutamento etc.

Número de contratações – compreende o número total de contratações realizadas no período avaliado.

Nenhum custo incorrido após a admissão, ainda que essencial para o cargo, como algum treinamento específico, deve ser incluído.

O Custo Médio de Contratação pode ser calculado para diferentes períodos, mas o mais comum é o mensal.

Exemplo de Cálculo

Para estimar o Custo Médio de Contratação, é necessário levantar todos os custos, de cada etapa, durante o período considerado. Isso pode ser feito por um sistema informatizado ou, como exemplificado adiante, por meio de uma planilha.

Os custos, como previstos na fórmula de cálculo, foram separados em dois grupos. Custos internos, que se referem ao pessoal interno, custos de capital e organizacionais da função de recrutamento, e Custos externos, que incluem as despesas incorridas com fornecedores externos durante o processo de R&S.

Custos internos	Reais	Observações
Tempo dos recrutadores.	3.000,00	Convertido para reais.
Tempo da equipe de suporte de escritório e despesas gerais.	1.300,00	Distribuídos proporcionalmente e em reais.
Tempo dos gerentes para entrevistas e análise dos candidatos.	450,00	Convertido em reais.
Tempo dos profissionais de outras áreas, para fins de recrutamento.	0,00	Distribuídos proporcionalmente e na forma de reais, mesmo que não ocorram desembolsos.
Total dos custos internos	**4.750,00**	
Custos externos		
Anúncios de vagas em redes sociais e páginas de emprego.	70,00	
Taxas de empresas contratadas.	0,00	
Remuneração de *headhunters*.	0,00	
Custos de tecnologia (CRM, sistemas de apoio etc.).	120,00	
Custos legais e de conformidade relacionados ao recrutamento.	430,00	
Provedores de testes de aptidão e de avaliação.	85,00	
Verificações de antecedentes e avaliações.	40,00	
Exames médicos terceirizados.	150,00	
Viagens.	0,00	
Bônus de assinatura.	0,00	
Custos de realocação.	0,00	
Bônus de indicação de empregados.	300,00	
Atividades de marca do empregador (feiras de carreiras, eventos de recrutamento etc.).	15,00	
Total dos custos externos	**1.210,00**	
Custo total	**5.960,00**	

Planilha 13 – *Custos para Recrutamento e Seleção*

Usando os valores apresentados na planilha para um processo fictício com três admissões, teríamos.

$$\text{CMC} = \frac{\text{Custos internos} + \text{Custos externos}}{\text{Número de contratações}}$$

$$\text{CMC} = \frac{4.750,00 + 1.210,00}{3} = 1.986,67$$

Ou seja, no exemplo, o Custo Médio de Contratação foi de R$ 1.986,67 por empregado.

Outras Formas de Medir

Taxa do Custo de Recrutamento

Esse indicador é mais usado nos processos dos níveis hierárquicos mais elevados e, muitas vezes, é usado como referência pelas empresas de recrutamento para efetuar a orçamentação de seus serviços.

A métrica, padronizada pela ANSI [105] com o nome de *Recruiting Cost Ratio* (RCR), corresponde ao custo total da contratação expresso como um percentual da remuneração total do contratado ao longo do primeiro ano (geralmente estimada).

$$RCR = \frac{\text{Custo total da contratação}}{\text{Custo total da remuneração do contratado no primeiro ano}} \times 100$$

Assim, se o custo total para contratar um empregado foi de R$ 10.000,00 e a remuneração desse profissional no primeiro ano está estimada em R$ 130.000,00, temos.

$$RCR = \frac{10.000,00}{130.000,00} \times 100 = 7,7\%$$

Ou seja, a Taxa do Custo de Recrutamento foi de 7,7% da remuneração prevista para o primeiro ano do novo empregado.

Quanto menor a taxa, mais barato é o processo. Essa métrica tem a vantagem de favorecer maiores investimentos em posições mais caras e, geralmente, mais relevantes para a empresa, além de considerar as condições do mercado de trabalho. Uma referência para o indicador, informado por uma empresa de recrutamento, é de 15% do salário anual [106].

Dependendo do propósito, o cálculo pode ser feito para cada contratação ou para o conjunto das contratações realizadas em um período.

ROI no Recrutamento e Seleção

O Retorno sobre o Investimento (ROI) é a melhor medida para a gestão porque, além dos custos, considera os benefícios do investimento.

O cálculo consiste em dividir os ganhos (que correspondem ao lucro menos o investimento) pelo investimento feito, como explicado no item "ROI de Treinamento" e exemplificado adiante.

Se um empregado deu um lucro de R$ 10.000,00 no seu primeiro ano de trabalho e sua contratação custou R$ 2.000,00, temos.

$$ROI = \frac{10.000,00 - 2.000,00}{2.000,00} \times 100 = 400,0\%$$

Ou seja, o retorno em 12 meses foi de quatro vezes o investimento, ou 400,0%.

Apesar de sua vantagem, o ROI é pouco usado porque normalmente as empresas têm dificuldade em estimar o lucro gerado pelos trabalhadores.

Fazendo Benchmarking

Dadas as múltiplas possibilidades no tratamento e na precisão dos custos, a ANSI desenvolveu uma métrica (*Cost-per-Hire Comparable* – CPHC) especificamente para *benchmarking* [105]. Ainda assim, qualquer comparação externa desse indicador deve ser feita com cuidado.

Meta

Cobrar metas restritivas para o Custo para Contratar pode, facilmente, prejudicar a qualidade das contratações, o aspecto mais importante para o sucesso da empresa. Pode ser melhor manter o nível de custo existente, buscando melhora na qualidade e no prazo de recrutamento e seleção do que propor uma redução no custo. Mas cada caso deve ser analisado criteriosamente pelo gestor de RH.

Análise dos Resultados

Apesar de a qualidade dos trabalhadores contratados ser o resultado mais importante no R&S, é necessário observar a tendência do indicador de custo para prevenir algum descontrole.

Como regra geral, quanto mais sênior, escassa ou essencial for a contratação, menos importante torna-se o custo para contratar. Assim, as análises dos custos serão mais úteis se forem feitas por grupos de empregados como diretores, gerentes, supervisores, pessoal administrativo e operacional, pois há grandes diferenças nos processos.

> ☞ Dicas: • Não é necessário que os custos sejam apropriados com precisão. Estimativas, usando proporções dos custos gerais, são suficientes para melhorar a gestão do processo de R&S.
>
> • O levantamento dos dados poderá ser bastante simplificado se a planilha for organizada levando em conta também as áreas da empresa que fornecem cada informação.

Em Resumo

O investimento no recrutamento é o que gera maior impacto nos resultados da área de recursos humanos. E, embora não seja o aspecto principal na gestão do processo de R&S, seu custo não pode ser ignorado.

Acredito que o Custo para Contratar é um modo equivocado de julgar o desempenho do departamento de recrutamento e seleção.
– LOU ADLER

15.16. Outras Métricas Usadas no Recrutamento e Seleção

Pela sua importância e custo, o processo de R&S merece ser avaliado periódica ou continuamente por vários indicadores.

Taxa de Aceite da Oferta

A Taxa de Aceite da Oferta (*Offer Acceptance Rate* – OAR) informa o percentual de candidatos que aceitaram as ofertas de emprego. Essa métrica indica a atratividade da empresa para os candidatos. Se a Taxa de Aceite da Oferta for baixa, provavelmente a empresa não contratará os candidatos que deseja.

$$\text{Taxa de Aceite da Oferta} = \frac{\text{Número de ofertas aceitas}}{\text{Número de ofertas feitas}} \times 100$$

É comum considerar apenas os convites formais, mas como em muitos casos — especialmente para posições mais elevadas — há contatos e convites informais, é importante estabelecer uma regra clara sobre quais dessas ofertas devem ser incluídas no cálculo, pois, para que o indicador seja útil, os critérios definidos devem ser observados sempre e por todos os envolvidos.

Candidatos por Vaga

O indicador Candidatos por Vaga corresponde ao número de candidatos qualificados para cada pessoa efetivamente contratada.

Candidatos qualificados são aqueles que passam pela etapa inicial do processo de R&S. Em algumas empresas, essa é a etapa de seleção de currículos, mas varia; o importante é adotar sempre a mesma referência.

$$\text{Candidato por vaga} = \frac{\text{Número de candidatos qualificados}}{\text{Número de vagas preenchidas}}$$

A métrica tanto pode ser usada para um processo como para um período. Por exemplo, se em abril foram conseguidos 28 candidatos qualificados e preenchidas três vagas, tivemos 9,3 candidatos por vaga.

Entrevistados por Vaga Preenchida

Trata-se de uma métrica semelhante à anterior. Avalia o empenho do processo em obter bons candidatos.

$$\text{Entrevistados por vaga} = \frac{\text{Número de candidatos entrevistados}}{\text{Número de vagas preenchidas}}$$

E, do mesmo modo que a métrica Candidatos por Vaga, pode ser aplicada a processos específicos ou a períodos.

Percentual de Candidatos Contratados

Empresas de recrutamento costumam acompanhar o Percentual de Candidatos apresentados ao cliente para a entrevista que foram contratados.

$$\text{Percentual de Candidatos Contratados} = \frac{\text{Candidatos contratados}}{\text{Candidatos enviados para entrevista}} \times 100$$

Mas a métrica também pode ser útil internamente às empresas, especialmente para os cargos de nível mais elevado, em que a decisão final é do gestor do futuro empregado.

Outrossim, é comum o uso da forma inversa: Número de Entrevistados por Candidato Contratado.

Taxa de Desistência no Processo Seletivo

Em alguns poucos casos, pode ser útil acompanhar a Taxa de Desistência no Processo Seletivo, que corresponde ao percentual de candidatos qualificados que não completou o processo de seleção.

Tempo de Rampeamento

Em áreas operacionais, como produção ou vendas, em que a mensuração do desempenho dos novos empregados é mais fácil de fazer, algumas empresas monitoram o Tempo de Rampeamento (*ramp up time*), que corresponde ao prazo que um novo empregado leva para atingir o nível de desempenho mínimo previsto na função.

Embora essa métrica seja muito específica de cada função, pode ser inspiradora se analisada com cuidado.

A melhor ideia, sem gente boa,
não vai a lugar algum.
Beto Sicupira

15.17. Custo da Folha em Relação ao Faturamento

O custo de pessoal costuma ser representativo na maioria dos negócios. Logo, o gestor deve acompanhá-lo e fazer as adequações à realidade da organização.

Os salários geralmente representam uma parte importante dos custos de uma empresa e seu descontrole pode levar à insolvência ou à incapacidade de crescimento.

O acompanhamento da variação da massa salarial não é prático para controle porque é influenciada pelos aumentos decorrentes da inflação, que geralmente são repassados aos preços, e pelo aumento do tamanho da organização, o que resulta em maior quantidade de empregados e em aumento da receita. Assim, é melhor e mais seguro acompanhar as variações das despesas com pessoal pela relação entre o custo total da folha de pagamento e o faturamento em cada período.

Saiba Mais

A folha de pagamento inclui, além do salário, que é a remuneração direta paga ao empregado pelo trabalho executado, os benefícios e os encargos.

Os benefícios são valores adicionais oferecidos aos empregados para atender a exigências legais ou para motivá-los, engajá-los ou tornar as vagas mais atraentes quando a empresa busca novos colaboradores. Exemplos: vale-transporte, vale-alimentação, plano de assistência médica, bolsa de estudos etc.

Os encargos são taxas legais e obrigatórias pagas diretamente ao empregado, como: férias, adicional de férias, 13º salário, hora extra, adicional noturno, insalubridade, licenças etc. Também são considerados encargos os valores que não vão direto para o empregado, mas compõem os benefícios e garantias, como o INSS e o FGTS.

Por Que Medir

O custo da folha em relação ao faturamento permite analisar a tendência do crescimento da massa salarial para não colocar em risco a saúde financeira da empresa.

Como Calcular

É o custo da folha expresso como percentual do faturamento da empresa no período.

Custo da Folha em Relação ao Faturamento

$$\text{Folha/Faturamento} = \frac{\text{Custo da folha de pagamento}}{\text{Faturamento bruto}} \times 100$$

Em que:

Custo da folha de pagamento – custo total da folha de pagamento, incluindo encargos e benefícios, no período, em reais.

Nota: Não inclui o *pró-labore* da diretoria.

Faturamento bruto – soma de todos os valores obtidos com as vendas no período, em reais.

Obs.: O resultado, em percentual, deve ser apresentado com uma casa decimal.

Observe que são usados os valores brutos da folha e do faturamento. Mas algumas empresas preferem calcular usando o faturamento líquido (vendas + renda das operações + receita de serviços prestados – impostos, devoluções de mercadorias e descontos concedidos nas vendas).

Exemplo de Cálculo

Tomando uma empresa com os seguintes valores em determinado período.

Custo da folha de pagamento = R$ 600.000,00

Faturamento bruto = R$ 2.800.000,00

Temos,

$$\text{Folha/Faturamento} = \frac{\text{Custo da folha de pagamento}}{\text{Faturamento bruto}} \times 100$$

$$\text{Folha/Faturamento} = \frac{600.000,00}{2.800.000,00} \times 100$$

$$\text{Folha/Faturamento} = 21,4\%$$

Ou seja, no período, o custo da folha correspondeu a 21,4% do faturamento.

Fazendo Benchmarking

Esse indicador varia bastante com o segmento do negócio e geralmente é difícil obter referências externas, pois, como envolve valores monetários, as empresas têm restrições para informar. Ainda assim, algumas associações empresariais e empresas de consultoria fazem levantamentos que fornecem a informação.

Meta

Para manter a competitividade da empresa, é importante que o resultado do indicador seja mantido ou reduzido em relação aos períodos anteriores.

Análise dos Resultados

Na análise, é importante observar que a variação na relação entre a folha e o faturamento pode estar associada a um aumento ou diminuição do custo da folha, a uma variação nas vendas ou, ainda, a ambos.

O indicador pode ser calculado para diferentes períodos, como mês, ano etc., mas, dada a sazonalidade do faturamento, os resultados mensais são pouco úteis para as análises, sendo preferível avaliar períodos mais longos ou usar a média móvel.

☞ Dicas:

- As contribuições sociais que têm como fato gerador outros eventos que não a folha de salários (PIS sobre faturamento, FINSOCIAL, Contribuição Social sobre o Lucro etc.) não fazem parte do custo da folha de pagamento por não estarem diretamente relacionados à força de trabalho.
- Para as empresas maiores, é útil comparar o resultado das diversas unidades de negócio.

Em Resumo

Acompanhar o custo percentual da folha, em relação ao faturamento, permite observar desvios que podem prejudicar a competitividade da empresa, possibilitando medidas corretivas antes que o problema se torne grave.

> *Frequentemente, a administração de remuneração e salários é voltada para recompensar as pessoas pelo que elas são e não pelo que fazem.*
>
> W. R. Gabel

15.18. Participação da Remuneração Variável

A remuneração variável é uma prática associada à cultura da meritocracia. Estudos comprovam que associar parte da remuneração aos bons resultados da equipe ou da organização resulta em maior comprometimento e produtividade.

Remuneração é o conjunto de retribuições recebidas habitualmente pelo empregado. Para essa avaliação, dividimos a remuneração em fixa e variável.

Remuneração	
Salários fixos	**Remunerações variáveis**

Diagrama 6 – *Estratificação da Remuneração, Reais ou percentuais*

A parte fixa compreende salários, anuênios e, em alguns casos, as gratificações de função. A variável é a parte condicionada ao alcance dos resultados corporativos, da área ou individual. Normalmente, inclui itens como: participação nos lucros, bônus, premiação por vendas, comissões e prêmios de reconhecimento.

A tendência, segundo os especialistas, é que ao longo do tempo a parcela fixa dos salários diminua, enquanto a parte variável, associada aos resultados, cresça. A remuneração variável é benéfica para as empresas porque transforma custos fixos em variáveis e explicita a relação entre desempenho e recompensa.

Cuidado, as Pessoas São... Humanas!

Parece óbvio, mas quando são criados programas de incentivo nas empresas, frequentemente é esquecido que a elevada valorização do esforço individual pode prejudicar a cooperação entre as pessoas para o sucesso da organização.

Os incentivos pelo desempenho de um grupo ou time faz com que o trabalho seja mais bem organizado, que os mais preparados ajudem os menos habilidosos e que, em casos extremos, até tomem a iniciativa de excluir do grupo as pessoas que não contribuem adequadamente para os resultados.

Portanto, a remuneração variável por desempenho deve — sempre que possível — se basear em resultados alcançados por equipes, áreas ou unidades, evitando exclusivamente o desempenho individual.

Em uma analogia com o futebol, o jogador da defesa é tão importante para a vitória do time quanto o artilheiro. Mas, usualmente, só o goleador recebe o reconhecimento público. Em nossas organizações, devemos fazer melhor e valorizar toda a equipe.

Por Que Medir

A Participação da Remuneração Variável serve para avaliar a aplicação da estratégia de valorizar o esforço e o desempenho das pessoas na empresa.

Como Calcular

A métrica informa o percentual de remuneração média dos empregados que corresponde às parcelas variáveis.

Participação da Remuneração Variável

$$PRV = \frac{\text{Total das remunerações variáveis}}{\text{Total dos salários fixos} + \text{Total das remunerações variáveis}} \times 100$$

Em que:

Total das remunerações variáveis – é a soma das parcelas variáveis pagas ao conjunto dos empregados, a título de participação nos lucros, bônus, premiação por vendas, comissões, prêmios de reconhecimento e outras associadas ao desempenho da organização, da unidade, da equipe ou do empregado, no período avaliado.

Total dos salários fixos – é a soma dos salários fixos pagos no período avaliado. Não inclui a maioria dos encargos. Um exemplo de exceção são os anuênios.

Obs.: O resultado, em percentual, deve ser apresentado com uma casa decimal.

De modo geral, é melhor não incluir as remunerações da diretoria no cálculo do indicador.

Exemplo de Cálculo

Em uma empresa, a soma dos salários fixos de todos os empregados no ano foi de R$ 1.350.000,00. Nesse mesmo período, foram pagos R$ 400.000,00 a título de remunerações variáveis. Assim,

$$PRV = \frac{\text{Total das remunerações variáveis}}{\text{Total dos salários fixos + Total das remunerações variáveis}} \times 100$$

$$PRV = \frac{400.000{,}00}{1.350.000{,}00 + 400.000{,}00} \times 100$$

$$PRV = 22{,}8\%$$

Ou seja, a Participação da Remuneração Variável no período foi de 22,8%.

Meta

A escolha depende da estratégia da empresa, mas uma boa prática é definir metas para grupos específicos. Para o time de vendas, usualmente é estabelecida uma parcela variável maior.

Análise dos Resultados

A análise dos resultados pode ser feita pela comparação com a meta estabelecida para o período, com valores históricos ou com referenciais externos (*benchmarks*), levando em conta a estratégia e as políticas da organização. Valores maiores são, em princípio, melhores.

Para análises mais completas, o indicador pode ser calculado para diferentes tipos de parcelas variáveis oferecidas pela organização, como bônus, premiação por vendas, comissões, prêmios de reconhecimento etc., e avaliado separadamente para cada área da organização ou grupo específico de empregados (diretores, área operacional, área administrativa etc.). Afinal, a proporção entre a remuneração fixa e variável costuma ser diferente para os diversos grupos de empregados. O time de vendas, por exemplo, habitualmente tem salário fixo menor e uma parcela variável maior que os empregados de outras áreas. Mas esse trabalho não se justifica em rotina.

Adicionalmente, é importante observar três aspectos:

1. Se o objetivo da organização é usar a remuneração variável para estimular o desempenho e promover a meritocracia, pode ser melhor excluir a PLR do cálculo do indicador. A maioria das empresas paga a PLR sem qualquer vínculo com a *performance* individual ou da equipe, devido aos benefícios fiscais; assim, os empregados veem essa parcela da remuneração como independente de seu esforço. A mesma lógica se aplica a quaisquer outras parcelas que não tenham relação direta com os desempenhos.

2. A Participação da Remuneração Variável é um indicador estratégico na medida em que permite avaliar a extensão com que os pagamentos vinculados ao desempenho e aos resultados são aplicados. É, também, um resultado que varia lentamente. Assim, não faz sentido monitorar mensalmente, como ocorre com os indicadores operacionais do RH.

3. Como algumas parcelas da remuneração variável são sazonais, o ideal é fazer o cálculo da métrica apenas uma vez por ano, considerando sempre 12 meses. E, como é uma informação útil para o planejamento que normalmente ocorre nos últimos meses do ano, não há inconveniência em tomar, por exemplo, o período de novembro do ano anterior a outubro do ano corrente para as análises, desde que a série histórica para a avaliação da tendência seja sempre feita do mesmo modo.

☞ **Dica**: Uma das principais razões para a utilização da remuneração variável é que ela vincula a recompensa ao esforço dispensado para conseguir determinado resultado. Por isso, quanto mais claro for esse vínculo, melhor para a empresa e para os empregados.

Em Resumo

O acompanhamento da parcela variável das remunerações se justifica, na maioria das vezes, como parte de uma estratégia para estimular os desempenhos que levam aos melhores resultados para a organização. Logo, seu cálculo e monitoramento devem levar em conta esse objetivo.

A escolha dos indicadores associados aos programas de remuneração variável não deve apenas estimular a produtividade, mas ajudar a comunicar aos colaboradores as prioridades da organização.

15.19. Custo dos Benefícios em Relação à Folha

Os benefícios são importantes para atrair e manter colaboradores qualificados e engajados. Mas podem representar um custo significativo que tem de ser monitorado.

O Salário Indireto, conhecido como "benefícios oferecidos pelas empresas aos seus empregados", pode representar parcela considerável da remuneração total. Entre os benefícios praticados, encontram-se: assistência médica, previdência privada, estacionamento, auxílio-farmácia, assistência odontológica, auxílio-funeral, aluguel de casa, clube recreativo, transporte, alimentação, creche, automóvel, empréstimos financeiros, cursos em geral e outros. Alguns desses benefícios podem ser assumidos total ou parcialmente pela empresa, por meio de preços subsidiados e descontados em folha.

Totalizar o custo dos benefícios oferecidos aos colaboradores é importante para a área financeira da empresa, mas insuficiente para o RH. O gestor de pessoas tem de lembrar que a oferta dos benefícios objetiva uma contrapartida, como aumento da produtividade ou redução da perda de colaboradores para empresas concorrentes. Para saber se a oferta do benefício foi eficaz, deve ser possível correlacionar os investimentos com os efeitos que se deseja obter. Assim, no primeiro caso, pode-se comparar a produtividade, ou o resultado da pesquisa de clima, antes e depois da oferta do benefício. No segundo caso, pode-se avaliar a variação na rotatividade voluntária dos colaboradores nesses mesmos dois momentos. Essa análise permite não apenas saber se a medida tomada foi eficaz, mas até quantificar o benefício alcançado. Outra forma de medir o efeito dos benefícios é por meio de uma pesquisa em que os empregados apontam o que consideram mais importante para eles.

A oferta de benefícios, em vez de salário, traz significativas vantagens tanto para a empresa quanto para os empregados (ver *box*). Mas essa abordagem racional muitas vezes não traz o resultado desejado, pois os empregados não têm essa percepção de valor e, se perguntados, possivelmente prefeririam ter o adicional na forma pecuniária. Portanto, é importante um trabalho de *endomarketing* mostrando aos colaboradores o valor dos benefícios fornecidos; não o custo pago pela empresa, mas o quanto lhes custaria a preço de mercado.

Benefícios x Salário

Para cada 100 reais que a companhia oferece para o funcionário como salário, o custo desse investimento, digamos, pode chegar a 195 reais para a empresa, levando-se em consideração nesse cálculo aspectos como encargos sociais, FGTS, 13º salário, abono de férias etc. Se esse mesmo valor (100 reais) for oferecido como um benefício, o resultado para a organização cai para 60 reais em função do impacto disso no imposto de renda sobre lucro e contribuição social. Do ponto de vista do funcionário, as operações se assemelham, mas as variáveis nos levam a outros resultados. Assim: ter 100 reais a mais como salário pode significar receber 90 reais no fim de tudo, logo depois de pensarmos nos descontos com o imposto de renda, FGTS etc. Se o valor for recebido na forma de um benefício, o que era 100 reais pode passar a valer 480 reais. Isso em função dos valores dos itens oferecidos. Um plano de saúde, por exemplo, custa bem mais para o funcionário se ele for comprá-lo no mercado do que recebê-lo pela empresa, que pode negociar melhores preços com uma operadora graças à economia de escala. Fonte: *Revista Melhor. Especial 2012 Saúde*. Ed. Segmento, p. 29.

O indicador clássico para avaliar a evolução dos benefícios nas empresas é o percentual de seu custo em relação à folha. E a métrica também pode ser calculada em separado para os benefícios de maior custo, como exemplificado no item Custo da Assistência Médica em Relação à Folha.

Por Que Medir

Monitorar o custo dos benefícios, para mantê-lo abaixo de um percentual estabelecido, contribui para que os recursos sejam otimizados, evitando que sigam a tendência de inflar de forma descontrolada o custo de pessoal.

Como Calcular

O indicador apresenta o custo dos benefícios como percentual do custo total da folha.

Custo dos Benefícios em Relação à Folha

$$\text{Benefícios em Relação à Folha} = \frac{\text{Custo dos benefícios}}{\text{Custo da folha de pagamento}} \times 100$$

Em que:

Custo dos benefícios – é a soma dos custos das facilidades, conveniências, vantagens e serviços como transporte, assistência médica etc. que a empresa oferece aos empregados, em reais.

Nota: Nos casos em que os custos são assumidos parcialmente, devem ser incluídos apenas os valores pagos pela empresa.

Custo da folha de pagamento – custo total da folha de pagamento, incluindo encargos e benefícios, no mesmo período, em reais.

Obs.: O resultado, em percentual, deve ser apresentado com uma casa decimal.

Exemplo de Cálculo

O exemplo adiante, que faz uso de uma planilha, mostra o cálculo do custo dos benefícios em relação à folha de uma empresa nos primeiros cinco meses do ano.

	B	C	D	E	F
2	Mês	Custo total da folha, Reais	Custo total dos Benefícios, Reais	Custo dos Benefícios em Relação à Folha no mês, %	Custo dos Benefícios em Relação à Folha acumulado no ano, %
3	Janeiro	1.138.600,10	235.462,50	20,7	20,7
4	Fevereiro	1.046.569,50	202.092,57	19,3	20,0
5	Março	1.090.154,70	226.643,16	20,8	20,3
6	Abril	1.090.154,70	231.003,78	21,2	20,5
7	Maio	1.178.954,44	215.630,77	18,3	20,0
8	Total	5.544.433,44	1.110.832,78	20,0	20,0

Planilha 14 – *Custo dos Benefícios em Relação à Folha*

Observe que em março os benefícios corresponderam a 20,8% do custo total da folha (E5=D5/C5*100). Para comparação com a proposta orçamentária, é prático calcular também o acumulado do ano até o mês (coluna F). Esse valor é obtido pela soma dos benefícios até o mês dividido pela soma do custo total da folha nesse mesmo período. No exemplo, o acumulado até maio ficou em exatos 20%, ou seja, os benefícios foram responsáveis por 1/5 do custo total da folha.

Outra Forma de Medir

Custo dos Benefícios por Empregado

Esse custo *per capita* corresponde aos gastos totais com benefícios em um determinado período dividido pelo número de empregados na folha nesse mesmo período. A medida pode ser feita para o conjunto dos empregados ou para segmentos específicos como, por exemplo, por nível hierárquico. Esses resultados são importantes tanto na avaliação dos custos quanto para os planejamentos orçamentários e de retenção de talentos.

$$\text{Custo dos Benefícios por Empregado} = \frac{\text{Custo dos benefícios}}{\text{Número de empregados beneficiados}} \times 100$$

Por exemplo, em uma empresa, o custo total dos benefícios em determinado mês, para atender 528 colaboradores, foi de R$ 235.484,00. Assim,

$$\text{Custos dos Benefícios por Empregado} = \frac{235.484,00 \times 100}{528} = 446,00$$

Ou seja, o Custo dos Benefícios por Empregado no mês foi de R$ 446,00.

Fazendo Benchmarking

Provavelmente, para tomar as melhores decisões, é melhor saber quais benefícios são ofertados pelos concorrentes e qual a importância de cada um para os empregados da empresa do que conhecer o custo dos benefícios em relação à folha dessas empresas, um número particularmente difícil de obter.

É importante ter em conta que o custo dos benefícios como fração da folha costuma ser mais elevado para as empresas menores, as quais têm menor poder de barganha junto aos fornecedores dos serviços.

Meta

Uma boa alternativa inicial é limitar o custo dos benefícios em relação à folha ao que está sendo praticado e tentar fazer ajustes — dificultados pela legislação que garante os "direitos adquiridos" — para adequar a oferta dos benefícios aos de maior interesse dos empregados.

Análise dos Resultados

Devido à responsabilidade orçamentária, é importante acompanhar mensalmente tanto o custo do período quanto o acumulado dos benefícios em relação à folha, comparando-os com os valores máximos previstos no planejamento anual.

> ☞ **Dica**: • A gestão sobre o custo dos benefícios é dificultada pela impossibilidade de suspender a maioria das ofertas. Assim, a solução para desvios orçamentários é a negociação com os fornecedores ou a otimização dos processos internos.

Em Resumo

A oferta de benefícios, se não for bem administrada, tende a aumentar cumulativamente o custo de pessoal. Estabelecer um limite com base no percentual do custo total da folha favorece a busca do melhor aproveitamento possível para os recursos.

A remuneração é nosso principal desafio — não o valor, mas mostrar para os funcionários que o que eles têm aqui é mais que um salário.
Mônica Paiva, diretora de RH

15.20. Custo da Assistência Médica em Relação à Folha

Assistência médica é um dos benefícios mais comuns e vantajosos para a empresa e para os empregados, mas dispendiosa para a organização.

A oferta de planos de assistência médica para os empregados torna a empresa mais atrativa, aumenta a satisfação dos colaboradores e reduz o absenteísmo médico, mas tem um custo que deve ser considerado.

Ao longo dos últimos anos, as despesas com a saúde não pararam de crescer; em 2017, por exemplo, os custos com a saúde subiram 11%, contra 6,3% da inflação medida pelo IPCA [107]. Isso ocorre por conta da inflação médica, impactada pelas novas e caras tecnologias que oferecem exames cada vez mais sofisticados e caros, pela elevada judicialização na saúde e pelos desperdícios na utilização dos planos.

Assim, ao mesmo tempo em que a oferta de planos de assistência médica é mais valorizada pelos empregados, também é uma fonte crescente e preocupante de custos para as empresas. Vários estudos [92] [108] afirmam que, em média, para cada real investido na promoção e prevenção da saúde dos trabalhadores, há um retorno de aproximadamente quatro reais para a empresa.

A Gestão da Saúde

A "Pesquisa sobre a gestão de saúde corporativa", realizada pela ABRH Brasil e pela Aliança para a Saúde Populacional (ASAP) em maio e junho de 2017 e respondida por 668 profissionais de recursos humanos, concluiu que:

- 51% das empresas não têm programas estruturados para o gerenciamento de grupos de risco como diabéticos, hipertensos etc., que costumam ser os usuários de maior custo para os planos de saúde.
- Em 81% delas, os custos subiram acima da inflação dos 12 meses anteriores; em 55% delas, mais do que o dobro da inflação.
- 40% não utilizam a coparticipação nas consultas e exames, pagando integralmente seu valor.
- 54% não trabalham com indicadores.

Fonte: *Revista Melhor*. Julho 2017. p. 35.

Como Calcular

O Custo da Assistência Médica, como percentual da folha de pagamento, é obtido pela divisão do total dos custos que a empresa tem com esse benefício pelo custo total da folha de pagamento.

Custo da Assistência Médica em Relação à Folha

$$\text{Custo MED} = \frac{\text{Custo com assistência médica}}{\text{Custo da folha de pagamento}} \times 100$$

Em que:

Custo com assistência médica – custo total das despesas com assistência médica aos empregados e dependentes, incluindo planos de assistência médica e serviços prestados diretamente pela empresa em determinado período, em reais.

Custo da folha de pagamento – custo total da folha de pagamento, incluindo encargos e benefícios, no mesmo período, em reais.

Obs.: O resultado, em percentual, deve ser apresentado com uma casa decimal.

Algumas empresas optam por não incluir os custos dos serviços prestados diretamente, como os fornecidos no ambulatório. Outras excluem os serviços fornecidos aos dependentes, embora isso seja parte do custo associado ao empregado.

Exemplo de Cálculo

O exemplo adiante, que faz uso de uma planilha com os valores e resultados mensais, apresenta a evolução do indicador ao longo de um ano.

	B	C	D	E	F
2	Mês	Custo total da folha, Reais	Custo com Assistência Médica, Reais	Custo da Assistência Médica em Relação à Folha no mês, %	Custo da Assistência Médica em Relação à Folha acumulado no ano, %
3	Janeiro	1.138.600,10	151.433,81	13,3	13,3
4	Fevereiro	1.046.569,50	138.147,17	13,2	13,3
5	Março	1.090.154,70	144.990,58	13,3	13,3
6	Abril	1.090.154,70	146.080,73	13,4	13,3
7	Maio	1.178.954,44	152.085,12	12,9	13,2
8	Junho	1.065.570,50	141.393,02	13,3	13,2
9	Julho	1.127.600,10	147.715,61	13,1	13,2
10	Agosto	1.086.569,50	148.860,02	13,7	13,3
11	Setembro	1.110.154,70	149.870,88	13,5	13,3
12	Outubro	1.100.154,70	151.821,35	13,8	13,3
13	Novembro	1.187.954,44	160.373,85	13,5	13,4
14	Dezembro	1.121.154,70	152.477,04	13,6	13,4
15	Total	13.343.592,08	1.785.249,20	13,4	13,4

Planilha 15 – *Cálculo do Custo da Assistência Médica em Relação à Folha*

O "Custo da Assistência Médica em Relação à Folha" (coluna E) é obtido pela divisão do "Custo com Assistência Médica" (coluna D) pelo "Custo total da folha" (coluna C), multiplicado por 100. Por exemplo: E4=D4/C4*100.

Para balizamento em relação à meta anual, a planilha inclui (coluna F) o cálculo com os valores acumulados até o mês.

Outras Formas de Medir

Outras métricas para medir o custo com a assistência médica fornecida aos empregados também podem ser úteis, particularmente em estudos pontuais para melhorar a alocação dos recursos.

Custo Médio da Assistência Médica Per Capita

O Custo Médio *per capita* é calculado pela divisão do custo total das despesas com assistência médica dos empregados e dependentes, incluindo planos de assistência médica e serviços prestados diretamente pela empresa em determinado período, pelo número médio de empregados com direito ao benefício.

Assim, se o custo total com o plano de assistência médica foi de R$ 900.000,00 e atendeu 500 empregados em determinado mês:

$$\text{Custo médio per capita} = \frac{900.000,00}{500}$$

Custo médio *per capita* = 1.800,00

Portanto, o Custo Médio da Assistência Médica foi de R$ 1.800,00 por empregado no período.

Uma análise com base no custo médio *per capita* pode revelar surpresas e oportunidades para a gestão.

Sinistralidade

A sinistralidade é o principal indicador dos contratos de planos de assistência médica, pois é usada como referência para os reajustes dos contratos. É obtida pela relação entre os custos e as receitas da prestadora dos serviços.

$$\text{Sinistralidade} = \frac{\text{Sinistros}}{\text{Prêmio}} \times 100$$

Em que

Sinistros – é a soma de todos os gastos com os procedimentos cobertos pela operadora realizados por todos os beneficiários durante o período (mensal, semestral ou anual), em reais.

Prêmio – é o quanto a operadora recebe da empresa e dos beneficiários, no caso de coparticipação, no mesmo período, em reais.

Coparticipação dos Empregados no Custo da Assistência Médica

Há evidências que exigir alguma participação dos empregados nos custos assistenciais fornecidos, ainda que pequena, contribui para elevar a responsabilidade no uso e diminuir os custos.

O percentual de coparticipação dos empregados é estabelecido por regulamentos internos e não precisa, portanto, ser calculado. Entretanto, muitas empresas cobram percentuais diferentes para consultas, exames, internamentos etc. Nesses casos, se for desejado um valor geral para acompanhamento, deve-se dividir o total pago pelos empregados a título de coparticipação pelo custo total da assistência médica no mesmo período.

> ☞ Você Sabia? A maioria das empresas adota uma coparticipação de 20% [109].

Percentual de Consultas de Urgência

O percentual de consultas de urgência sobre o total de consultas pode, nos casos em que os custos com saúde estão elevados, ser bastante útil para a gestão. Vale lembrar que o custo de um atendimento de emergência é bem maior do que uma consulta normal, assim como o dos exames solicitados. E, em muitas situações, a pessoa acaba indo diretamente ao pronto-socorro para ser atendida, quando uma ida ao consultório já resolveria.

Um Exemplo de Sucesso

Com a implantação do programa "Cuidando de quem cuida" (voltado aos empregados), o **Hospital Sírio-Libanês** reduziu em 51% o percentual de consultas de urgência sobre o total de consultas. Houve também uma redução em 27% da taxa anual de exames por usuário e em 12,5% no custo *per capita* de exames. Também reduziram em 40% o volume de exames agregados à consulta, passando de quatro para 2,6. A redução expressiva dessa taxa mostra a eficiência da indicação dos procedimentos, representando fator importante na redução do custo total de consultas. Além disso, o custo de saúde por pessoa caiu 22%.

Mas há outros resultados agregados. Houve uma redução de 16% no absenteísmo, aumento no engajamento e a satisfação dos funcionários aumentou.

Fonte: *Revista Melhor. Gestão (da Saúde) de Pessoas.* Outubro. 2017. p. 29.

Fazendo Benchmarking

Referências externas que levem em conta as diferenças regionais, geralmente significativas, são úteis para identificar oportunidades de redução de custo. Na indústria brasileira, por exemplo, o plano de assistência médica representa 13,1% da folha de pagamento [110], mas este é um valor médio e os percentuais variam bastante. Também é importante considerar as características dos públicos atendidos, pois diferentes categorias profissionais têm exigências e custos diversos.

Um levantamento feito pela Aon Consultoria [109], com 536 empresas, mostra que na maioria (36%) os custos com assistência médica estão entre 5 e 10% do custo da folha de pagamento. Mas em 7% delas os custos eram superiores a 20%.

Custos de assistência médica/folha de pagamento	%
Até 5%	32
De 5 a 10%	36
De 10,1 a 20%	25
Mais que 20%	7

Fonte: *Pesquisa de Benefícios Aon 2016–2017.*

Atenção: Nas comparações externas é importante, como sempre, observar se as metodologias de cálculo são similares; por exemplo, se a massa salarial usada inclui ou não os encargos.

Meta

Considerando a elevada inflação dos serviços médicos, bastante superior à da inflação geral, geralmente manter a proporção entre os custos da assistência médica e da folha já é um bom resultado. Nas situações em que algum *benchmark* indicar oportunidade de redução, pode-se tomar como meta um valor um pouco inferior ao histórico recente.

Análise dos Resultados

A análise dos resultados do Custo da Assistência Médica em Relação à Folha é feita pela comparação com os valores históricos e com referenciais externos bem escolhidos.

Valores mais elevados podem indicar oportunidade de redução de custo, enquanto resultados muito baixos podem indicar que a empresa está oferecendo um benefício inferior aos dos concorrentes, com possíveis reflexos negativos na rotatividade e na satisfação dos empregados.

Por se tratar de uma métrica com variações lentas, a melhor opção é fazer o acompanhamento da tendência, como exemplificado no gráfico 5, com os dados do exemplo de cálculo, mostrando estabilidade nos custos. Uma alternativa seria usar a média móvel de 12 meses para a análise.

Gráfico 5 – *Custo da Assistência Médica em relação à Folha (acumulado no ano), %*

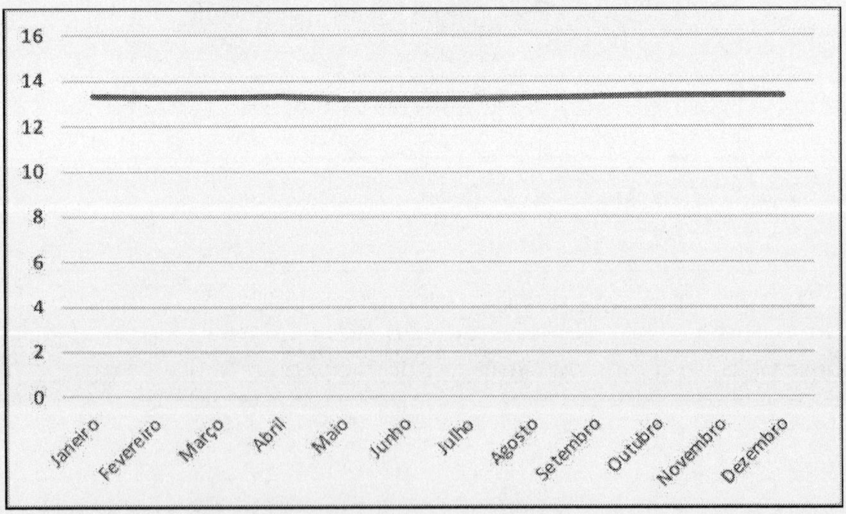

Para uma análise mais detalhada, é comum que os custos de assistência médica e odontológica sejam separados.

> ☞ Dica: • Gerenciar outros indicadores, como o Percentual de Consultas de Urgência em relação ao total de consultas, pode contribuir para uma melhor visão na gestão dos custos com a saúde dos empregados.
> • Em vez de perguntar "Quanto custa manter os empregados saudáveis?", melhor é questionar "Quanto custam os empregados não saudáveis?".

Em Resumo

A assistência médica costuma ser uma parcela significativa das despesas com os empregados. O acompanhamento do Custo da Assistência Médica em Relação à Folha permite identificar tendências de crescimento desproporcionais que exigem ações corretivas. O indicador também é útil para estudos pontuais visando à preservação da competitividade da empresa.

Saúde não tem preço, porém tem custo,
e para organizar os custos e alcançar
resultados, é fundamental uma boa gestão.
Flaviano Ventorim – Presidente da FEMIPA

15.21. Outros Indicadores de Remuneração

O custo de pessoal costuma ser uma parcela significativa do custo total das empresas. Por essa razão, há um bom número de métricas usadas para seu monitoramento.

Salário Médio

Conhecer o salário médio, assim como o menor salário pago e a diferença entre o menor e o maior salário, pode auxiliar na compreensão da dispersão salarial existente na empresa. É uma informação mais útil se estratificada por categoria profissional.

$$\text{Salário médio} = \frac{\text{Somatório dos salários}}{\text{Número médio de empregados}}$$

Em que:
Somatório dos salários – É o total dos salários pagos no período, em reais.
Número médio de empregados – É o número médio de empregados no período.

Custo Médio por Empregado

O Custo Médio por Empregado é pouco útil para a gestão, mas é uma informação frequentemente exigida do RH.

$$\text{Custo médio} = \frac{\text{Custo da folha de pagamento}}{\text{Número médio de empregados}}$$

Em que:
Custo da folha de pagamento – É o custo total com a folha de pagamento no período, incluindo encargos e benefícios, em reais.

Número médio de empregados – É o número médio de empregados no período.

15.22. Índice de Reclamações Trabalhistas

Embora difíceis de evitar, em face da complexidade da legislação, muitas vezes os processos trabalhistas decorrem de descuidos na gestão.

Ações trabalhistas são aquelas movidas por empregados ou ex-empregados contra a empresa requerendo diferenças salariais, pagamentos de horas extras e outros direitos estabelecidos pela legislação. A quantidade de ações trabalhistas é uma medida do desempenho da área de RH no respeito às pessoas e no cumprimento das leis trabalhistas.

Um estudo baseado nos resultados do Tribunal Regional do Trabalho de São Paulo concluiu que os empregados ganham cerca de 88% das ações trabalhistas [111]. Essas reclamações podem e devem ser prevenidas, tanto para evitar os elevados custos financeiros e de imagem que elas provocam como pela influência negativa que trazem para o clima organizacional.

Por Que Medir

O monitoramento da quantidade de reclamações trabalhistas permite avaliar se as ações preventivas estão sendo eficazes.

Como Calcular

O Índice de Reclamações Trabalhistas mostra o percentual de empregados desligados que formalizou uma reclamação junto à justiça [74].

Índice de Reclamações Trabalhistas

$$IRT = \frac{\text{Número de reclamações trabalhistas}}{\text{Número de empregados desligados}} \times 100$$

Em que:

Número de reclamações trabalhistas – é o número total de reclamações trabalhistas formalizadas no período.

Número de empregados desligados – é o número total de empregados desligados no período.

Obs.: O resultado, em percentual, deve ser apresentado com uma casa decimal.

Exemplo de Cálculo

A planilha exemplifica o cálculo do Índice de Reclamações Trabalhistas.

Planilha 16 – *Índice de Reclamações Trabalhistas*

	B	C	D	E	F	G	H	I
2			Número de reclamações trabalhistas		Número de empregados desligados		Índice de Reclamações Trabalhistas, %	
3		Mês	No mês	Acumulada nos últimos 12 meses	No mês	Acumulado nos últimos 12 meses	No mês	Média móvel 12 meses
4	2019	Janeiro	3		15		20,0	
5		Fevereiro	2		8		25,0	
6		Março	1		10		10,0	
7		Abril	0		10		0,0	
8		Maio	1		14		7,1	
9		Junho	2		13		15,4	
10		Julho	5		12		41,7	
11		Agosto	3		5		60,0	
12		Setembro	3		1		300,0	
13		Outubro	2		4		50,0	
14		Novembro	1		1		100,0	
15		Dezembro	2	25	9	102	22,2	24,5
16	2020	Janeiro	2	24	7	94	28,6	25,5
17		Fevereiro	0	22	5	91	0,0	24,2
18		Março	0	21	11	92	0,0	22,8
19		Abril	1	22	13	95	7,7	23,2
20		Maio	0	21	14	95	0,0	22,1
21		Junho	3	22	7	89	42,9	24,7
22		Julho	0	17	2	79	0,0	21,5
23		Agosto	1	15	16	90	6,3	16,7
24		Setembro	3	15	3	92	100,0	16,3
25		Outubro	1	14	2	90	50,0	15,6
26		Novembro	2	15	7	96	28,6	15,6
27		Dezembro	5	18	17	104	29,4	17,3
28	2021	Janeiro	1	17	5	102	20,0	16,7
29		Fevereiro	2	19	7	104	28,6	18,3
30		Março	4	23	18	111	22,2	20,7
31		Abril	1	23	11	109	9,1	21,1
32		Maio	2	25	15	110	13,3	22,7

Nota: *As células cinzas são calculadas.*

O Índice de Reclamações Trabalhistas (coluna H) é calculado dividindo o número de reclamações no mês (coluna D) pelo número de empregados desligados nesse mesmo mês (coluna F); o resultado é multiplicado por 100 para colocar na forma percentual.

As colunas E e G mostram os totais acumulados nos últimos 12 meses. Assim, o acumulado de dezembro de 2019 (célula E15) corresponde à soma de todas as reclamações ocorridas desde janeiro.

A média móvel de 12 meses do índice é calculada dividindo o número de reclamações dos 12 meses (colunas E) pelo número de empregados desligados no mesmo período de 12 meses (coluna G), também multiplicado por 100.

Outras Formas de Medir

Reclamações Trabalhistas por Empregado

Algumas empresas preferem calcular o percentual de reclamações trabalhistas com base no número médio de empregados no período, em vez do número de empregados desligados.

Processos Trabalhistas Abertos

O Instituto Ethos [112] recomenda que a empresa monitore o total de processos trabalhistas em aberto no final de cada período, para garantir que, ao menos depois da reclamação, o tratamento ocorra em prazo adequado.

Índice de Sucesso nos Processos Trabalhistas

Corresponde ao percentual dos processos trabalhistas encerrados que foram ganhos pela empresa em determinado período, geralmente um ano.

Fazendo Benchmarking

Dado o grande número de fatores externos à empresa que influenciam a quantidade de reclamações trabalhistas, como segmento de negócio, cultura local etc., a escolha de referenciais externos de excelência deve ser feita com muito cuidado.

Uma possível fonte para a informação são os Relatórios de Gestão que as empresas entregam à Fundação Nacional da Qualidade (FNQ). Muitos são públicos e vendidos pela Fundação [113].

Meta

A meta deve ser anual. O ideal é estabelecer como desafio uma redução percentual sobre o número de reclamações do ano anterior e, claro, o valor deve ser consistente com as ações planejadas para diminuir as reclamações.

Análise dos Resultados

Valores menores são melhores, mas a análise dos resultados desse indicador é complicada porque:

1. O baixo número de ocorrências, mesmo em empresas grandes, torna os resultados mensais pouco representativos. Isso pode ser observado na planilha 16, em que os resultados variam bastante de mês para mês.
2. Costuma haver uma demora entre o desligamento e uma eventual reclamação.
3. As medidas tomadas para prevenir as reclamações demoram para ser percebidas nos resultados.

Portanto, embora o comum seja o acompanhamento mensal, um modo de compensar essas dificuldades e simplificar as análises é observar a média móvel de 12 meses, como exemplificado adiante, ou, ainda melhor, usando o Controle Estatístico de Processo [23].

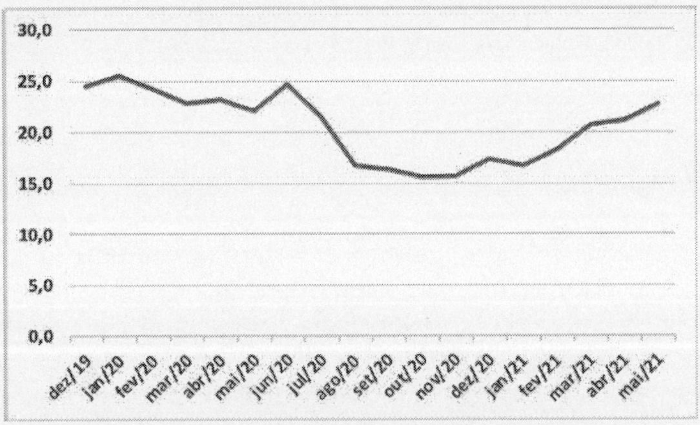

Gráfico 6 – *Índice de Reclamações Trabalhistas (média móvel de 12 meses), %*

O gráfico 6, com dados da planilha 16, mostra que ao longo de 2020 houve uma redução no Índice de Reclamações, mas depois os resultados voltaram a crescer.

> ☞ **Dica**: A tendência é uma referência melhor do que os resultados absolutos do indicador.

Em Resumo

Mesmo com muito cuidado, as empresas não estão livres de reclamações. Para saber se a gestão está adequada, deve-se monitorar a tendência apresentada pelo Índice de Reclamações Trabalhistas.

Dura lex, sed lex.

15.23. Diversidade da Força de Trabalho

A diversidade diz respeito às diferenças, segundo critérios de gênero, etnia, cor, deficiências, cultura, opinião e outras existentes na força de trabalho.

A diversidade expressa o reconhecimento e a valorização das características individuais das pessoas, aquelas que tornam o ser humano singular, o que inclui idade, cultura, crenças, nacionalidade, cor, gênero, orientação sexual, condição física, opinião ou qualquer outro fator de diferença individual.

Alguns especialistas entendem que a diversidade pode ser observada em duas dimensões [114]: a primária, que se refere aos traços relativamente imutáveis do indivíduo, como idade, etnia, gênero, habilidades físicas e orientação sexual, e a secundária, que se refere a traços menos observáveis, decorrentes do contexto social como formação educacional, experiências pessoais e profissionais anteriores, crenças, naturalidade geográfica etc. Essas duas listas podem ser ampliadas ao extremo, pois a única coisa que todos os indivíduos compartilham é o fato de serem únicos.

Há evidências de que as equipes que apresentam diversidade são mais flexíveis e inovadoras. Tais características representam, em muitas organizações, uma vantagem competitiva importante. Pessoas diferentes pensam de formas diferentes, mas sua formação básica tende a desenvolver padrões de pensamento e encaminhamento de soluções segundo abordagens relativamente fixas. Assim, os engenheiros e economistas tendem a ser quantitativos, arquitetos e costureiros pensam mais por meio de imagens e diagramas, empresários e comerciantes se baseiam muito em intuição, psicólogos em geral constroem soluções baseadas em sentimentos.

Diversidade ou Inclusão?

Diversidade e inclusão, embora frequentemente confundidos, são conceitos distintos. A diversidade trata de variações e diferenças que podem incluir características visíveis, como idade, sexo, deficiência e origem étnica, ou quase invisíveis, como situação socioeconômico, estado civil e orientação sexual. Lori George Billingsley, diretora de diversidade da Coca-Cola, define o termo como "as diferenças que você pode ver ou descrever nas pessoas" [a].

A busca da diversidade se explica pelo interesse em um espaço de trabalho que reflita toda a população; mas, na maioria das vezes, quando as empresas falam de diversidade, focam gênero ou etnia.

A inclusão está relacionada a um sentimento de pertencimento. É mais subjetiva. Inclusão é o que une diversos indivíduos em um todo. Uma definição, geralmente aceita, foi dada por Frederick Miller e Judith Katz [b]: "Inclusão significa criar um ambiente em que os funcionários compartilhem um sentimento de pertença, respeito mútuo, valorização por quem são e energia de apoio e compromisso de outros para que possam fazer o seu melhor trabalho".

Quando a diversidade não é acompanhada da inclusão, as diferenças se destacam e todos saem perdendo. E o problema é comum. Entre 321 executivos de grandes companhias globais entrevistados pela Forbes, 65% disseram ter um plano para recrutar uma força de trabalho diversificada; mas apenas 44% tinham programas de retenção. Isso revela uma falha óbvia quando se trata de reter a diversidade e a inclusão no ambiente de trabalho [c].

Como a diversidade está ligada à representação demográfica, é relativamente fácil de mensurar; basta levantar os percentuais de participação dos diversos grupos no conjunto dos empregados. A inclusão é mais difícil de medir pois, em grande parte, é uma questão subjetiva que tem de ser avaliada pelos interessados. O instrumento de mensuração é, então, a pesquisa de clima. O público objeto do interesse deve apontar o quanto se sente integrado à equipe e ao trabalho.

Diversidade é levar para a festa.
Inclusão é convidar para dançar. – Verna Myers

Referências

a. Brownlee, Dana. ***Por Que Confundir Diversidade com Inclusão no Local de Trabalho Pode Ser Perigoso***. Disponível em:

https://forbes.com.br/carreira/2019/09/por-que-confundir-diversidade-com-inclusao-no-local-de-trabalho-pode-ser-perigoso. Acesso em 24 set. 2020.

b. Miller, Frederick e Katz, Judith. ***The Inclusion Breakthrough.*** *Read How You Want*; 16th ed. 2002.

c. Hyacinth, Brigette. ***Inclusão e Diversidade são Importantes.*** *Entenda o Motivo.* https://administradores.com.br/artigos/inclusao-e-diversidade-sao-importantes-entenda-o-motivo. Acesso em 24 set. 2020.

Reflexão: Você compara os resultados da pesquisa de clima dos grupos minoritários com o geral? Pode ser uma boa ideia.

Por que Calcular

O objetivo dos indicadores de diversidade é monitorar a participação dos diversos grupos na força de trabalho nos casos em que isso é um aspecto relevante para a empresa. Possibilita avaliar o efeito das políticas voltadas à diversidade, comunicar aos públicos interno e externos os avanços realizados e, ainda, observar o atendimento às exigências legais.

Como Calcular

O cálculo equivale a encontrar a porcentagem de pessoas de determinado grupo demográfico no conjunto dos empregados da organização.

Diversidade

$$DIVn = \frac{\text{Grupo}}{\text{Efetivo próprio}} \times 100$$

Em que:

Grupo – é o número de empregados de determinado gênero, etnia, faixa etária ou outra classificação, em determinado momento. Os grupos típicos são: mulheres, negros, índios, portadores de necessidades especiais (PCD), comunidade LGBT, pessoas com mais de 45 ou 60 anos e aprendizes.

Em que n deve ser substituído, na fórmula, pela indicação do grupo ao qual corresponde, por exemplo:

DIVmulheres

DIVnegros

DIVíndios

DIVacima de 45 anos etc.

Efetivo próprio – é o número total de empregados, no momento a que se refere o cálculo. Inclui os empregados afastados, pois ainda pertencem ao quadro da empresa.

Obs.: O resultado, em percentual, deve ser apresentado com uma casa decimal.

A diversidade de gênero é apenas uma das possibilidades, mas pela sua importância, será explorada em mais detalhes no próximo item.

Exemplo de Cálculo

A Petros tinha, em 2009, o seguinte perfil de empregados [115]:

Portadores de deficiência = 15 pessoas

Total de empregados = 469 pessoas

$$\text{DIVpcd} = \frac{\text{Grupo}}{\text{Efetivo próprio}} \times 100$$

$$\text{DIVpcd} = \frac{15}{469} \times 100$$

$$\text{DIVpcd} = 3{,}2\%$$

Portanto, em 2009, 3,2% dos empregados da Petros eram pessoas portadoras de deficiência. Esse resultado superava a exigência legal de um mínimo de 3,0% de PCDs para as organizações de 201 a 500 empregados.

Fazendo Benchmarking

Uma fonte prática para encontrar referenciais externos de diversidade nas equipes são os relatórios de responsabilidade social disponibilizados pelas empresas na Internet. Entretanto, o uso desses números deve ser feito com cuidado, pois só fazem sentido se houver um forte alinhamento com a estratégia e os valores da organização.

Meta

De modo geral, as medidas da diversidade visam descrever as características da força de trabalho, especialmente em relatórios de responsabilidade social. Nos casos em que o percentual mínimo de grupos como as pessoas com deficiência e os aprendizes é estabelecido por lei, a prioridade é atender aos padrões legais.

Entretanto, quando a diversidade é considerada uma estratégia do negócio, o estabelecimento de metas para grupos específicos é uma forma de acelerar o alcance dos objetivos pretendidos. Nesses casos, o melhor é tomar como referência os resultados já alcançados e propor uma dose de desafio, por exemplo, um aumento de 5 ou 10% ao ano, conforme a característica seja valorizada pela equipe ou pela organização.

Análise dos Resultados

A análise é, usualmente, feita pela comparação do resultado do indicador com o padrão legal, com a meta estabelecida para o período, com valores históricos ou com referenciais externos (*benchmarks*), levando em conta a estratégia e as políticas da organização.

As medidas e as análises devem ser menos frequentes do que as usadas para a maioria das métricas de gestão operacional, pois a diversidade se altera mais lentamente que os demais indicadores.

Observe que algumas tabelas que descrevem o perfil do grupo de empregados apresentam somas superiores a 100%, em face das respostas múltiplas. Por exemplo, uma empregada negra com mais de 65 anos pode se enquadrar em diversos grupos de segmentação.

Reflexão – Causa ou Efeito?

Alguns autores [a] identificaram uma correlação positiva entre o desempenho das organizações e o investimento em capital humano, incluindo as ações de treinamento.

A conclusão óbvia trazida pelo texto é que vale a pena treinar. Mas, sendo isento na análise, temos de concluir que, ainda que os fatos estejam relacionados, não temos segurança para afirmar o que é causa e o que é efeito. Afinal, também é possível acreditar que as organizações com negócios mais favoráveis e lucrativos têm mais recursos para investir em treinamento.

Uma análise semelhante foi feita por Sara Kaplan [b] ao afirmar: "Verifiquei se as pesquisas científicas realmente corroboram a ideia de que diversidade traz melhor desempenho, e minha conclusão é que não há necessariamente uma relação de causa e efeito. É bem possível que diversidade e *performance* sejam dois aspectos de 'ser uma ótima empresa'".

Então, na análise de dados, sempre que temos resultados que se correlacionam, devemos ser bastante críticos ao tentar saber o que é causa, o que é efeito ou, ainda, o que é coincidência ou apenas consequência de algum terceiro motivo.

Referências.

a. Marimuthu, M., Arokiasamy, L. and Ismail, M. ***Human Capital Development and Its Impact on Firm Performance****: Evidence from Developmental Economics*. Uluslararası Sosyal Arastırmalar Dergisi. *The Journal of International Social Research*. Volume 2 / 8 Summer 2009. pp. 265 – 272. Disponível em: http://www.sosyalarastirmalar.com/cilt2/sayi8pdf/marimuthu_arokiasamy_ismail.pdf. Acesso em 20.06.19.

b. HSM Management. ***Vamos Inovar em Diversidade de Gênero?*** Ed. 125. Dez. 4, 2017. pp. 70-74. Disponível em: https://newsletter.hsm.com.br/marketing/2017/conteudo/dossie-mulheres.pdf. Acesso em 8 jun. 2021

☞ Dicas: • Na determinação do número de empregados que pertencem a uma determinada categoria étnica, é costume adotar o critério de autodeclaração. Assim, a categoria "negros" incluirá as pessoas que se autodeclaram "negras", "pretas" ou "pardas". • A métrica pode ser calculada separadamente para pessoal próprio, terceirizados, contratos, departamentos, negócios e níveis hierárquicos específicos.

Em Resumo

A medida da proporção de cada grupo no conjunto dos empregados é um passo importante, mas para promover a diversidade é necessário garantir que todas as pessoas e grupos sociais tenham oportunidades iguais, assegurar a equidade e o equilíbrio nas relações.

Pessoas educadas são mais abertas ao conhecimento e mais tolerantes às diferenças de personalidade, de religião, de hábitos.
Amos Genish, Fundador da GVT

15.24. Diversidade de Gênero

A diversidade de gênero é um caso particular das características que diferenciam os grupos de trabalhadores.

A medida da diversidade de gênero, apresentada como percentual de mulheres ou de homens no efetivo da organização, merece um destaque, pois, embora na composição da sociedade homens e mulheres apareçam quase na mesma proporção, em geral isso não acontece nas empresas. Assim, ainda que a maioria das considerações do item anterior se aplique, cabem informações adicionais.

A busca do equilíbrio entre homens e mulheres nas organizações se justifica porque há evidências de que equipes que apresentam maior diversidade são mais flexíveis e inovadoras. Para confirmar, a 4.ª edição do prêmio GPTW Mulher (dados de 2019) mostrou que as mulheres compunham, em média, 52% dos empregados nas melhores empresas e 43% nas empresas não premiadas [116].

A participação feminina é muito influenciada pelo segmento do negócio, como pode ser observado na tabela com resultados de empresas paranaenses no final de 2018. No conjunto das empresas, as mulheres representavam 44,8% dos empregados; esse percentual vem crescendo desde 2013, quando era de 38,0%. Mas a distribuição é desigual; enquanto no setor de serviços elas correspondem a 59,4% das equipes, na indústria representam apenas 26,2% [72].

Tabela 14 – *Segmentos com maior percentual de mulheres*

Segmento	Mulheres, %
Alimentos e bebidas (4)	51,9
Concessionárias de rodovias (4)	42,5
Educação (5)	57,3
Hospitais (15)	82,3
Indústria automotiva (6)	14,5
Indústria metalúrgica (7)	17,0
Indústria química (4)	29,7
Logística, transporte e armazenagem (9)	15,4
Papel e celulose (6)	14,2
Planos de saúde (9)	76,5
Fundações, Associações, Federações, Sindicatos (7)	57,1

Nota: *O número entre parênteses indica a quantidade de empresas na amostra.*
Fonte: Bachmann & Associados e ABRH-PR. 11º Benchmarking Paranaense de Recursos Humanos 2019: Dados de 2018. Curitiba. 2019.

As populações masculina e feminina empregadas também se distribuem de forma distinta nos cargos e níveis hierárquicos nas empresas.

Tabela 15 – *Distribuição por sexo nos diversos níveis*

	Homens, %	Mulheres, %
Total	52	48
Não gestores	50	50
Média liderança	57	43
Alta liderança	75	25

Fonte: *GPTW. Among the 135 Best Workplaces in Brazil (2015). Disponível em: http://www.greatplacetowork.com.br/institucional/noticias/chega-de-desculpas.htm. Acesso em 18.08.16.*

Causa e Efeito

A consultoria McKinsey América Latina descobriu que empresas, com ao menos uma mulher entre os principais executivos, apresentam retorno, na média, 44% maior que aquelas que não têm mulher nenhuma. "Não é que colocar mulheres na diretoria aumente o lucro da empresa", diz Regina Madalozzo, Ph.D. em economia pela Universidade de Illinois, nos Estados Unidos, e professora na Escola de Negócios Insper. "Mas a empresa que cria a possibilidade de a mulher subir de forma competitiva está criando sistemas que permitem maior lucratividade".

Ao fazer isso, a companhia passa a selecionar as melhores pessoas. Empresas sexistas devem redobrar a atenção: provavelmente também discriminam outros grupos que não se encaixem no perfil habitual de chefe.

Fonte: ***O Que Fazem as Melhores Empresas para as Mulheres****: e o que Ainda Tem de Mudar*. Disponível em: http://epoca.globo.com/vida/noticia/2016/03/o-que-fazem-melhores-empresas-para-mulheres-e-o-que-ainda-tem-de-mudar.html. Acesso em 24 set. 2020.

Equidade de Gênero

O equilíbrio quantitativo entre homens e mulheres não garante a equidade de gênero. Esta exige tratamento justo entre homens e mulheres, sem distinções, respeitando as respectivas necessidades, os direitos, os benefícios, as obrigações e as oportunidades.

Uma forma de avaliar a equidade de gênero nas empresas é por meio da comparação salarial. Mas é importante que essa avaliação levante as diferenças por cargo, função ou posição. Isso porque a simples comparação dos salários médios das mulheres e homens desvia o foco, misturando dois fenômenos: a concentração de um sexo em posições com menor remuneração e a possível discriminação salarial, em que duas pessoas exercendo a mesma função têm diferentes remunerações.

A Mulher e a Responsabilidade Social

Em um estudo para avaliar o efeito dos programas corporativos de responsabilidade social, uma universidade publicou anúncios de emprego em que a única diferença era a observação de que a empresa era socialmente responsável. O anúncio da empresa socialmente responsável atraiu mais interesse e maior proporção de interessados do sexo feminino.

Evoluindo no estudo, a universidade também percebeu que os empregados das empresas socialmente responsáveis eram mais produtivos e que as mulheres eram particularmente mais produtivas.

Fonte: Freakonomics Radio – WNYC Studios. ***Does Doing Good Give You License to Be Bad?*** Disponível em https://www.wnycstudios.org/story/does-doing-good-give-you-license-be-bad/ Acesso em 1º jul. 2018.

Como Calcular

O indicador fornece o percentual de mulheres existente no conjunto de empregados da organização.

Percentual de Mulheres

$$\text{DIVmulheres} = \frac{\text{Mulheres}}{\text{Efetivo próprio}} \times 100$$

Em que:

Mulheres – é o número de mulheres existentes no grupo de empregados em determinado momento.

Efetivo próprio – é o número total de empregados, no momento a que se refere o cálculo. Inclui os empregados afastados, pois ainda pertencem ao quadro da empresa.

Obs.: O resultado, em percentual, deve ser apresentado com uma casa decimal.

Exemplo de Cálculo

A Petrobras tinha, em 2018, o seguinte efetivo [117]:

Empregados mulheres = 7.767 pessoas

Empregados homens = 39.789 pessoas

Portanto, um total de 47.556 empregados

$$\text{DIVmulheres} = \frac{\text{Mulheres}}{\text{Efetivo próprio}} \times 100$$

$$\text{DIVmulheres} = \frac{7.767}{47.556} \times 100 = 16{,}3\%$$

Logo, naquele momento, 16,3% do efetivo da Petrobras era feminino.

Fazendo Benchmarking

Boas referências para cada setor de negócio podem ser encontradas nos relatórios de sustentabilidade que as empresas publicam na *Internet*. Também os levantamentos produzidos pela Great Place to Work [116] podem ser úteis.

Meta

Quando a diversidade de gênero é um objetivo, o ideal é estabelecer metas para grupos e níveis hierárquicos específicos. Uma boa prática é escalonar as metas anuais, considerando os resultados já alcançados e a data em que a situação desejada deva ser alcançada.

A anglo-australiana BHP Billiton, por exemplo, tornou-se a primeira grande mineradora mundial a adotar a meta de ter metade de sua mão de obra composta por mulheres até 2025. No momento da decisão, as trabalhadoras representavam apenas 18%. A medida chama a atenção porque o setor é famoso pela falta de representação feminina, até mesmo nos conselhos de direção. Um estudo de 2015, com 500 mineradoras, mostrou que apenas 8% dos diretores nos conselhos eram mulheres [118].

Análise dos Resultados

A análise dos resultados é feita pela comparação com as metas estabelecidas para o período, com valores históricos ou com referenciais externos (*benchmarks*), levando em conta a estratégia e as políticas da organização.

A observação do Percentual de Mulheres nas equipes deve ser feita com algum cuidado, pois diversos levantamentos mostram que, mesmo nas organizações em que o percentual é equilibrado, há um direcionamento das mulheres para determinados cargos e dos homens para outros, não caracterizando, de fato, equidade.

Outra Medida

Relação Mulheres/Homens

Uma métrica alternativa, usada pelo Fórum Econômico Mundial, é a relação entre o número de mulheres e homens. Por exemplo, se um país tem 20% de mulheres em cargos ministeriais, ele atribui a proporção de 20 mulheres para 80 homens, resultando em 0,25. A expectativa é que o índice capture as lacunas entre os percentuais de mulheres e homens, em vez dos próprios níveis [119].

> ☞ **Dica**: A métrica pode ser calculada separadamente para pessoal próprio, terceirizados, contratos, departamentos, negócios e níveis hierárquicos específicos.

Em Resumo

A medida da diversidade de gênero, apresentada como o percentual de mulheres na equipe de empregados, tem, na maioria das vezes, um caráter estatístico ou informativo. Apenas excepcionalmente representa um indicador para o qual é estabelecida uma meta, embora isso esteja se tornando cada vez mais comum.

Uma empresa moderna já tem, em seus quadros, uma divisão equilibrada entre homens e mulheres. E por um motivo óbvio: competência não tem sexo.
Max Gehringer

15.25. Outros Indicadores Demográficos

Os indicadores demográficos descrevem a força de trabalho com base nas características dos grupos. Alguns, pela sua importância, foram detalhados anteriormente. Seguem outros, mas não é possível cobrir todas as possibilidades de interesse. O importante é saber que, geralmente, essas métricas são apenas referências para informação eventual. Assim, não devem ser incluídas nas reuniões de análise, a menos que, excepcionalmente, tenham uma meta a ser perseguida e um plano de ações estabelecido.

Embora os exemplos adiante apresentem cálculos pontuais, quando usadas, essas métricas usualmente são calculadas mensalmente, por sistemas informatizados ou com o uso de planilhas eletrônicas.

Empregados em Férias

Aponta o percentual do total de empregados que está em férias durante determinado período ou momento. Assim, se em determinado mês 34 dos 528 empregados da empresa estavam em férias, o indicador será de 6,4%.

$$\text{Empregados em férias} = \frac{\text{Número de empregados em férias}}{\text{Número total de empregados}} \times 100$$

De modo geral, o cálculo considera apenas os empregados permanentes.

Alguns sistemas informatizados alertam quando o percentual extrapola algum limite, sinalizando possíveis problemas por falta de empregados no período por falta de planejamento. Mas, para essa finalidade, é mais importante que a métrica seja calculada para áreas específicas da organização.

Empregados Afastados

Indica o percentual de empregados que estão afastados do trabalho em determinado período ou momento. O cálculo pode ser feito considerando todos os empregados afastados ou, se conveniente para as análises, em separado para as diversas causas de afastamento, como: por acidentes, por razões de saúde, para atendimento à família etc.

$$\text{Empregados afastados} = \frac{\text{Número de empregados afastados}}{\text{Número total de empregados}} \times 100$$

Percentual de Menores Aprendizes

A lei define que toda empresa de médio a grande porte tem de ter uma quantidade mínima de menores aprendizes que varia entre 5 e 15% do total de trabalhadores.

Para o cálculo, basta dividir o número de jovens aprendizes pelo total de empregados, excluindo os seguintes profissionais:

– Diretores e empregados com cargo de confiança;

– Empregados com formação técnica ou superior;

– Trabalhadores temporários ou com contrato que depende de atividade sazonal;

– Aprendizes que foram efetivados.

Portanto:

$$\text{Percentual de Menores Aprendizes} = \frac{\text{Total de menores aprendizes}}{\text{Total de empregados} - \text{exceções}} \times 100$$

As pessoas são, e sempre serão, o grande diferencial verdadeiramente competitivo para qualquer organização.
– Elaine Saad

15.26. Grau de Escolaridade

A educação formal da equipe é, em muitos casos, uma vantagem competitiva, enquanto a baixa escolaridade dificulta e aumenta os custos de treinamento.

A escolaridade formal da equipe é um importante indicador da capacidade de entender instruções e de inovar. Em um levantamento realizado pela CNI [120] em 2011, com 1.616 empresas, 52% das indústrias afirmaram que a má qualidade da educação básica era uma das principais dificuldades que enfrentavam para qualificar os trabalhadores.

A dificuldade de conseguir profissionais tem levado as empresas a reduzir o nível de exigência ao estabelecer os pré-requisitos para contratação. No caso dos supermercados, por exemplo, as exigências para funções como repositor, balconista e verdureiro agora se limitam ao ensino fundamental completo [121].

Uma pesquisa do Instituto Paulo Montenegro, com resultados de 2018, mostrou que 29% das pessoas com idade entre 15 e 64 anos são classificadas como analfabetas funcionais, já que não conseguem realizar tarefas simples que envolvam leitura de palavras e frases [122]. O estudo também afirma que "Apenas

45% dos entrevistados que chegaram ao Ensino Médio situam-se nos dois níveis mais altos das escalas de Alfabetismo, mostrando que o fato de terem frequentado escola não assegura que tenham suficientes habilidades para fazer uso da leitura e da escrita em diferentes contextos da vida cotidiana". Isso indica que, nos processos de contratação, infelizmente não se pode confiar apenas na comprovação de escolaridade, mas há a necessidade de algum teste que avalie o real preparo do candidato às exigências da vaga. Falhas nessa avaliação contribuem para um menor desempenho e maior rotatividade.

Uma empresa usou o indicador de escolaridade para destacar publicamente a qualidade de sua equipe. Os resultados, apresentados no *folder* de propaganda da empresa [123], na forma de barras verticais, mostrava que 100% dos 147 colaboradores possuíam treinamento ou curso técnico e que 85% tinham ensino superior ou médio, em reconhecimento de que a tecnologia da empresa estava nas pessoas.

Como Calcular

O Grau de Escolaridade é o percentual de empregados com determinada escolaridade, em relação ao número total de empregados, no momento da medida. Serve para monitorar a educação formal do conjunto dos empregados.

Grau de Escolaridade

$$\text{Escol} = \frac{\text{Empregados com determinada escolaridade}}{\text{Efetivo próprio}} \times 100$$

Em que:

Empregados com determinada escolaridade – número total de empregados cujo maior nível de escolaridade, no momento a que se refere o cálculo, corresponde a uma das alternativas:

- Escol1 = Ensino Fundamental;
- Escol2 = Ensino Médio ou curso técnico, ainda que pós-médio;
- Escol3 = Ensino Superior;
- Escol4 = Pós-graduação, incluindo especializações, mestrados e doutorados.

Efetivo próprio – número total de empregados, no momento a que se refere o cálculo.

Obs.: O resultado, em percentual, deve ser apresentado com uma casa decimal.

Uma vantagem do Grau de Escolaridade é apresentar, em um único formato, os diversos níveis de educação formal dos empregados. Em alguns casos, é conveniente estratificar os pós-graduados, incluindo: Mestrado, Doutorado, Pós-doutorado e Outras pós-graduações (MBA, especializações etc.).

O indicador pode ser calculado separadamente para as equipes própria ou terceirizada ou para os diferentes grupos de empregados, como pessoal de campo, administrativo etc.

Exemplo de Cálculo

Para determinar o Grau de Escolaridade em determinado nível, por exemplo, o dos pós-graduados, basta dividir a quantidade de empregados que atendem a esse requisito pelo número total de empregados da empresa no mesmo momento. Assim, se a equipe de 3.557 empregados tem 35 pós-graduados, o Grau de Escolaridade para pós-graduação é 35 dividido por 3.557 e multiplicado por 100, ou seja, 1,0%.

Como exemplo, segue o perfil de escolaridade de uma empresa industrial.

Tabela 16 – *Grau de Escolaridade em uma Empresa*

Nível de Escolaridade	Número de Empregados	Grau de escolaridade, %
Sem Ensino Fundamental	604	17,0
Com Ensino Fundamental	1.065	29,9
Com Ensino Médio	1.717	48,3
Com Ensino Superior	136	3,8
Com Pós-graduação	35	1,0
Total do efetivo	3.557	-

Fazendo Benchmarking

A tabela 17 e o gráfico 7 destacam a grande variação no perfil de escolaridade entre diferentes negócios e oferecem alguns referenciais para comparação.

Tabela 17 – *Escolaridade por segmento de negócio, %*

Segmento	Ensino Fundamental Incompleto	Ensino Fundamental Completo	Ensino Médio Completo	Ensino Superior Completo	Pós-Graduação Completa
Logística, transporte e armazenagem (7)	7,7	18,7	61,2	10,8	1,6
Alimentos e bebidas (4)	22,4	20,8	43,0	11,1	2,6
Concessionárias de rodovias (4)	3,0	6,7	75,6	11,1	3,5
Indústria automotiva (6)	5,0	6,8	69,7	14,1	4,4
Indústria metalúrgica (7)	6,0	7,2	69,5	12,5	4,7
Papel e celulose (6)	3,2	10,1	59,6	22,1	5,1
Hospitais (15)	4,4	6,7	63,5	19,9	5,5
Outras empresas industriais (51)	5,3	11,4	58,8	17,9	6,5
Indústria química (4)	1,0	13,4	46,5	27,9	11,2
Outras empresas de serviços (64)	2,9	9,0	47,8	26,8	13,5
Planos de saúde (9)	0,3	2,9	43,1	31,8	21,9
Fundações, Associações, Federações, Sindicatos, etc. (7)	3,6	4,8	31,4	36,2	23,9
Educação (5)	0,4	8,2	21,8	33,0	36,6

Nota: *O número entre parênteses indica a quantidade de empresas na amostra.*
Fonte: Bachmann & Associados & ABRH-PR. 11º Benchmarking Paranaense de Recursos Humanos 2019: Dados de 2018. Curitiba. 2019.

Gráfico 7 – *Grau de Escolaridade por Segmento de Negócio, %*

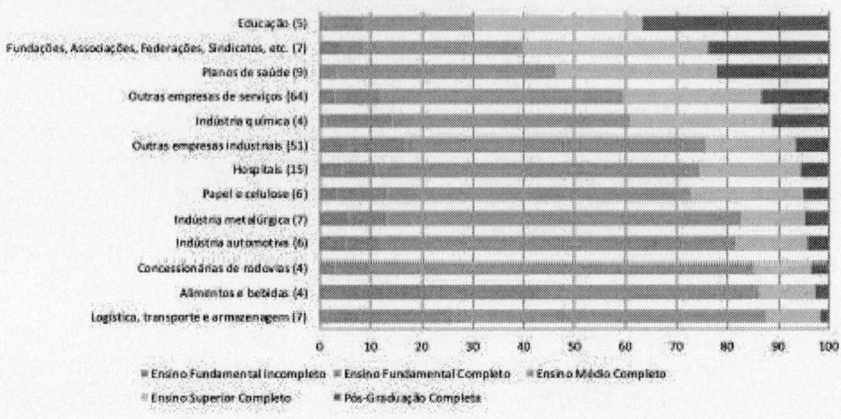

Nota: *O número entre parênteses indica a quantidade de empresas na amostra.*
Fonte: Bachmann & Associados & ABRH-PR. 11º Benchmarking Paranaense de Recursos Humanos 2019: Dados de 2018. Curitiba. 2019.

Meta

Apenas em casos muito raros as empresas definem metas para a escolaridade de seu corpo de empregados, como a Kimberly-Clark que estabeleceu, para 2015, ter 50% do pessoal com curso superior ou técnico [124].

Caso opte por estabelecer metas para a escolaridade, é importante que os gestores busquem equilíbrio entre os benefícios esperados e o maior custo em que a organização incorrerá. Um estudo [125], que pode servir de referência, estimou que para cada ano de estudo há um acréscimo de 15% no salário.

Análise dos Resultados

O indicador geralmente é acompanhando para os diversos níveis de escolaridade, fazendo com que se tenha não um número, mas uma distribuição de resultados.

Gráfico 8 – *Grau de Escolaridade da Equipe, %*

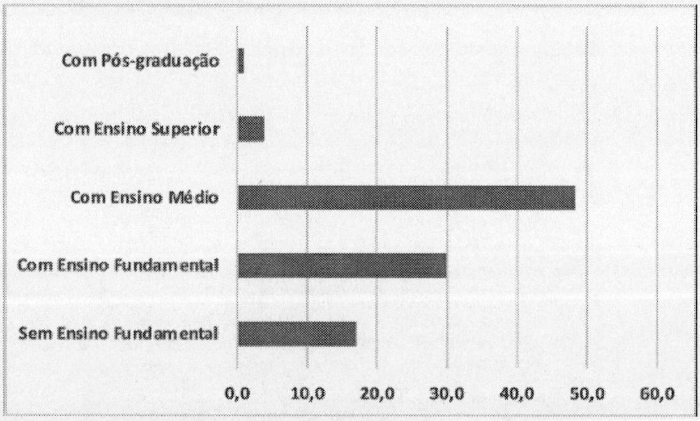

De modo geral, o Grau de Escolaridade é usado apenas em relatórios institucionais, quando todo o perfil é apresentado. Quando, excepcionalmente, é usado na gestão, a comparação mais comum é com valores históricos, com a concorrência e com referenciais de excelência (*benchmarks*).

Para permitir uma análise mais completa do perfil da força de trabalho, o Grau de Escolaridade pode ser calculado separadamente para grupos de empregados, como pessoal de campo, de escritório etc. Muitas vezes, monitora-se apenas algum nível particularmente importante para a estratégia da empresa, como o percentual de empregados sem ao menos o nível médio ou a quantidade de pós-graduados na área de P&D.

> ☞ **Dicas**
> • O termo "Grau de Escolaridade" atende ao *Thesaurus Brasileiro da Educação*, gerido pelo Instituto Nacional de Estudos e Pesquisas Educacionais Anísio Teixeira (INEP) [126].
> • Algumas empresas fazem o acompanhamento de forma mais frequente que a anual, mas isso geralmente é uma carga burocrática inútil para fins práticos.

Trabalhadores do conhecimento são profissionais que têm níveis elevados de expertise, escolaridade ou experiência e seu objetivo principal no trabalho envolve a criação, a distribuição ou a aplicação do conhecimento.
Thomas H. Davenport

15.27. Índice de Treinamento

O Índice de Treinamento corresponde à fração do tempo produtivo investido no treinamento dos colaboradores.

Treinamento é o nome dado ao processo de transmissão de conhecimento, habilidades e competências para atender a necessidades específicas. A maioria das empresas adota o indicador "Número médio de horas de treinamento por colaborador por ano". Entretanto, com a generalização do trabalho em tempo parcial, especialmente nas empresas de serviços, a métrica "Tempo de treinamento como percentual das horas trabalhadas" mostra-se mais adequada para comparações externas e mesmo históricas.

Para referência, em uma carga horária típica de 220 horas mensais, um Índice de Treinamento de 1,5% corresponde a aproximadamente 40 horas anuais de treinamento por empregado.

Boa Prática

Ainda que não devam ser incluídos no cálculo dos indicadores de treinamento da empresa, o RH deve ter o hábito de registrar os treinamentos — presenciais e a distância — feitos pelos colaboradores por iniciativa própria.

Isso é útil por dois motivos:

1 – Estimula o autodesenvolvimento dos empregados.

2 – Fornece informações sobre os interesses e a disposição de aprender dos colaboradores, o que facilita os processos de promoção interna e a identificação de talentos para tarefas específicas.

Por Que Medir

O objetivo da métrica é monitorar o esforço para a capacitação dos trabalhadores por meio de treinamentos.

Como Calcular

O indicador mostra o percentual do tempo produtivo dos empregados que foi investido em atividades de treinamento.

Índice de Treinamento

$$\text{TREIN} = \frac{\text{Tempo de treinamento}}{\text{Tempo produtivo}} \times 100$$

Em que:

Tempo de treinamento – tempo total de treinamento (dentro ou fora do expediente) da equipe no período, em horas.

Notas:

– Corresponde ao total de horas de todos os empregados submetidos a treinamento, inclusive os realizados por ensino a distância (EAD), mas não inclui os tempos de deslocamento e de repouso remunerado.

– Não inclui cursos de grande duração feitos fora do horário de trabalho, como os cursos superiores e técnicos, ainda que financiados pela empresa.

– Não inclui treinamentos oferecidos aos estagiários, aprendizes e empregados temporários, que se perdem rapidamente devido à já prevista substituição desses colaboradores.

Tempo produtivo – tempo total de trabalho (horas normais + horas extras pagas) da equipe no período, em horas. Não inclui o repouso remunerado.

Obs.: O resultado, em percentual, deve ser apresentado com uma casa decimal.

Todos os tipos e temas dos treinamentos, mesmo os realizados para atender a requisitos legais, como os para operação de empilhadeiras, devem ser incluídos no cálculo do indicador. Do mesmo modo, não deve haver distinção entre os treinamentos feitos dentro da empresa e os realizados no ambiente externo. Mas não convém incluir os tempos das reuniões, ainda que tragam informações e desenvolvimento pessoal e profissional, porque seria difícil estimar o tempo desses eventos que foi, efetivamente, usado para capacitação.

Exemplo de Cálculo

A planilha adiante exemplifica o cálculo do Índice de Treinamento mês a mês e o acumulado até o mês no ano.

	A	B	C	D	E	F	G
2	Mês	Tempo produtivo no mês, h	Tempo produtivo acumulado até o mês, h	Tempo de treinamento no mês, h	Tempo de treinamento acumulado até o mês, h	Índice de Treinamento no mês, %	Índice de Treinamento acumulado até o mês, %
3	Janeiro	1.801.580	1.801.580	54.047	54.047	3,0	3,0
4	Fevereiro	1.502.712	3.304.292	25.234	79.281	1,7	2,4
5	Março	1.956.023	5.260.315	48.639	127.920	2,5	2,4
6	Abril	1.712.670	6.972.985	29.589	157.509	1,7	2,3
7	Maio	1.850.234	8.823.219	25.622	183.131	1,4	2,1
8	Junho	1.613.975	10.437.194	30.287	213.418	1,9	2,0
9	Julho	1.790.356	12.227.550	30.892	244.310	1,7	2,0
10	Agosto	1.855.678	14.083.228	47.254	291.564	2,5	2,1
11	Setembro	1.678.573	15.761.801	38.364	329.928	2,0	2,1
12	Outubro	0	15.761.801	0	329.928		2,1
13	Novembro	0	15.761.801	0	329.928		2,1
14	Dezembro	0	15.761.801	0	329.928		2,1
15	Total	15.761.801	125.957.567	329.928	329.928		

Planilha 17 – *Cálculo do Índice de Treinamento*

O Índice de Treinamento de cada mês, apresentado na coluna F, é obtido pela divisão do "Tempo de treinamento no mês" (coluna D) pelo "Tempo produtivo no mês" (coluna B), multiplicado por 100. No exemplo, em janeiro tivemos F3=D3/B3x100, resultando em 3,0%, ou seja, esse foi o percentual do tempo de trabalho dos colaboradores que foi despendido em treinamento no mês.

O Índice de Treinamento acumulado até o mês, apresentado na coluna G, é obtido pela divisão do "Tempo de treinamento acumulado até o mês" (coluna E) pelo "Tempo produtivo acumulado até o mês" (coluna C), multiplicado por 100. Assim, em fevereiro tivemos G4=E4/C4x100, resultando em 2,4%, ou seja, esse foi o percentual do tempo de trabalho dos colaboradores despendido em treinamento até o mês de fevereiro.

Outras Formas de Medir

Tempo de Treinamento por FTE

Um indicador mais comum do que o Índice de Treinamento é o Percentual do Tempo Produtivo Investido em Treinamento, que apresenta o tempo médio em horas de treinamento por colaborador.

A dificuldade está no tratamento a ser dado aos colaboradores que trabalham em tempo parcial — situação cada vez mais comum —, cuja inclusão no cálculo acaba por distorcer os números. Uma alternativa tem sido calcular o número de horas de treinamento por FTE. Assim, um empregado que trabalha em tempo integral é contado como 1 FTE, e um de tempo parcial que trabalhe, por exemplo, 50% das horas normais, é contado como 0,5 FTE.

$$\text{Tempo de Treinamento por FTE} = \frac{\text{Tempo de treinamento}}{\text{FTE}} \times 100$$

Em que:

Tempo de treinamento – tempo total de treinamento da equipe no período, em horas. Atenção: se dez empregados assistem a uma aula de três horas, o tempo a considerar é de 30 horas de treinamento, não três horas.

FTE – Força de Trabalho Equivalente média do período (veja o item correspondente).

Tempo de Treinamento por Colaborador Treinado

Indicador calculado como o anterior, mas só inclui na conta os empregados que passaram por algum treinamento no período, ignorando os demais.

Número de Treinamentos por Empregado

O resultado do indicador, que corresponde ao número médio de capacitações por colaborador, é obtido pela divisão do número de eventos de treinamento (cursos, palestras etc.) realizados pelo número de empregados da empresa ou unidade. Por exemplo, 1,6 treinamento por empregado no ano.

$$\text{NTPE} = \frac{\text{Número de treinamentos}}{\text{Efetivo médio}}$$

Em que:

$$\text{Efetivo médio} = \frac{\text{Empregados período anterior} + \text{Empregados final período}}{2}$$

Uma alternativa, também usada, é tomar apenas o número de empregados que participou de algum evento de treinamento.

Outros, ainda, calculam usando apenas os eventos externos e denominam a métrica de "Número Médio de Capacitações Externas por Colaborador".

Carga Horária Média dos Treinamentos

Algumas empresas monitoram a duração média dos treinamentos realizados, dividindo a carga horária total de todos os eventos pelo número de capacitações feitas. Na prática, é uma informação pouco útil.

Realização do Plano de Treinamento

O acompanhamento da realização física do plano de treinamento anual permite antecipar problemas e ajuda que o planejado efetivamente aconteça.

$$\text{Realização} = \frac{\text{Número de treinamentos realizados}}{\text{Número de treinamentos programados}} \times 100$$

Uma variante consiste em usar o número de horas em vez do número de eventos.

A medida da realização física é uma das mais simples de fazer, pois é fácil saber se os treinamentos programados foram realizados.

O objetivo deve ser, naturalmente, cumprir 100% do Plano de Treinamentos do ano, mas para a gestão, o mais adequado é estabelecer metas mensais, já que a distribuição prevista dos treinamentos ao longo do ano varia bastante.

Alguns gestores estabelecem que as substituições de treinamentos realizadas durante o ano, desde que o número de eventos ou a carga horária seja a mesma, não impactam o resultado do indicador. Outros só consideram os eventos previstos no Plano de Treinamento original. É importante que a regra seja combinada previamente.

Taxa de Adesão aos Treinamentos

O indicador mostra a porcentagem de colaboradores inscritos que compareceram ao treinamento. Esse número geralmente reflete o interesse pelo evento oferecido. E, quanto mais pessoas treinadas em um mesmo evento, maior a economia de recursos.

Outras Métricas Comuns

- Percentual de supervisores que realizaram 20 horas de treinamento em supervisão no ano.
- Percentual de empregados que completaram 15 horas de treinamento não obrigatório no ano.

Atenção: Essa grande variedade de métricas pode tirar o foco do que interessa. Para a gestão, é melhor escolher apenas uma ou duas das medidas de quantidade de treinamento.

Fazendo Benchmarking

A maioria das empresas tem como meta, por tradição, 40 horas de treinamento por colaborador ao ano, o que corresponde aproximadamente a um Índice de Treinamento de 1,5%.

Como o indicador é por colaborador ou baseado em um percentual do tempo, as comparações externas não são prejudicadas quando as empresas têm quantidades diferentes de horas trabalhadas.

O Panorama do Treinamento no Brasil [127], produzido anualmente pela Associação Brasileira de Treinamento e Desenvolvimento ABTD, é uma boa referência para o Índice de Treinamento e outras métricas de capacitação nas empresas.

Meta

Algumas empresas buscam aumentar ano a ano o volume de treinamento, o que não é uma boa prática. Por essa razão, o Walmart reduziu a carga média anual de treinamento para 20 horas por empregado, obedecendo à política de diminuir a quantidade e melhorar a qualidade dos treinamentos [128].

É comum estabelecer metas diferentes para grupos específicos de empregados — alguns tipos de atividades precisam de capacitação mais intensa — ou sobre temas prioritários para a empresa, como segurança, qualidade etc.

Análise dos Resultados

A análise do Índice de Treinamento é feita pela comparação com a meta estabelecida para o período, com valores históricos e com referenciais de excelência (*benchmarks*).

Valores maiores indicam, em princípio, resultados melhores. Mas as análises devem, preferencialmente, ser feitas em conjunto com alguma medida da eficácia dos treinamentos realizados. Afinal, pouco adianta elevar a carga de treinamento da equipe se isso não trouxer resultados para a organização.

O indicador pode ser estratificado por nível hierárquico, por categoria profissional, por área da empresa e pelo tema dos treinamentos (operação, técnicas de venda, segurança etc.) para avaliar se o esforço de capacitação está sendo concentrado nos aspectos relevantes para o sucesso da empresa. Também é razoável supor que o tempo investido em treinamento seja maior para os executivos do que para o pessoal operacional.

☞ **Dica**: O Índice de Treinamento e as outras medidas apresentadas neste item só mostram o quanto o RH trabalhou desenvolvendo as capacitações. Para uma análise melhor, é indispensável avaliar a eficácia dos treinamentos realizados.

Em Resumo

Embora existam muitas maneiras de medir a carga de treinamento fornecida aos colaboradores, na maioria dos casos, o Índice de Treinamento, que corresponde ao percentual do tempo produtivo investido em capacitação, é a melhor opção para a gestão.

Estamos investindo muito mais agora na reciclagem de pessoas. O mundo está mudando tão rapidamente que não é suficiente ir à escola uma vez.
Jaime Augusto Zobel de Ayala

15.28. Abrangência dos Treinamentos

A Abrangência dos Treinamentos mede a distribuição do esforço de capacitação da equipe.

Uma medida usada na gestão do esforço de treinamento nas empresas é a Abrangência dos Treinamentos (AT), também chamada de Percentual de Empregados Treinados ou Grau de Universalização dos Treinamentos, que corresponde à fração dos empregados que passou por algum treinamento no período.

Por Que Medir

A métrica permite comparar o esforço de treinamento das diferentes áreas da empresa, destacando os valores maiores e menores, para identificar alguma disfunção.

Como Calcular

O cálculo da Abrangência dos Treinamentos é muito fácil. O único cuidado é usar o número de empregados que passou por algum treinamento, e não a soma dos treinados em cada treinamento, para evitar que um empregado que participou de dois eventos seja contado em duplicidade, provocando erro na medida [129].

$$AT = \frac{\text{número de empregados treinados no período}}{\text{número médio de empregados no período}} \times 100$$

Assim, se em uma empresa com 250 empregados, 150 passaram por uma ou mais capacitações no ano, teríamos:

$$AT = \frac{150}{250} \times 100$$

$$AT = 60{,}0\%$$

Ou, o programa de treinamento atendeu 60,0% dos empregados no ano.

Fazendo Benchmarking

A métrica também permite comparar o esforço de capacitação em diferentes negócios, áreas, setores e níveis hierárquicos, como exemplificado na tabela.

Tabela 18 – *Percentual de empregados treinados por setor, %*

Setor de negócio	Percentual
Indústria hospitaleira e varejo	62
Extração, mineração e construção	65
Indústria pesada	65
Serviços profissionais de negócios	66
Finanças, seguros e imobiliário	67
Manufatura leve	68
Alta tecnologia	71
Transporte, comunicação e utilidades públicas	72
Saúde	82
Todas as empresas	69

Fonte: *Training & Development, janeiro/98. HPPS/ASTD.*

Meta

Deve-se tratar a Abrangência dos Treinamentos apenas como informação, evitando estabelecer meta. O critério para a gestão não deve ser a distribuição equilibrada do esforço de capacitação, mas atender às necessidades específicas de cada área da empresa retratadas no Programa de Treinamentos.

Toda empresa precisa se tornar uma instituição que aprende. Ela também precisa se tornar uma instituição de ensino.
Peter Drucker

15.29. Eficácia dos Treinamentos

Não basta oferecer bastante treinamento. É preciso que eles tragam contribuições para as pessoas e para a empresa.

Não é porque foi realizado um grande volume de treinamentos, cobrindo a quase totalidade dos colaboradores, e porque as capacitações tiveram avaliações favoráveis por parte dos participantes, que podemos concluir pelo sucesso do processo de treinamento e desenvolvimento (T&D). É importante avaliar a qualidade dos treinamentos oferecidos. Pouco adianta elevar a carga de treinamento da equipe se a eficácia da capacitação não for adequada.

Eficácia consiste em alcançar o objetivo pretendido e, nos treinamentos, será maior se os objetivos forem estabelecidos em comum acordo com os gestores dos empregados a serem treinados. A eficácia dos treinamentos pode ser avaliada em diversos níveis [130].

Figura 13 – *Modelo de Kirkpatrick para avaliação de treinamentos*

1° – Reação

Cerca de 85% das empresas avaliam o treinamento perguntando se o participante gostou e apenas 15% querem saber se a empresa ganhou algo [131]. Isso não é avaliar o treinamento e sim fazer uma pesquisa de satisfação, que pode ser mais influenciada pela qualidade do lanche servido e pela simpatia do instrutor do que pela capacitação.

Segue um exemplo de avaliação de reação usando a escala de Likert.

Por favor, avalie seu nível de satisfação (marque um x em cada linha)						
Aspecto	**Muito insatisfeito**	**Insatisfeito**	**Neutro**	**Satisfeito**	**Muito Satisfeito**	**Não se aplica**
Organização						
Coffee break						
Conhecimento do instrutor						
Instalações						

Nota: *Veja como interpretar os resultados da Escala de Likert no item Qualidade da Contratação.*

É claro que gostar das condições e características da capacitação contribui para o aprendizado, mas essa medida é feita mais por tradição e pela facilidade de medir do que pelo benefício da informação.

2° – Aprendizado

O objetivo é avaliar se as pessoas absorveram os conhecimentos oferecidos pelo treinamento.

A alternativa mais simples é a clássica prova ou teste, no final da capacitação, sobre o conteúdo ofertado. Como é comum no ensino formal, a nota do participante define se o nível de aprendizado foi adequado. Assim, escores acima de sete usualmente são considerados satisfatórios. E a média das notas dos participantes — correspondente ao escore da turma — indica se o treinamento teve a eficácia desejada.

Mas, analisando com mais profundidade, concluiremos que uma parte dos participantes pôde obter um bom resultado porque já tinha o conhecimento antes do treinamento. Para eliminar esse efeito, uma opção é aplicar o mesmo teste antes e depois da capacitação. O aprendizado fornecido pelo treinamento é avaliado pela diferença entre os dois resultados. A figura a seguir exemplifica, mostrando que o escore médio dos participantes cresceu de 6,5 para 8,5 pelo efeito de um treinamento. Essa medida é particularmente útil para avaliar diferentes fornecedores ou metodologias de ensino.

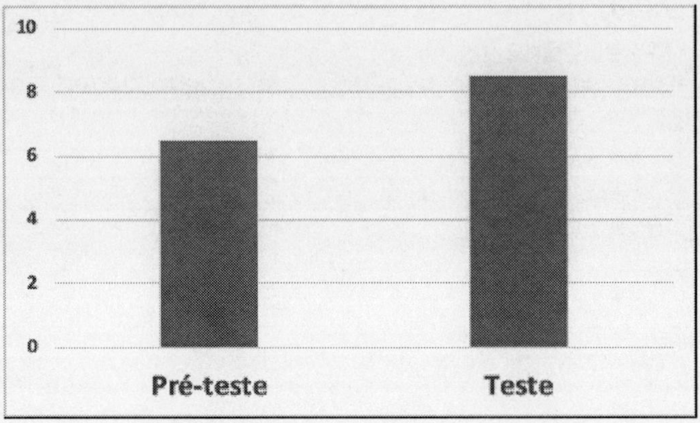

Figura 14 – *Resultados do pré-teste e do teste, escore*

Um estudo da Sociedade Americana para Treinamento e Desenvolvimento (ASTD) concluiu que 87% do que se aprende é perdido em 30 dias, caso o treinamento não seja seguido de prática e reforço. Portanto, a mensuração do aprendizado deve ser feita sempre após um mesmo período, para permitir comparar o efeito do processo de ensino [132].

3º – Aplicabilidade

É comum que as empresas forneçam treinamentos em conteúdo que os empregados não podem, por alguma razão, aplicar em seu trabalho. Então, ainda que o aprendizado tenha sido bom, o treinamento não foi útil para a organização.

A medida da aplicabilidade pode ser feita, depois de dois ou três meses do treinamento, por entrevistas ou formulários preenchidos pelos participantes ou, ainda melhor, por seus gerentes ou supervisores, consultando sobre o uso do conhecimento adquirido na capacitação em seu dia a dia de trabalho. Para que as avaliações possam ser comparadas, é importante que o período entre o fim da capacitação e a data da consulta seja sempre o mesmo.

É claro que essa avaliação não se aplica às ações voltadas ao desenvolvimento dos colaboradores dentro de uma política de responsabilidade social.

Usando o Mapa de Competências

Outra forma de medir a aplicabilidade dos treinamentos é observar se os *gaps* de qualificação nos mapas de competências [2] da equipe se reduziram no período avaliado, como exemplificado adiante.

Tabela 19 – *Variação no gap de competências*

Colaborador	Operação de torno		Uso de EPIs		Metrologia básica		Total	
	dez/19	dez/20	dez/19	dez/20	dez/19	dez/20	dez/19	dez/20
João	X	X	X	X		X	2	3
Maria		X	X	X		X	1	3
José	X	X		X	X	X	2	3
Pedro		X					0	1
Jeruza	X	X	X	X		X	2	3
						Total	7	13
						Diferença		6

A tabela mostra os requisitos para o grupo de operadores de torno de uma empresa. A marcação indica que o requisito está atendido. Observa-se que o atendimento aos requisitos cresceu de 7 para 13 de 2019 para o ano seguinte, confirmando que as ações de treinamento foram focadas nas necessidades da empresa. A mesma planilha aponta a necessidade de duas capacitações adicionais para o Pedro, para que toda a equipe atenda às exigências. Outra forma de mostrar, já que o total de competências necessárias é de 15 (três para cada um dos cinco empregados), é afirmar que 2019 fechou com 53,3% do atendimento das competências necessárias. E em 2020 foi conseguido 80,0%, um resultado muito melhor.

Logo, esse indicador compara as competências disponíveis na empresa em relação às necessárias. Portanto, mede o quão bem a gestão previne a ocorrência de lacunas que podem prejudicar o negócio ou representar um risco legal.

4º – Impacto

O impacto pode ser medido pela comparação do desempenho dos participantes antes e depois do treinamento. Isso é mais fácil de observar em funções específicas como vendedores, em que se espera um aumento nas vendas, ou operadores de equipamentos, em que a variação da produtividade é fácil de avaliar.

A abordagem também é adequada para avaliar a eficácia de programas voltados à segurança ocupacional, por exemplo. O efeito dos treinamentos deve, necessariamente, se refletir nos indicadores de acidentes. Afinal, se é importante que um determinado conhecimento ou habilidade seja adquirido, é relativamente fácil avaliar se foi obtido o efeito desejado. Porém, a maneira mais objetiva de mensurar o impacto é determinar o ROI dos treinamentos (veja o item correspondente).

Todas essas medidas são recomendadas para uma avaliação completa das ações de treinamento. E, quanto mais próximo do impacto ou do valor adicionado, mais complexa é a medição e maior o benefício para a gestão.

Por Que Medir

O objetivo da medida da eficácia não é avaliar as pessoas, mas o processo de capacitação, para que possam ser buscadas melhorias. Por exemplo, mudar a carga horária ou usar recursos didáticos diferentes.

Como Calcular

Considerando o nível de eficácia que se deseja avaliar (reação, aprendizado, aplicabilidade ou impacto) e os vários tipos de treinamentos, assim como a importância de cada um para a empresa, são usadas diferentes metodologias e cálculos. Os exemplos já apresentados cobrem as situações mais comuns.

Medida Alternativa

Percentual de Treinamento nos Aspectos Relevantes

A métrica serve para avaliar em quanto o Plano de Treinamento da empresa está focado nas prioridades da organização. Se, por exemplo, a organização tem, em determinado momento, a diretriz de aumentar as vendas e reduzir os acidentes, o indicador registrará o percentual de treinamentos (em horas ou número de eventos) sobre esses temas no período.

$$\text{Treinamento nos aspectos relevantes} = \frac{\text{Treinamentos nos temas prioritários}}{\text{Total de treinamentos realizados}} \times 100$$

Outra prática usual é calcular separadamente o percentual dos treinamentos obrigatórios, técnicos ou comportamentais realizados.

Meta

É importante estabelecer os níveis de desempenho mínimo para cada treinamento ou atividade de capacitação, tanto por participante como para o evento, nos diversos aspectos como satisfação, aprendizado e ganho de resultado (produtividade, segurança etc.).

A escolha dessas metas deve ser criteriosa, pois embora quase sempre se possa melhorar um resultado, por exemplo, o grau de satisfação com um curso ou o nível de aprendizado em um *workshop*, a melhor opção é buscar um resultado bom o suficiente para atender às necessidades dos participantes e da organização a um custo razoável. Assim, faz mais sentido estabelecer um nível de desempenho julgado satisfatório em vez de tentar resultados cada vez melhores. Ter 80% dos participantes satisfeitos ou muito satisfeitos é, na maioria dos casos, adequado. E ter profissionais com nível de acerto igual ou superior a 70% nos testes pós-curso é suficiente para a maioria das situações.

Análise dos Resultados

A finalidade da análise é avaliar se os objetivos da organização e os do treinamento foram alcançados, ou seja, se o treinamento foi eficaz [133].

De modo geral, a análise dos resultados dos indicadores de eficácia de treinamento limita-se a verificar se as metas ou os padrões mínimos de desempenho foram atingidos. Diferentemente da maioria das métricas de gestão de pessoas, em que prevalecem análises sobre resultados médios em determinado período, aqui as avaliações são por eventos; faz pouco sentido afirmar que a satisfação média dos cursos fornecidos em um mês foi de 85%; melhor é registrar, por exemplo, que 66% das capacitações do mês atenderam aos requisitos de satisfação ou de eficácia.

Para as análises, algumas organizações segmentam os indicadores de treinamento por grupo de empregados (executivos, especialistas, operários etc.) [70].

Fazendo Comparações

Qualquer operador da indústria química sabe que os efeitos de sua ação, ainda que relativamente rápidos, levam algum tempo para afetar os resultados do processo produtivo. Já o investimento em treinamento ou na melhora do clima organizacional pode demorar tanto a fazer efeito que fica difícil vincular os resultados obtidos ao esforço feito.

Para isolar os efeitos do treinamento, são usadas as seguintes estratégias:

Grupos de Controle

Esta abordagem, tomada da área de pesquisas científicas, compara o desempenho de um grupo que participou do treinamento com outro (grupo de controle), que não foi treinado.

Comparação com a Tendência

O método prevê a representação gráfica de uma linha de tendência que projeta os resultados com base nos dados históricos de *performance*. O desempenho obtido depois do treinamento é registrado no mesmo gráfico e a diferença entre a linha de tendência e o desempenho real pode ser atribuída ao treinamento.

☞ Dicas: • A forma de avaliar a eficácia dos treinamentos não deve ser única. Capacitações mais importantes merecem avaliações mais profundas.

• Uma boa forma de avaliar fornecedores de serviços de treinamento é a empresa contratante efetuar o teste final do aprendizado, de modo a poder fazer comparações confiáveis.

Em Resumo

A medida da eficácia dos treinamentos pode ser feita de várias maneiras e com diferentes focos como aprendizado, aplicabilidade e resultado. A melhor forma de avaliar tem de ser decidida caso a caso, priorizando as capacitações com mais importância para a empresa.

Os verdadeiros clientes dos treinamentos são os gestores das pessoas treinadas. Eles sabem o que é importante, como maior conhecimento sobre segurança, habilidade para operar uma máquina, conceitos básicos de qualidade etc. Logo, devem ter sua opinião considerada na decisão de como avaliar a eficácia dos treinamentos.

O maior benefício do treinamento não vem de se aprender algo novo, mas de se fazer melhor aquilo que já fazemos bem.
— Peter Drucker

15.30. Investimento em T&D como Fração do Faturamento

Treinar e desenvolver é ótimo, mas custa dinheiro. É preciso planejar e manter o controle sobre os gastos.

Há evidências de que o desempenho das organizações e o investimento em capital humano, incluindo as ações de treinamento, crescem juntos [134]. Um estudo da Universidade da Pensilvânia [135] afirma que as empresas que elevam em 10% seus investimentos em educação apresentam um aumento de 8% em produtividade, enquanto um aumento médio de 10% em gastos com bens de capital eleva a produtividade em apenas 3%.

A pesquisa *O Panorama do Treinamento no Brasil* mostra que a maioria das empresas (60%) define a verba anual de T&D com base no levantamento das necessidades de treinamento, além de outras informações como os valores do orçamento do ano anterior e o percentual sobre o faturamento ou sobre a folha de pagamento [127]. O uso de percentuais sobre o faturamento ou sobre o custo da folha, em vez do valor total do investimento, é útil para eliminar as influências da inflação e do crescimento da empresa ao longo dos anos.

Por Que Medir

Os percentuais do investimento em treinamento e desenvolvimento em relação ao faturamento ou à folha de pagamento permitem fazer *benchmarking* e servem para balizar o planejamento orçamentário.

Como Calcular

O indicador mostra o percentual do faturamento investido em atividades de treinamento.

Investimento em Treinamento como Fração do Faturamento

$$\text{T\&D/Faturamento} = \frac{\text{Investimento em T\&D no período}}{\text{Faturamento bruto no período}} \times 100$$

Em que:

Investimento em T&D no período – corresponde ao investimento total da empresa em treinamento e desenvolvimento no período, em reais. Inclui:

– Salários da equipe de RH responsável pelo T&D, inclusive dos eventuais multiplicadores.

– Gastos com a contratação de treinamentos e programas de formação.

– Gastos com viagens, hospedagens e outros itens de logística e recursos (aluguel de instalações e equipamentos etc.) associados aos trabalhos de T&D.

Nota: Em geral, não inclui despesas com cursos curriculares, como ensino fundamental, médio, graduação, pós-graduação, MBA, mestrado, doutorado e idiomas, ainda que financiados pela empresa.

Faturamento bruto no período – corresponde à soma das vendas dos produtos e serviços no período.

Obs.: O resultado, em percentual, deve ser apresentado com uma casa decimal.

Para calcular o Investimento em Treinamento como Fração do Custo da Folha, procede-se do mesmo modo, porém dividindo o investimento em T&D pelo custo da folha de pagamento no período correspondente.

Exemplo de Cálculo

Uma empresa teve, em 2022, um faturamento bruto de R$ 2.300.000,00, e as despesas com a folha de pagamento corresponderam a R$ 800.000,00. Nesse mesmo ano, as despesas com treinamento e desenvolvimento somaram R$ 18.000,00. Qual foi o investimento de T&D em relação ao faturamento? E em relação à folha de pagamentos?

$$\text{T\&D/Faturamento} = \frac{\text{Investimento em T\&D no período}}{\text{Faturamento bruto no período}} \times 100$$

$$\text{T\&D/Faturamento} = \frac{18.000,00}{2.300.000,00} \times 100 = 0,8\%$$

$$\text{T\&D/Folha} = \frac{\text{Investimento em T\&D no período}}{\text{Folha de pagamento}} \times 100$$

$$\text{T\&D/Folha} = \frac{18.000,00}{800.000,00} \times 100 = 2,2\%$$

Portanto, em 2022, o investimento em T&D correspondeu a 0,8% do faturamento e a 2,2% da folha.

Outras Formas de Medir

Investimento em Treinamento por Colaborador

Apresentado em reais por empregado, também é chamado de "Investimento *per capita* em Treinamento". Embora não seja uma métrica para a gestão do dia a dia — portanto não deve ter uma meta a ser perseguida —, é um parâmetro útil para *benchmarking* durante o processo de orçamentação.

$$\text{Investimento } \textit{per capita} \text{ em T\&D} = \frac{\text{Total do investimento em T\&D no período}}{\text{Número médio de empregados no período}}$$

Nota: Algumas empresas consideram apenas o número de empregados treinados no período; não está errado, mas é em uma métrica diferente.

Custo Médio dos Treinamentos

Também não é um indicador com resultado a ser perseguido, embora possa ser útil para comparações, especialmente quando se adota a contratação dos serviços. Pode ser calculado tanto para cada treinamento quanto para o conjunto dos eventos realizados durante um período.

$$\text{Custo médio dos treinamentos} = \frac{\text{Total dos valores desembolsados no período}}{\text{Número de eventos de treinamento no período}}$$

O "Total dos valores desembolsados no período" deve incluir as despesas com treinamentos internos, externos e outras relacionadas, como viagens, hospedagens etc.

Número de Empregados por Profissional de T&D

Algumas empresas avaliam o esforço na atividade pela quantidade média de empregados atendidos pelo profissional do RH envolvido com as atividades de treinamento e desenvolvimento [127].

Fazendo Benchmarking

Muitas empresas estabelecem o orçamento para investimento em treinamento das equipes com base no faturamento ou na massa salarial. O Grupo Accor tem como regra que 2% da massa dos salários diretos deve ser investido em treinamento [136], enquanto várias empresas brasileiras investem entre 0,1% e 1% do faturamento em desenvolvimento [137]. Na pesquisa *Panorama do Treinamento no Brasil 2018/19* [138], a relação média entre investimento em T&D e o faturamento das organizações ficou em 0,6%.

Meta

A meta para os investimentos em T&D, em relação à folha ou ao faturamento, deve cobrir períodos anuais e observar o ambiente externo, como forma de garantir que a empresa esteja operando dentro dos parâmetros usuais do setor de negócio ou respeitando sua estratégia que pode, eventualmente, exigir investimentos maiores ou menores que os concorrentes.

Análise dos Resultados

As proporções dos investimentos em T&D, em relação à folha ou ao faturamento, devem ser analisadas, junto com os indicadores de resultados, na revisão anual do orçamento para decidir se a proporção deve ou não ser mantida no ano seguinte.

A menos que alguma excepcionalidade impacte de forma relevante o faturamento da empresa, não convém dividir a atenção olhando os resultados mensais dessa métrica. Na gestão operacional do orçamento de T&D, não faz sentido perseguir outra meta financeira além da Realização Orçamentária, descrita adiante.

> ☞ **Dica**: Essa métrica é comum em relatórios de responsabilidade social. Mas, nesses casos, é conveniente incluir as despesas com cursos curriculares, como graduação, pós-graduação, MBA, mestrado, doutorado e idiomas eventualmente financiados pela empresa.

Em Resumo

A proporção entre o investimento em T&D e o faturamento ou a folha salarial é uma referência útil para o planejamento orçamentário, levando em conta a estratégia da empresa. Mas não é um indicador prático para a gestão do dia a dia, em que deve prevalecer o acompanhamento da realização orçamentária.

O Brasil já avançou muito no que se refere a treinamento. Talvez o grande desafio seja realmente fazer a ligação de todo esse investimento com a estratégia do negócio.
– Elton Moraes, do Korn Ferry Hay Group.

15.31. Realização do Orçamento de T&D

O controle sobre os recursos destinados a uma atividade é sempre parte importante da gestão.

A gestão financeira geralmente é feita pelo acompanhamento mensal da realização acumulada do orçamento de T&D para evitar a sobra ou a falta de recursos no final do ano. Como o orçamento costuma ser mais cobrado que os resultados das outras métricas, acaba ganhando prioridade sobre estas. Assim, é importante que o Plano Anual de Treinamento e o orçamento sejam bem alinhados durante a etapa de planejamento.

Por Que Medir

O acompanhamento da realização orçamentária de T&D permite tanto controlar o uso como demonstrar zelo pelos recursos destinados à atividade, contribuindo para a eficácia e a imagem positiva dos responsáveis.

Como Calcular

O indicador mostra o percentual dos recursos destinados às atividades de treinamento e desenvolvimento desembolsados, em relação ao previsto, em determinado período.

Realização do Orçamento de T&D

$$\text{Realização do orçamento} = \frac{\text{Gasto no período}}{\text{Gasto planejado para o período}} \times 100$$

Em que:

Gasto no período – corresponde ao investimento total feito nas atividades de treinamento e desenvolvimento no período, em reais.

Inclui os gastos com a contratação de treinamentos e programas de formação, gastos com viagens, hospedagens e outros itens de logística e recursos (aluguel de instalações e equipamentos etc.) associados aos trabalhos de T&D e quaisquer outros que tenham sido considerados quando do planejamento orçamentário.

Gasto planejado para o período – corresponde ao valor orçado para o período, em reais.

Obs.: O resultado, em percentual, deve ser apresentado com uma casa decimal.

É importante perceber que algumas empresas incluem no cálculo as despesas com o pessoal próprio (salários da equipe de RH responsável pelo T&D, inclusive dos eventuais multiplicadores etc.), enquanto outras fazem a gestão orçamentária considerando apenas as despesas incorridas com terceiros (contratação de instrutores, despesas de logística, compra de equipamentos, materiais e serviços etc.).

Exemplo de Cálculo

A planilha a seguir exemplifica o cálculo e oferece oportunidade para mostrar alguns cuidados que tornam o controle mais simples e eficaz.

A coluna D mostra os valores efetivamente gastos a cada mês. Como o orçamento a ser obedecido costuma ser anual, a coluna E apresenta os gastos acumulados até o mês. Idealmente, o gasto acumulado até dezembro (célula E15) deve corresponder ao valor orçado para o ano.

Para o cálculo da realização, as colunas F e G apresentam, respectivamente, os valores orçados mensais e o acumulado até o mês. No mês de março, por exemplo, a realização orçamentária mostrada na coluna H foi de 93,3%, obtida pela divisão do conteúdo da célula D6 pelo da F6.

Planilha 18 – *Cálculo da Realização Orçamentária de T&D*

	B	C	D	E	F	G	H	I
2			Despesas incorridas		Despesas orçadas		Realização do orçamento	
3			No mês, R$	Acumuladas no ano, R$	No mês, R$	Acumuladas no ano, R$	No mês, %	Acumulada no ano, %
4	2020	Janeiro	9.500,00	9.500,00	15.000,00	15.000,00	63,3	63,3
5		Fevereiro	13.000,00	22.500,00	15.000,00	30.000,00	86,7	75,0
6		Março	14.000,00	36.500,00	15.000,00	45.000,00	93,3	81,1
7		Abril	15.500,00	52.000,00	15.000,00	60.000,00	103,3	86,7
8		Maio	18.250,00	70.250,00	15.000,00	75.000,00	121,7	93,7
9		Junho	17.700,00	87.950,00	15.000,00	90.000,00	118,0	97,7
10		Julho	13.500,00	101.450,00	15.000,00	105.000,00	90,0	96,6
11		Agosto	16.300,00	117.750,00	15.000,00	120.000,00	108,7	98,1
12		Setembro	14.000,00	131.750,00	15.000,00	135.000,00	93,3	97,6
13		Outubro	21.150,00	152.900,00	15.000,00	150.000,00	141,0	101,9
14		Novembro	18.800,00	171.700,00	15.000,00	165.000,00	125,3	104,1
15		Dezembro	8.000,00	179.700,00	15.000,00	180.000,00	53,3	99,8
16		Soma	179.700,00		180.000,00			
						Realização acumulada no ano		99,8

Nota: *As células cinzas são calculadas.*

Observando as realizações mensais (coluna H), vemos que existe uma grande variação, reflexo da irregularidade dos desembolsos ao longo do ano, tornando difíceis as análises sobre a execução do orçamento. Portanto, é melhor acompanhar a realização acumulada no ano. Na planilha, o valor acumulado de março foi obtido pela divisão do conteúdo da célula E6 pelo da G6, resultando em 81,1%. Esse número mostra mais claramente o atraso na realização do orçamento que os valores individuais dos três primeiros meses do ano. A planilha também apresenta (célula I15) a realização acumulada do ano (99,8%), mostrando que o objetivo orçamentário foi bem atendido.

Boa Prática

Normalmente, a aplicação dos recursos varia ao longo dos meses, pois em alguns, como ocorre no início do ano, são feitos poucos treinamentos. Então, em vez de dividir o total orçado para o ano por 12 para ter as previsões mensais (R$ 180.000,00/12 = R$ 15.000,00), é melhor distribuir os valores mensais orçados de forma proporcional aos desembolsos ocorridos nos anos anteriores. Exemplificamos essa estimativa na planilha 19.

	B	C	D	E	F	G
2		2017	2018	2019	Média	Percentual típico
3	Janeiro	10.540,00	9.120,00	10.930,00	10.196,67	5,3
4	Fevereiro	14.450,00	12.480,00	14.950,00	13.960,00	7,2
5	Março	15.500,00	13.440,00	16.100,00	15.013,33	7,8
6	Abril	17.200,00	14.885,00	17.855,00	16.646,67	8,6
7	Maio	19.650,00	16.990,00	20.340,00	18.993,33	9,8
8	Junho	20.260,00	17.540,00	20.987,50	19.595,83	10,2
9	Julho	15.010,00	12.980,00	15.527,00	14.505,67	7,5
10	Agosto	18.100,00	15.640,00	18.752,00	17.497,33	9,1
11	Setembro	15.500,00	13.430,00	16.100,00	15.010,00	7,8
12	Outubro	23.478,00	20.300,00	24.322,50	22.700,17	11,8
13	Novembro	20.870,00	18.040,00	21.629,00	20.179,67	10,5
14	Dezembro	9.300,00	7.685,00	9.223,00	8.736,00	4,5
15	Soma	201.875,00	174.548,00	208.735,00	193.034,67	100,0

Planilha 19 – *Previsão do perfil anual de desembolsos*

As colunas C, D e E mostram os valores efetivamente gastos em cada mês dos três anos anteriores com a atividade de T&D. Podemos tomar a média desses valores (Coluna F) como representativa da sazonalidade existente nesses gastos, ainda que os totais dos diversos anos sejam diferentes. Finalmente, dividindo o valor médio de cada mês (coluna F) pelo total dos gastos (Célula F15, com a soma das médias da coluna F) obtemos os percentuais típicos da realização orçamentária em cada mês do ano (coluna G).

Agora podemos refazer o orçamento anual (planilha 18) ajustando as previsões de gastos aos percentuais típicos de cada mês (planilha 20).

	B	C	D	E	F	G	H	I	J
2			Despesas incorridas		Despesas orçadas			Realização do orçamento	
3			No mês, R$	Acumuladas no ano, R$	Perfil típico de desembolso, %	No mês, R$	Acumuladas no ano, R$	No mês, %	Acumulada no ano, %
4	2020	Janeiro	9.500,00	9.500,00	5,3	9.508,14	9.508,14	99,9	99,9
5		Fevereiro	13.000,00	22.500,00	7,2	13.017,35	22.525,49	99,9	99,9
6		Março	14.000,00	36.500,00	7,8	13.999,56	36.525,05	100,0	99,9
7		Abril	15.500,00	52.000,00	8,6	15.522,60	52.047,65	99,9	99,9
8		Maio	18.250,00	70.250,00	9,8	17.710,81	69.758,45	103,0	100,7
9		Junho	17.700,00	87.950,00	10,2	18.272,62	88.031,08	96,9	99,9
10		Julho	13.500,00	101.450,00	7,5	13.526,17	101.557,25	99,8	99,9
11		Agosto	16.300,00	117.750,00	9,1	16.315,83	117.873,08	99,9	99,9
12		Setembro	14.000,00	131.750,00	7,8	[illegible]	[illegible]	100,0	[illegible]
13		Outubro	21.150,00	152.900,00	11,8	21.167,34	153.036,86	99,9	99,9
14		Novembro	18.800,00	171.700,00	10,5	18.817,03	171.853,90	99,9	99,9
15		Dezembro	8.000,00	179.700,00	4,5	8.146,10	180.000,00	98,2	99,8
16		Soma	179.700,00		100,0	180.000,00			
							Realização acumulada no ano		99,8

Planilha 20 – *Cálculo da Realização Orçamentária de T&D ajustada à sazonalidade*

Nesta planilha, os valores orçados mensais (coluna G) correspondem ao total de R$ 180.000,00 previsto para o ano (Célula G16) multiplicado pelo percentual típico do mês (coluna F) obtido na planilha 19. Assim, em janeiro, um mês em que a realização orçamentária é usualmente baixa, a previsão foi estimada em R$ 9.508,14 (célula G4), correspondendo a 5,3% de R$ 180.000,00. E, do mesmo modo que na planilha 18, o ideal é acompanhar a realização do orçamento pelos resultados acumulados do ano (coluna J). Observe que agora, mesmo com um gasto menor em janeiro — mas já previsto no planejamento —, a realização orçamentária foi de 99,9%, refletindo a boa gestão e evitando que na reunião de análise crítica tenha que ser repetida a justificativa clássica: "janeiro é assim mesmo; todo ano gastamos pouco, mas depois vamos recuperar". E, usando esta planilha, qualquer desvio significativo do 100% da realização mensal é um alarme verdadeiro, permitindo uma gestão melhor. Mas, dadas as incertezas típicas que existem, pode ser negociada uma tolerância. Assim, o critério sugerido para destacar o sucesso (cumprimento da meta) poderia ser, por exemplo, uma realização dentro da faixa de 97 a 103%.

Meta

Diferentemente da maioria dos indicadores, em que a meta é aumentar ou diminuir, a Realização do Orçamento deve, na boa gestão, ser a mais próxima possível do planejado.

> ☞ Dica: • O ajuste do perfil mensal de desembolsos, embora exija algum trabalho adicional na etapa de planejamento, aumenta muito a eficácia da gestão.

Em Resumo

Uma vez estabelecidos os recursos anuais para a atividade de T&D, o acompanhamento mensal do indicador de realização orçamentária, ajustado ao perfil de desembolso mensal típico, é a melhor opção para uma gestão financeira eficaz.

Empregados devem ser tratados como investimento. Jac Fitz-enz

15.32. ROI de Treinamento

Treinamento é investimento e, portanto, deve ter seu retorno estimado.

A Norma ISO10015 [133] deixa claro que o treinamento é um investimento e não uma despesa. Logo, deve gerar resultados significativos e mensuráveis. Do ponto de vista da organização, a maneira mais eficaz de avaliar o resultado dos investimentos em treinamentos, assim como dos demais projetos do RH, é a Taxa de Retorno do Investimento ou apenas Retorno do Investimento (ROI, do inglês *Return on Investment*).

Esse indicador, que de modo geral é usado pela área financeira, mede a diferença entre os ganhos e o valor investido, em relação ao total investido. No Brasil, mais de dois terços das empresas fazem avaliação da satisfação com os treinamentos [127], mas apenas 2% medem o ROI, a métrica mais desejada pelos CEOs [139]. Isso acontece porque, no RH, é difícil avaliar os ganhos, pois:

– Geralmente não há uma cultura voltada a quantificar os resultados.

– As informações também dependem de outras áreas da empresa.

– Muitos ganhos, como motivação e alinhamento da equipe, são de difícil tradução em números.

Embora possa ser difícil medir o ROI para todos os projetos de treinamento, isso deve ser feito ao menos para os mais importantes ou com custo mais alto. Mesmo que os ganhos sejam estimados com algum erro, o cálculo do ROI torna a gestão mais objetiva e eficaz.

Atenção: O ROI não é um indicador que se aplique a períodos como mês ou ano. É um resultado específico de cada projeto ou programa.

Por Que Medir

Além de permitir comparar o benefício de diferentes projetos, para fins de priorização, e até avaliar a atratividade de sua execução em face de outros investimentos que a empresa pode fazer, o uso do ROI é uma linguagem que aproxima o RH das demais áreas estratégicas da organização.

Como Calcular

O cálculo do ROI é feito pela divisão do retorno do investimento, que corresponde ao ganho menos o investimento que propiciou o ganho, pelo valor investido.

Retorno do Investimento

$$\text{ROI} = \frac{(\text{ganho} - \text{investimento})}{\text{investimento}} \times 100$$

Em que:

Ganho – É o ganho total resultante do investimento feito, em reais.

Investimento – Corresponde ao valor total investido, em reais.

Obs.: O resultado, em percentual, deve ser apresentado com uma casa decimal.

Para maior clareza, alguns preferem apresentar o resultado como uma relação. Por exemplo: o ROI do projeto foi de 2,5 reais por real investido.

Exemplo de Cálculo

Uma empresa tem uma máquina envasadora semiautomática de óleo de soja operada por quatro pessoas. Em conversa com o gerente industrial, o RH fica sabendo que a máquina sofre várias interrupções por falha de operação e, então, oferece um treinamento para a equipe de operadores. Após a conclusão do treinamento, o gestor do RH faz a seguinte análise.

Investimento

A capacitação teve os seguintes custos:

Instrutor – cedido gratuitamente pelo fabricante da máquina; a empresa pagou apenas as despesas de locomoção e hospedagem, totalizando R$ 2.000,00.

Horas extras – o treinamento exigiu oito horas extras por empregado, ao custo unitário de R$ 30,00, resultando em R$ 960,00 (8 horas/empregado x 4 empregados x R$ 30,00/h).

Logo, o investimento foi:

Instrutor:	R$ 2.000,00
Horas extras:	R$ 960,00
Totalizando	R$ 2.960,00

Ganho

Três meses depois do treinamento — período estimado para estabilização na nova situação —, o RH consulta o gerente industrial e descobre que o número de interrupções na envasadora, por falha de operação, caiu 7%, resultando em uma produção 5% maior. Isso resultou em um aumento de receita de R$ 30.000,00/mês.

Como o lucro é aproximadamente 3% da receita (informação obtida na contabilidade da empresa), conclui-se que o treinamento aumentou o lucro em aproximadamente R$ 900,00/mês.

Considerando que as pessoas treinadas permanecem por algum tempo na função e que, possivelmente depois de um ano, o treinamento deverá ser refeito, pode-se concluir que a análise do ganho deve ser feita com base em 12 meses. Assim,

Ganho total estimado = 12 * R$ 900,00 = R$ 10.800,00.

Retorno do Investimento

Com um ganho anual estimado de R$ 10.800,00 e um custo de R$ 2.960,00, é seguro afirmar que o treinamento foi um bom negócio para a empresa. Mas, para comparação com outros investimentos e valorização da equipe do RH, esse sucesso deve ser comunicado em uma linguagem mais adequada aos demais gestores da organização. Aqui entra o Retorno do Investimento.

$$\text{ROI} = \frac{(\text{ganho} - \text{investimento})}{\text{investimento}} \times 100$$

Considerando os valores calculados para o horizonte de um ano.

$$ROI = \frac{(10.800,00 - 2.960,00)}{2.960,00} \times 100$$

$$ROI = 264,9\%$$

Ou seja, para cada real investido, o lucro foi de 2,65 reais.

Outra Forma de Medir

Relação Benefício/Custo no Treinamento

A Relação Benefício/Custo no Treinamento (RBC) usa os mesmos parâmetros de cálculo do ROI, mas adota uma fórmula mais simples.

$$RBC = \frac{Ganho}{Investimento}$$

Por exemplo, se as vendas aumentaram em R$ 100.000,00 por conta de um investimento em treinamento de R$ 20.000,00, a relação benefício/custo é de cinco, ou seja, para cada real investido, a empresa ganhou cinco.

Meta

Em geral, as empresas têm uma taxa de retorno de investimento de referência para decidir sobre os investimentos. Esse número, conhecido como Taxa Mínima de Atratividade (TMA) e que pode ser obtida na área financeira da empresa, deve ser o mínimo a ser buscado para o ROI. Entretanto, dada a dificuldade de estimar os ganhos reais dos projetos de T&D, é razoável aceitar valores um pouco menores.

Análise dos Resultados

Por quantificar tanto os custos como os benefícios dos projetos, o ROI permite fazer comparações e tomar melhores decisões de forma simples e objetiva. Valores maiores indicam resultados melhores.

> ☞ Dicas: • Programas de desenvolvimento, muitas vezes, não apresentam um bom ROI se considerados os resultados imediatos, mas podem ser importantes no longo prazo.
> • Para iniciar o uso do ROI na área de RH, é possível adotar uma abordagem mais simples, incluindo no cálculo apenas os custos diretos, como despesas com terceiros (remuneração de instrutores contratados, aluguel de salas e equipamentos e despesas de transporte e hospedagem).

Em Resumo

A medida do Retorno do Investimento (ROI) torna a gestão mais eficaz, permitindo justificar e priorizar os projetos de capacitação levando em conta os benefícios e os custos associados. Mas é pouco usado por conta da aparente complexidade e da dificuldade de quantificar os benefícios. Entretanto, ainda que usando estimativas, o indicador pode ser muito útil.

Qual é o melhor modo de gastar o dinheiro na área de RH? Essa é a questão que os diretores de RH têm de estar preparados para responder; e a resposta terá de vir em retorno de investimento, não mantendo as pessoas felizes.
— Jac Fitz-enz

15.33. Faturamento por Empregado

O Faturamento por Empregado é uma medida de produtividade que, em boa parte das empresas, é uma referência decisiva para o sucesso do negócio.

A produtividade é uma medida de eficiência. Pode ser avaliada de diversas formas, mas é basicamente o resultado da divisão dos produtos pelos recursos usados para gerar os produtos. A produtividade dos vendedores é baseada, por exemplo, no número de vendas realizadas, a dos operadores é avaliada pelo número de peças produzidas etc. É um indicador muito usado nas áreas operacionais.

Geralmente, a medida quantitativa da produtividade em serviços e nos níveis mais altos da gestão é mais difícil que nos processos industriais. Por exemplo, como avaliar a produtividade na atividade de planejamento de *marketing*?

Para o RH, interessa a produtividade do conjunto de trabalhadores da organização. Como cada um gera resultados por meio de uma atividade diferente, é necessário estabelecer um denominador comum que, em geral, é sua contribuição para os resultados financeiros da empresa. Portanto, para o gestor de pessoas, a produtividade da força de trabalho pode ser traduzida no faturamento que a equipe é capaz de gerar. Olhando de outra forma, se aumentamos o faturamento, sem aumentar o número de empregados, é correto afirmar que a produtividade da equipe aumentou.

A Produtividade Não Depende Apenas do Trabalhador

A produtividade dos trabalhadores é uma medida parcial da produtividade da empresa. Outros fatores como capital, materiais e tecnologias são igualmente importantes. Logo, não é razoável considerar que o ganho sustentável de produtividade é conseguido fazendo as pessoas trabalharem mais, mas trabalharem melhor, como:

– Não perderem tempo com tarefas inúteis.
– Usarem métodos de trabalho mais eficazes.
– Não cometerem erros.
– Contarem com processos e tecnologias (equipamentos, sistemas etc.) melhores.

Especialistas como Deming, Juran, Shewhart e outros afirmam que apenas 15% do que pode ser melhorado numa indústria dependem dos trabalhadores e que 85% dependem do sistema, isto é, da gerência.

> **Atenção:** Especialmente os gestores dos níveis mais altos devem estar alertas para a facilidade de se conseguir bons resultados no curto prazo às custas dos resultados futuros.

Por Que Medir

O indicador serve para medir a contribuição média dos empregados na geração de retorno para o negócio, permitindo observar os ganhos de produtividade ao longo do tempo.

Como Calcular

O indicador mostra o faturamento médio por empregado em determinado período.

Faturamento por Empregado

$$\text{Faturamento por empregado} = \frac{\text{Faturamento bruto}}{\text{Efetivo médio}}$$

Em que:

Faturamento bruto – é o faturamento bruto no período considerado, em reais.

Efetivo médio – corresponde à média aritmética entre o "Número de Empregados no final do período anterior" e o "Número de empregados no final do período".

O indicador também pode ser calculado com base no faturamento líquido e, muitas vezes, é expresso em Reais por FTE.

Outra Forma de Medir

Lucro por Empregado

Este indicador serve para medir a contribuição dos empregados na geração de retorno para o negócio. Mas tem o inconveniente de ser influenciado por fatores econômicos e de mercado que não têm relação com a produtividade das pessoas.

$$\text{Lucro por empregado} = \frac{\text{Lucro no período}}{\text{Efetivo médio no período}}$$

Lucro Bruto ou Líquido?

O lucro é o resultado que a empresa tem depois que os gastos são abatidos do faturamento.

O lucro bruto corresponde ao faturamento descontado dos custos variáveis, que são aqueles que dependem da quantidade de bens produzidos ou da quantidade de serviços prestados.

O lucro líquido é o obtido depois de subtrair do faturamento os custos variáveis, os custos fixos — que não dependem do nível de atividade empresarial — e os impostos.

Exemplo de Cálculo

Uma fábrica de papel teve um faturamento de R$ 356,5 milhões em 2019, com uma equipe de 700 empregados. Assim, sua produtividade foi de R$ 509.285,71/empregado.

Vale lembrar que este Faturamento por Empregado, que parece elevado, é de uma indústria intensiva em capital e com custos operacionais também elevados. Calculando a produtividade com base no lucro, que foi de R$ 12,1 milhões naquele mesmo ano, teríamos R$ 17.285,71/empregado.

Entretanto, a maior utilidade do indicador é avaliar o progresso ao longo do tempo, como mostra um estudo que analisou os dados de uma grande rede supermercadista [140] e concluiu que a produtividade dos trabalhadores cresceu 2,8% de um ano para outro.

Parâmetro	2008	2009	Variação, %
Faturamento bruto, Reais	20.856.769.010,00	26.223.022.075,00	25,7
Número de empregados	70.656	83.390	22,3
Faturamento por empregado, Reais/empregado	295.187,51	303.542,33	2,8

Fazendo Benchmarking

Os elementos para o cálculo do Faturamento por Empregado podem ser obtidos nos relatórios anuais publicados pelas empresas de capital aberto. Essa amostra, embora limitada, pode oferecer boas referências. Entretanto, é importante saber que só é possível comparar níveis de produtividade do trabalho quando se analisam ambientes com o mesmo nível de tecnologia e que utilizam mão de obra de escolaridade semelhante [141].

Meta

A referência mais importante para o estabelecimento da meta é o resultado do ano anterior. Pois, do mesmo modo como os recordes olímpicos são constantemente superados, a produtividade das empresas, seja devido à curva de aprendizagem, seja pelos investimentos em tecnologias e processos melhores, também tem de melhorar ao longo do tempo, embora essa melhora não seja responsabilidade exclusiva do RH.

Análise dos Resultados

Para a análise, é essencial observar o ritmo de crescimento da produtividade ao longo do tempo e, quando possível, fazer alguma comparação com resultados externos. Como é um resultado que varia lentamente, não faz sentido sua análise mensal.

Em Resumo

Na medida em que oferecemos mais benefícios aos empregados, eles custam mais e é preciso compensar isso com ganhos na produtividade. Entretanto, a produtividade não depende apenas de motivação — o efeito imediato dos benefícios —, mas também do conhecimento das pessoas e dos recursos e tecnologias disponíveis. Exige mais do que o esforço da área de gestão de pessoas; requer investimentos de tempo e dinheiro em todas as áreas da empresa.

Embora sofra muitas influências que extrapolam a gestão de pessoas, é comum medir a produtividade da mão de obra por meio do Faturamento por Empregado.

Produtividade não é tudo, mas no longo prazo é quase tudo.
Paul Krugman, Prêmio Nobel de Economia

15.34. Amplitude de Comando

O mundo mudou e a visão sobre a quantidade de pessoas que um gestor pode orientar deixou de ser uma referência, embora ainda possa ter alguma utilidade.

A Amplitude de Comando, também denominada amplitude administrativa, amplitude de supervisão ou, ainda, amplitude de controle, é o número médio de empregados que se reportam diretamente a um gestor. É um elemento para avaliar a organização do trabalho.

Durante anos, organizações e especialistas em recursos humanos trabalharam para determinar a amplitude ideal de comando (*Ideal spam of control*), definida pela McKinsey como "o número mágico de funcionários que um gerente poderia supervisionar para alcançar eficácia e eficiência ideais".

Uma análise [142] mostrou que não há, de fato, nenhum número mágico. Cada líder é diferente e o número de subordinados diretos que um gestor deve ter para operar em condições ótimas varia. Alguns podem ter mais de 20 subordinados, enquanto outros precisarão de menos de cinco. Ainda assim, há muitos estudos sobre a amplitude ideal de comando, a maioria afirmando que o *benchmark* global é de oito a dez subordinados por gerente.

Na visão tradicional, o princípio do controle baseia-se no postulado de que "os homens produzem mais quando sob estreita supervisão". Entretanto, estudos de cientistas sociais, como Likert, indicam que a motivação e a produtividade são mais altas sob a supervisão superficial e generalizada. Então, embora não se possa ter um número ideal, alguns elementos podem balizar as análises:

- Processos estruturados e repetitivos precisam de menor supervisão.
- Quanto maior a complexidade do trabalho efetuado, menor a quantidade de relações que podem ser bem adminis-

tradas e menor a amplitude de comando adequada. Assim, as áreas de produção em geral têm um número significativamente maior de subordinados por gestor do que as administrativas.

- A amplitude de controle pode ser maior nos níveis hierárquicos mais baixos da pirâmide organizacional.
- Profissionais do conhecimento devem ter menor supervisão ou, no mínimo, ela deve ser menos evidente [7].
- Quando a quantidade de relações que o gestor tem de administrar é grande, a quantidade de subordinados diretos deve ser menor (ver *box*).

Estimando o Número de Relações

Na análise da amplitude de comando das diversas áreas, pode ser útil considerar o número de interações que os gestores deverão administrar. Esse número é evidente quando se fala das relações diretas. Se um gestor tem três subordinados, são três relações. Mas se o trabalho exige atenção também às relações indiretas, ou seja, as que acontecem entre os colaboradores, é mais complicado. Assim, o gestor com dois colaboradores diretos tem de gerir seis relacionamentos, e se tiver três subordinados, serão dezoito.

O número de relações potenciais entre o gestor e subordinados pode ser calculado.

$$\text{Número de relações} = \frac{N}{2} \times (2N + N - 1)$$

Em que

N – Número de subordinados de um gestor.

Por exemplo, um gestor que tenha dois colaboradores diretos teria de "administrar" seis relacionamentos, pois

$$\text{Número de relações} = \frac{2}{2} \times (2^2 + 2 - 1) = 6$$

Referência.

CORREA, H. L. *Estrutura Organizacional em Administração de Cooperativa*, Vol. 111. *Manual de Cooperativismo*, CNPQ BRASCOOP, 1982.

http://www.ead.fea.usp.br/Semead/8semead/resultado/trabalhosPDF/229.pdf. Acesso em 21.07.09.

A tendência, visando uma organização mais flexível e dinâmica, é de reduzir o número de níveis hierárquicos e aumentar a amplitude de comando, buscando maior flexibilidade para a empresa e responsabilidade e autonomia para os empregados. Assim, análises pontuais podem gerar *insights* úteis. Um especialista [143] encontrou uma correlação interessante entre o número de supervisores e atendentes na rotatividade em uma empresa de *call center*. Ele descreveu a relação, não linear, da seguinte forma.

Proporção supervisores: atendentes	Impacto na rotatividade
1:5 e 1:12	pequeno
1:12 e 1:20	aumento gradual
Acima de 1:20	impacto cada vez maior

Por Que Calcular

O uso tradicional do indicador está superado, mas a métrica pode ser útil para *benchmarking* visando à análise eventual da estrutura organizacional, desde que se esteja consciente das muitas diferenças que podem existir entre as organizações.

Como Calcular

O indicador fornece a relação entre o número de trabalhadores e a quantidade de gestores da mesma unidade ou empresa.

Amplitude de Comando

$$ACOM = \frac{\text{Efetivo próprio.}}{\text{Empregados em posição de chefia}}$$

Em que:
Efetivo próprio – é o número total de empregados, no momento a que se refere o cálculo.
Empregados em posição de chefia – é o número de empregados que ocupa cargo formal de chefia (supervisor, encarregado, gerente, diretor, presidente etc.) em determinado momento.

O resultado da amplitude de comando é dado em número de empregados por gestor.

Exemplo de Cálculo

Uma empresa com 400 empregados, sendo 30 em posição de mando, teria uma amplitude de comando de 13,3 empregados por gestor, pois

$$ACOM = \frac{\text{Efetivo próprio.}}{\text{Empregados em posição de chefia}}$$

$$ACOM = \frac{400}{30} = 13{,}3 \text{ empregados por gestor}$$

Fazendo Benchmarking

Como comentado, fazer *benchmarking* de uma métrica tão sensível às peculiaridades dos negócios e das diversas áreas é um risco muito grande. Entretanto, dentro de uma mesma organização, comparações pontuais de unidades ou áreas equivalentes podem destacar situações que mereçam atenção e, de algum modo, ser melhoradas.

Meta

Não existe um número ideal para a amplitude de comando que atenda às diversas organizações. Mas informações, como o nível de padronização dos trabalhos e a quantidade de relações que o gestor tem de administrar ajudam a estabelecer o número mais adequado. Porém, deve-se cuidar para não colocar a ênfase na melhoria dos resultados do indicador em prejuízo do trabalho.

Análise dos Resultados

A análise deve ser feita com muito cuidado, fazendo mais comparações com valores históricos do que com referenciais externos, ainda que bem selecionados. Alguns aspectos que devem ser considerados:

– Valores muito baixos podem indicar uma estrutura organizacional inchada, enquanto valores elevados sugerem dificuldades para supervisão dos empregados.

– Em muitos casos, pode ser melhor efetuar o cálculo separado para as áreas administrativa e de produção, pois costumam ser bastante diferentes.

– A métrica contabiliza apenas os empregados em que a posição de mando é formal. Mas é bom saber que a existência de líderes informais ou de ocupantes de cargos de liderança que não exercem comando de equipes pode criar alguma distorção nas relações médias calculadas.

Outra Forma de Medir a Amplitude

Em vez de calcular o número de empregados médio para cada posição de chefia ou supervisão, muitas organizações fazem o contrário: determinam o percentual dos empregados que detêm alguma posição de mando.

$$\text{Percentual de Gestores} = \frac{\text{Empregados em posição de chefia}}{\text{Efetivo próprio}} \times 100$$

Por exemplo, uma empresa com 400 empregados, sendo 30 em posição de mando, teria um percentual de líderes de 7,5%. Esse resultado corresponde a uma amplitude de comando de 13,3 empregados por gestor.

> ☞ **Dica:** • Nos casos em que a empresa faz uma reorganização, pode ser útil comparar a amplitude de comando dos organogramas inicial e final. A métrica também pode ser usada, nesses casos, para acompanhar a evolução do processo de implementação.

Em Resumo

Embora ainda usado por empresas de consultoria para recomendar reorganizações nas empresas, esse indicador é pouco útil e frequentemente traz mais problemas que soluções. Logo, não deve ser incorporado à rotina das análises críticas da gestão.

Se você não pode gastar quatro horas por ano com cada subordinado, ou você tem pessoal demais ou não deveria ser gerente.
Marcus Buckingham

15.35. Satisfação e Clima Organizacional

A satisfação dos empregados leva à retenção, à produtividade e à satisfação dos clientes. É, portanto, um aspecto importante para todos os gestores.

Clima Organizacional é a percepção coletiva que as pessoas têm da empresa por meio da experimentação de práticas, políticas, estrutura, processos e sistemas e a consequente reação a essa percepção [144].

Muitas empresas medem o clima organizacional apenas por tradição ou para se mostrarem politicamente corretas. Entretanto, a satisfação dos empregados impacta fortemente o desempenho das organizações. Mais da metade (52%) das empresas brasileiras realizam pesquisas de clima anualmente e 37% a cada dois anos [145]. Os critérios usados para avaliar a satisfação dos colaboradores variam, mas os seguintes itens, adotados pelo Great Place to Work Institute e pela *Revista Exame* são representativos [146]:

- Remuneração;
- Benefícios;
- Treinamento e oportunidades de carreira;
- Segurança e confiança na gestão;
- Orgulho do trabalho e da empresa;
- Clareza e abertura na comunicação interna;
- Camaradagem no ambiente de trabalho;
- Responsabilidade social.

Muitas empresas usam uma mesma pesquisa para medir o clima organizacional e o engajamento (veja o item *Engajamento*).

Atenção: Especialistas destacam que as pesquisas de clima podem criar expectativa de que as coisas vão mudar, deixando os empregados decepcionados quando isso não ocorre. Também recomendam que as pesquisas sejam pouco frequentes, curtas e precisas, pois a qualidade das respostas se deteriora se os entrevistados as veem como um exercício trabalhoso e inútil [147].

Feedback

Muitas companhias ainda não se deram conta de que uma das maneiras mais eficientes de conquistar a confiança dos colaboradores é oferecendo um *feedback* consistente. Ruy Shiozawa exemplifica isso com o caso de uma multinacional brasileira cuja média de satisfação é 75%, bem abaixo da média de 91% da amostra geral. Ao analisar os dados, ele deparou com uma situação interessante: quem não teve *feedback* algum durante o ano, apresentou um índice de satisfação de 56%; os que tiveram um, 65%; quem teve dois, 76%; e os que tiveram mais de dois, 81%. "Se não for possível fazer mais nada, que pelo menos deem dois *feedbacks* por ano aos colaboradores ", recomenda.

Fonte: *HSM Management*. Set-out 2013. p. 132.

Por Que Medir

As pesquisas de clima revelam a satisfação com as políticas e práticas de RH e da organização, permitindo antecipar situações que podem levar ao aumento da rotatividade voluntária e suas consequências.

Como Medir

Nas consultas aos colaboradores, é preciso dar objetividade às opiniões e "sentimentos". Isso geralmente é feito usando a escala de Likert, na qual o empregado aponta seu grau de concordância ou discordância com uma afirmação apresentada.

Afirmação	Discordo completamente	Discordo com ressalvas	Não concordo nem discordo	Concordo com ressalvas	Concordo completamente	Não se aplica
Minha remuneração é justa						

É importante entender que os itens são apenas dados ordenados; portanto, não se pode calcular médias para as respostas, e faz mais sentido apresentar os resultados em cada categoria. Também é comum que as respostas 1 e 2 sejam analisadas como pertencentes a um mesmo grupo e as 4 e 5, a outro.

Exemplo de Cálculo

A planilha totaliza os resultados coletados em uma pesquisa.

Afirmação	Discordo completamente	Discordo com ressalvas	Não concordo nem discordo	Concordo com ressalvas	Concordo completamente	Não se aplica
Minha remuneração é justa.	2	2	2	16	8	0
Valorizo os benefícios que recebo.	2	1	3	19	13	0
Tenho oportunidade de crescimento na empresa.	2	0	5	14	7	0
Meu ambiente de trabalho é seguro.	1	1	0	2	26	0
Tenho os recursos que preciso para trabalhar.	4	2	6	10	5	3
TOTAL	11	6	16	61	59	3

Planilha 21 – *Resultados consolidados de Pesquisa de Clima*

Olhando o total geral, temos 120 respostas positivas (61 concordâncias com ressalva e 59 concordâncias completas) para um total de 153 respostas válidas, isto é, ignorando aquelas três em que os respondentes não quiseram ou acharam inadequado responder. Assim, podemos concluir que o Grau de Satisfação medido foi de 78,4%, o que corresponde à divisão de 120 por 153 multiplicada por 100.

Igualmente importante é monitorar a satisfação em cada um dos aspectos avaliados. Na planilha seguinte, vemos que a satisfação é muito alta em relação à segurança do ambiente de trabalho (93,3%), mas 55,6% sentem falta de recursos que lhes permitiriam ser mais produtivos.

Afirmação	Concordâncias com e sem ressalvas	Respostas válidas	Grau de satisfação, %
Minha remuneração é justa.	24	30	80,0
Valorizo os benefícios que recebo.	32	38	84,2
Tenho oportunidade de crescimento na empresa.	21	28	75,0
Meu ambiente de trabalho é seguro.	28	30	93,3
Tenho os recursos de que preciso para trabalhar.	15	27	55,6
TOTAL	120	153	78,4

Planilha 22 – *Grau de Satisfação por Aspecto Avaliado*

Esse tipo de mensuração é particularmente útil para avaliar as mudanças de percepção ao longo do tempo, comparando resultados obtidos em várias épocas e após diferentes ações de gestão.

Outras Formas de Medir

Embora o mais comum seja medir o clima organizacional por meio de uma pesquisa anual, outros recursos também são usados.

Pulse Surveys

As pesquisas de pulso são consultas curtas e frequentes que servem para verificar rapidamente as percepções dos empregados sobre um problema ou tópico importante, oferecendo *feedback* em tempo real. As *pulse surveys* são flexíveis e podem variar por assunto, frequência, duração, público e muito mais. São um bom complemento para as pesquisas anuais.

Entrevistas

Conversas informais e individuais com cada pessoa da equipe permitem sentir e quantificar a satisfação dos empregados. Podem ser melhores que uma pesquisa, pois oferecem mais informações sobre cada problema. Mas, para que as conversas sejam úteis, são necessários um ambiente seguro para diálogos e gestores com elevada maturidade.

Canal de Feedback Anônimo

Embora tenha pontos negativos, um canal com a opção de anonimato pode ser uma maneira de começar. Um grande número de comentários sem identificação já evidencia falta de confiança, um requisito essencial em um bom ambiente de trabalho.

Ferramentas de Análise

O uso da análise de dados de pessoas (*people analytics*) permite avaliar com precisão o comportamento e as interações entre as pessoas, oferecendo boas referências sobre a satisfação da equipe. Também por meio das mídias sociais os empregadores podem medir o sentimento dos empregados; por exemplo, monitorando as avaliações no Glassdoor. Redes sociais internas também podem ser úteis.

Medidas Indiretas

Como empregados satisfeitos têm menor probabilidade de deixar a organização e de faltar, a Rotatividade Voluntária e o Absenteísmo podem ser usados como medidas indiretas (*proxies*) do clima organizacional. Mas não são medidas seguras, pois sofrem muitas influências externas, como a do mercado de trabalho.

Fazendo Benchmarking

Mesmo quando os levantamentos são realizados por organizações independentes, usando um critério único, comparações com outras empresas devem ser feitas com ressalva, pois aspectos culturais influenciam o nível de exigência e a interpretação das questões; as mesmas afirmações podem ter conotações diversas para grupos diferentes. Portanto, o mais seguro é adotar a comparação histórica, cuidando para que a metodologia da pesquisa (formulário, época etc.) não varie.

Meta

O estabelecimento da meta para a Satisfação dos Empregados deve levar em conta a capacidade de atender aos questionamentos apresentados pelos colaboradores no levantamento anterior, buscando equilíbrio com os resultados do negócio.

Análise dos Resultados

Na gestão das pesquisas de clima, mais importante que o valor absoluto é a variação do resultado em relação à avaliação anterior e as informações obtidas sobre os pontos de insatisfação, que podem orientar as ações para melhoria. Também é importante acompanhar o percentual de realização das ações decididas com base nas pesquisas feitas.

A análise desse tipo de métrica exige profissionais especializados e esta é uma das razões pelas quais é comum a terceirização das pesquisas de clima.

☞ Dicas

- É importante lembrar que a medida da satisfação não melhora o ambiente. Isso é conseguido pelas ações feitas com base nos resultados das pesquisas.
- Na maioria das melhores empresas para trabalhar, o bônus do principal executivo não está apenas atrelado aos resultados, mas também à satisfação do pessoal.

Em Resumo

Apesar da subjetividade inerente às sensações das pessoas, é possível medir e avaliar o progresso em decorrência das ações de melhoria feitas ao longo do tempo. Mas o objetivo aqui é apenas chamar a atenção para alguns aspectos relacionados à medida do Clima Organizacional. Trata-se de um tema bastante complexo, mas existe ótima literatura sobre o assunto que deve ser consultada por quem tiver responsabilidade de fazer esse monitoramento.

A satisfação está no esforço e não apenas na realização final.
Mahatma Gandhi

15.36. Engajamento

O engajamento é o compromisso emocional do empregado com a organização e sua missão. Os empregados engajados não trabalham apenas pelo salário ou pela próxima promoção, mas perseguem os objetivos da organização.

Um empregado engajado é aquele que vai além das exigências contratadas de seu trabalho e busca ativamente melhorar seu papel, sua equipe ou sua organização [148]. Várias pesquisas colocam o engajamento como uma importante vantagem competitiva. Uma delas, por exemplo, informa que o aumento de cinco pontos percentuais no engajamento está diretamente relacionado ao crescimento de 3% de faturamento no ano seguinte [145].

Quando os empregados estão felizes no trabalho e acreditam em seu produto ou empresa, o mesmo ocorre com os clientes. O Gallup revelou que as empresas com altos níveis de engajamento dos funcionários superaram as empresas com níveis mais baixos nas avaliações de clientes em 10%. Os empregados mais envolvidos também têm menor absenteísmo médico. A Workplace Research Foundation descobriu que os empregados engajados faltam uma média de 2,7 dias por doenças por ano, em comparação com os não engajados que se ausentam uma média de 6,2 dias. O estudo do Gallup mostrou, ainda, que as empresas com colaboradores engajados superam as outras em 21% na produtividade e em 22% na lucratividade.

A pesquisa de engajamento mede o quanto, de fato, cada colaborador se conecta com a organização, se está em sintonia com o propósito, a missão, a visão e os valores e se está entregando o que realmente foi empenhado. O que diferencia a pesquisa de satisfação da de engajamento é o conteúdo das perguntas. As questões devem ter relação com o trabalho e não com a satisfação com a empresa.

Mas, o que é o engajamento? É o relacionamento emocional do empregado com a empresa, portanto, um aspecto subjetivo e sujeito a visões individuais. Diferentes empresas e consultorias medem o engajamento de diferentes maneiras, geralmente com uma combinação de 5 a 12 perguntas [149] relativas:

- ao apego emocional com a organização;
- ao compromisso com a empresa; e
- à motivação para aplicar esforços incondicionais em nome da organização.

Inimigos do Engajamento

O livro *The Enemy of Engagement* (A Inimiga do Engajamento) destaca os principais motivos da frustração nas organizações e oferece ideias para enfrentá-los.

- Comunicação sobre metas e desempenhos insatisfatória: cerca de um terço dos empregados indica que seus gestores não comunicam as metas e os objetivos de modo eficiente.
- Restrição de recursos: um terço dos empregados relata que não tem recursos e informações de que precisa para realizar bem o seu trabalho. Mais da metade dos empregados expressa preocupações sobre níveis de pessoal inadequado em suas áreas de trabalho.
- Autoridade pouco clara: trinta por cento dos empregados indicam que eles não possuem autoridade suficiente para desenvolver seu trabalho eficientemente, e mais de 40 por cento acham que o potencial de consequências adversas os desencoraja a levar iniciativas adiante ou tomar decisões.

Fonte: Business Wire. **Novo Livro do Hay Group, *The Enemy of Engagement*,** www.businesswire.com/news/home/20111011005156/pt. Acesso em 29.06.12.

Atenção: Usar amostras é uma boa prática quando se faz pesquisas, pois reduz o trabalho e os custos. Mas as pesquisas de engajamento e de clima, além de buscarem informações, são em si uma forma de comunicar o interesse da organização nas pessoas e em suas opiniões e necessidades. Então, exceto nas pesquisas tipo pulse, em que pode haver uma rotação entre os respondentes de cada rodada, é melhor incluir todos os empregados na pesquisa.

> ☞ Você Sabia? William Kahn, professor da Universidade de Boston, cunhou o termo "engajamento do empregado" em 1990 no artigo *Condições Psicológicas de Engajamento Pessoal e Desligamento no Trabalho*. Ele definiu engajamento como: "O aproveitamento das personalidades dos membros da organização para suas funções de trabalho; no engajamento, as pessoas empregam e se expressam física, cognitiva e emocionalmente em seu desempenho" [150].

Por Que Medir

O engajamento é importante para o sucesso da organização. Apenas por meio da medição periódica é possível saber se as ações de gestão estão contribuindo para manter ou melhorar o envolvimento dos empregados com a empresa.

Como Medir

Alternativa 1 – employee Net Promoter Score

O *employee Net Promoter Score* (eNPS), que derivou das pesquisas feitas pelo *marketing* junto aos clientes [151], é uma das maneiras mais simples e eficazes de medir o engajamento. É obtido pela resposta a uma única pergunta: "De 0 a 10, qual a probabilidade de você recomendar um familiar ou amigo qualificado para uma vaga na empresa?".

Após a coleta dos dados, são levantados os percentuais dos empregados que são possíveis detratores (escores entre 0 e 4), dos considerados neutros (escores entre 5 e 8) e dos promotores, que indicariam a empresa aos amigos e familiares (escores 9 ou 10). O resultado é obtido pela fórmula:

$$\text{eNPS} = \%\text{ de promotores} - \%\text{ de detratores.}$$

Os resultados neutros são ignorados por não influenciarem positiva ou negativamente o comportamento das pessoas. A pior pontuação possível é –100 (se todos derem escores igual ou inferiores a 4) e a melhor é +100 (se todos derem 9 ou 10). Qualquer pontuação acima de 0 é boa, acima de 50 é muito boa e acima de 70 é considerada ótima. Observe que, embora o eNPS seja uma diferença de percentuais, o costume é apresentar o resultado como uma quantidade de pontos.

O eNPS permite conhecer as variações ao longo do tempo ou mesmo comparar diferentes áreas da empresa, desde que estejam sujeitas às mesmas regras e cultura. Um valor adicional é dado pelo *feedback* qualitativo escrito pelos empregados. Então, sempre inclua um espaço para a resposta, não obrigatória, à pergunta aberta: "Qual é o motivo da sua pontuação?".

É importante que a pesquisa seja feita por meios digitais para evitar que o respondente fique inibido em registrar eventual insatisfação.

Alternativa 2 – Pesquisa Semestral ou Anual

Uma empresa especializada desenvolveu um conjunto de 12 questões que avalia, com sucesso, o engajamento dos colaboradores [152], enquanto outra [150] recomenda que sejam feitas questões sobre os seguintes aspectos fundamentais de como o empregado encara seu trabalho:

- *Feedbacks;*
- Reconhecimento;
- Felicidade;
- Relacionamento com os colegas;
- Relacionamento com os gerentes;
- Crescimento pessoal;
- Alinhamento;
- Satisfação;
- Bem-estar;
- Postura como representante da empresa.

Além de servirem para avaliar o engajamento, esses aspectos são ótimas referências para uma boa gestão de pessoas.

Por exemplo, o "*Feedback*" é medido pelo nível de concordância com afirmações como: "Recebo elogios e comentários sobre meu trabalho com frequência", usando a escala de Likert.

Afirmação	Discordo completamente	Discordo com ressalvas	Não concordo nem discordo	Concordo com ressalvas	Concordo completamente	Comentário (opcional)
Recebo elogios e comentários sobre meu trabalho com frequência.						

Geralmente, calcula-se o percentual de respostas "Concordo com ressalvas" e "Concordo completamente", tidas como "Favoráveis", para caracterizar a visão da equipe sobre o aspecto consultado.

Cada item pesquisado deve ter um espaço para comentários. Afinal, o objetivo do levantamento não é só obter um número, mas perceber o quão engajados estão os empregados e conseguir informações úteis que possam ser usadas para buscar melhorias.

Exemplos de Cálculo

Alternativa 1 – eNPS

Usando o formulário

Por favor, marque de 0 a 10, a probabilidade de você recomendar um familiar ou amigo qualificado para uma vaga na empresa.										
0	1	2	3	4	5	6	7	8	9	10
Qual é o motivo da sua pontuação?										

Uma empresa com 50 empregados obteve as seguintes respostas:

Por favor, marque de 0 a 10, a probabilidade de você recomendar um familiar ou amigo qualificado para uma vaga na empresa.										
0	1	2	3	4	5	6	7	8	9	10
6	2	3	0	4	3	7	2	5	11	7

Portanto:

Detratores = 15 pessoas ou 30,0%
Neutros = 17 pessoas ou 34,0%
Promotores = 18 pessoas ou 36,0%
eNPS = Promotores – Detratores
eNPS = 36,0 – 30,0 = 6,0

Logo, a empresa obteve um eNPS de 6 pontos, considerado bom, mas com bastante espaço para melhoria.

Alternativa 2 – Pesquisa Semestral ou Anual
Para um exemplo de cálculo usando a escala de Likert, veja o apresentado no item sobre a medida do clima organizacional.

Outras Formas de Medir

O mais comum é que o engajamento seja avaliado por meio do eNPS ou de uma pesquisa anual, usando um formulário com várias perguntas, mas há alternativas.

Análise Comportamental
Observar o comportamento das pessoas pode informar mais sobre seu nível de engajamento do que perguntando ou conversando. Assim, observar o número de conexões que os empregados mantêm, suas participações em reuniões e os tempos gasto colaborando diretamente com os clientes pode ser uma boa medida, embora a quantificação seja difícil.

Plataforma de Escuta
São usadas pesquisas de pulso regulares, usando aplicativos móveis e ferramentas sociais que permitem que os empregados conheçam as opiniões uns dos outros, comentem, compartilhem e votem as ideias. A própria intensidade de uso das ferramentas já é uma referência sobre o nível de engajamento.

Fazendo Benchmarking

Como na medida do clima organizacional, referências externas são muito difíceis de usar. Os melhores *benchmarks* são resultados obtidos em outras áreas da própria empresa, já que em geral compartilham a mesma cultura e regras.

Meta

As metas devem ser estabelecidas buscando sempre melhorar a série histórica, lembrando que o desafio cresce à medida que os resultados melhoram.

Análise dos Resultados

Embora o eNPS seja uma métrica fácil de se obter por se tratar de uma única questão, ele não fornece tantas informações como algumas outras metodologias. Então, a análise deve observar dois aspectos: 1º – A comparação com os resultados obtidos anteriormente; 2º – Os aspectos, positivos ou negativos, que se repetem nos comentários feitos pelos respondentes.

Já nas pesquisas que apresentam várias questões, é importante rastrear como as respostas a cada uma muda ao longo do tempo.

> ☞ **Dica**: Ao criar uma pesquisa de engajamento, comece pelo final. Decida o impacto que deseja e peça a colaboração das pessoas que terão a responsabilidade de, se necessário, melhorar os resultados.

Em Resumo

As pesquisas de engajamento muitas vezes são realizadas junto com as do clima organizacional. Mas, embora possam ser usadas metodologias semelhantes, é importante entender que são aspectos distintos. Conhecer a evolução do nível de engajamento permite avaliar a eficácia das ações de gestão focadas nas pessoas.

Se você cuidar das pessoas, elas cuidarão
dos clientes e o negócio cuidará de si mesmo.
J W Marriott

15.37. Empregados com Periculosidade e Insalubridade

Os trabalhos perigosos e insalubres são caracterizados por atividades que põem em perigo a vida ou a saúde do trabalhador. Esses riscos são parcialmente compensados pelo pagamento de adicionais.

São consideradas atividades perigosas ou insalubres aquelas que, por sua natureza ou métodos de trabalho, impliquem risco acentuado em virtude de exposição permanente do trabalhador a:

– Inflamáveis, explosivos ou energia elétrica;
– Raios ionizantes ou substâncias radioativas;
– Ruídos altos ou temperaturas excessivamente altas ou baixas;

– Atividades perigosas em motocicleta;
– Roubos ou outras espécies de violência física nas atividades profissionais de segurança pessoal ou patrimonial.

A periculosidade e a insalubridade são caracterizadas por laudos técnicos elaborados por engenheiros ou médicos do trabalho, registrados no Ministério do Trabalho e Emprego (MTE). Esses laudos indicam os equipamentos de proteção — coletivos e individuais — e a adoção de providências para neutralizar ou reduzir as ameaças do ambiente ocupacional. A regulamentação aprovada pelo MTE oferece valores compensatórios aos empregados expostos a esses riscos. Ainda assim, são frequentes as reclamações trabalhistas e ações cíveis e criminais por doenças e acidentes graves.

O recebimento dos adicionais de periculosidade e insalubridade pode levar ao direito à aposentadoria especial. O adicional de periculosidade só se aplicará enquanto o trabalhador estiver exposto ao risco. Caso a tarefa executada deixe de apresentar risco para o empregado, ele deixará de receber o adicional. Assim, cabe à empresa verificar periodicamente as atividades de cada um e analisar se deve ou não continuar a pagar o adicional.

Por Que Medir?

Porque, diferentemente do que muitos pensam, o número de empregados sujeitos aos adicionais de periculosidade e de insalubridade é gerenciável por meio de ações que a empresa pode realizar. Em muitos casos, é possível melhorar as condições de trabalho e, em outros, restringir os profissionais de determinada função na execução das tarefas que levam à periculosidade ou à insalubridade. Por exemplo, limitando o número de eletricistas da empresa que estão autorizados, no dia a dia, a fazer serviços em instalações ou equipamentos elétricos de alta tensão.

Como Calcular

Para fins de gestão, é útil acompanhar a variação nos percentuais de empregados sujeitos às condições de periculosidade e insalubridade.

Periculosidade

$$PERIC = \frac{\text{Grupo com periculosidade}}{\text{Efetivo próprio}} \times 100$$

Em que:

Grupo com periculosidade: é o número de empregados que recebe adicional de periculosidade, em determinado momento.

Efetivo próprio: é o número total de empregados, no momento a que se refere o cálculo. Inclui os empregados afastados, pois ainda pertencem ao quadro da empresa.

Obs.: O resultado, em percentual, deve ser apresentado com uma casa decimal.

O procedimento de cálculo para determinar o percentual de empregados que recebem adicional de insalubridade é similar.

Exemplo de Cálculo

Um laudo técnico indicou que a área de manutenção elétrica do *Campus* de Paricarana, da Universidade Federal de Roraima [153], embora não insalubre, apresentava riscos elevados. Assim, os trabalhadores dessa área deveriam receber o adicional de periculosidade. Admitindo que essa fosse a única área periculosa da Universidade, e que nela trabalhassem de forma permanente 10 dos 966 servidores da instituição, teríamos:

$$PERIC = \frac{\text{Grupo com periculosidade}}{\text{Efetivo próprio}} \times 100$$

$$PERIC = \frac{10}{966} \times 100$$

$$PERIC = 1{,}0\%$$

Ou, um porcento dos funcionários estaria sujeito à periculosidade.

Fazendo Benchmarking

Comparar o percentual de empregados que recebem adicionais de periculosidade e de insalubridade com outras unidades ou com empresas semelhantes pode sinalizar oportunidade de redução dos riscos e dos custos associados. Mas, exceto entre unidades de uma mesma organização, essa é uma informação difícil de se obter, exigindo levantamentos específicos para esse propósito.

Meta

Como regra, quanto menor a quantidade de empregados sujeitos à periculosidade e à insalubridade, melhor. Infelizmente, as soluções para reduzir a exposição dos empregados aos riscos e impactos ambientais podem não ser tecnológica ou economicamente viáveis, mas, antes dessa conclusão, é necessário um estudo criterioso. Os mesmos profissionais que fazem os laudos da periculosidade e insalubridade podem dar boas sugestões. Então, apenas nos casos em que se decide por um plano de ações ou quando um *benchmark* sugere que há potencial de melhoria, deve-se estabelecer uma meta realista para baixar o resultado dos indicadores.

Análise dos Resultados

Esses indicadores não precisam ser analisados com frequência, já que são bastante estáveis. A menos que esteja em andamento um trabalho específico para a redução de riscos, uma avaliação anual é suficiente. E a prioridade do gestor deve ser garantir que todos os empregados que tenham direito aos adicionais estejam identificados e sendo adequadamente remunerados para prevenir multas e custos decorrentes de processos trabalhistas.

☞ **Dica**: Use medidas separadas para o percentual de empregados sujeitos à periculosidade e à insalubridade. São questões distintas que devem ser tratadas e monitoradas de forma independente.

Em Resumo

Muitas situações de interesse da gestão podem ser resolvidas apenas pelo monitoramento do percentual de empregados que atendem a alguma situação específica. Isso permite, como no caso dos colaboradores sujeitos à periculosidade e à insalubridade, avaliar tanto a necessidade de alguma ação quanto a eficácia das providências tomadas.

A palavra risco deriva do italiano antigo
risicare, que significa "ousar".
Assim, o risco é uma opção,
e não um destino.
PETER L. BERNSTEIN

15.38. Taxa de Frequência de Acidentes com Afastamento

A Taxa de Acidentes com Afastamento é um indicador oficial e obrigatório em grande parte das organizações. É usada nas estatísticas do Ministério do Trabalho e Emprego e, internamente às empresas, serve para monitorar o nível de segurança do ambiente de trabalho.

A Taxa de Frequência de Acidentes com Afastamento (TFCA) avalia o número de acidentados com afastamento em cada milhão de horas trabalhadas.

Acidente com afastamento é aquele cuja gravidade impede o acidentado de voltar ao trabalho no dia imediato ao do acidente ou do qual resulte incapacidade permanente.

O objetivo da TFCA é monitorar o nível de segurança do ambiente de trabalho. De modo geral, as empresas adotam o indicador Número de Acidentes, que é útil para comunicação interna e para acompanhamento histórico, desde que o número de empregados não mude. Entretanto, não serve para comparação entre empresas e unidades.

Nos textos em inglês a TFCA, denominada de *Lost Time Injury Frequency Rate* e abreviada para LTIFR ou LTI, é calculada por 200.000 horas-homem de exposição ao risco.

Por Que Medir

A TFCA é o melhor termômetro para medir a eficácia das ações voltadas à melhoria da segurança ocupacional, pois é menos sujeita às subnotificações do que a Taxa de Frequência dos Acidentes sem Afastamento (TFSA) e é mais sensível que a Taxa de Acidentes Fatais (TAF).

Como Calcular

O cálculo da TFCA obedece às orientações da norma brasileira NBR 14280 – Cadastro de Acidentes de Trabalho [154].

Taxa de Frequência de Acidentes com Afastamento

$$TFCA = \frac{NACA}{\text{Horas-homem de exposição ao risco}} \times 1.000.000$$

Em que:

NACA – número de acidentados com afastamento do trabalho, no período avaliado. Não inclui os acidentes de trajeto.

Horas-homem de exposição ao risco – soma das horas durante as quais os empregados ficaram à disposição do empregador, em determinado período. Não inclui o repouso remunerado.

1.000.000 – fator de ajuste para um milhão de horas-homem, para permitir comparação entre organizações diferentes.

Obs.: O resultado sempre deve ser apresentado com duas casas decimais.

Exemplo de Cálculo

A planilha exemplifica o cálculo da TFCA mês a mês e o acumulado até o mês, resultados geralmente usados na gestão.

A TFCA de cada mês, apresentada na coluna G, é obtida pela divisão do número de "Acidentados com afastamento" (coluna E) pelo tempo de "Exposição ao risco" (coluna C) multiplicado por 1.000.000. Por exemplo, em fevereiro, temos G4=E4/C4x1.000.000, resultando em 1,33 acidentado por milhão de horas de exposição ao risco.

	B	C	D	E	F	G	H
2	Mês	Exposição ao risco, h	Exposição ao risco acumulado até o mês, h	Acidentados com afastamento no mês	Acidentados com afastamento acumulados até o mês	TFCA no mês	TFCA acumulado até o mês
3	Janeiro	1.801.580	1.801.580	0	0	0,00	0,00
4	Fevereiro	1.502.712	3.304.292	2	2	1,33	0,61
5	Março	1.956.023	5.260.315	0	2	0,00	0,38
6	Abril	1.712.670	6.972.985	4	6	2,34	0,86
7	Maio	1.850.234	8.823.219	3	9	1,62	1,02
8	Junho	1.613.975	10.437.194	1	10	0,62	0,96
9	Julho	1.790.356	12.227.550	4	14	2,23	1,14
10	Agosto	1.855.678	14.083.228	3	17	1,62	1,21
11	Setembro	1.678.573	15.761.801	2	19	1,19	1,21
12	Outubro	1.833.572	17.595.373	1	20	0,55	1,14
13	Novembro	1.776.393	19.371.766	0	20	0,00	1,03
14	Dezembro	1.797.257	21.169.023	2	22	1,11	1,04
15	Total	21.169.023		22			

Planilha 23 – *Cálculo da Taxa de Frequência de Acidentes com Afastamento*

A TFCA acumulada até cada mês, apresentada na coluna H, é obtida pela divisão do número de "Acidentados com afastamento acumulados até o mês" (coluna F) pelo tempo de "Exposição ao risco acumulado até o mês" (coluna D) e multiplicado por 1.000.000. Por exemplo, a TFCA acumulada até março: H5=F5/D5x1.000.000, que resultou em 0,38 acidentado por milhão de horas de exposição ao risco.

Outras Formas de Medir

Número de Acidentes

A quantidade de acidentes é a forma mais simples de avaliar e comunicar o nível de segurança em uma empresa. Embora comunique bem à equipe interna, é uma métrica de difícil comparação histórica e com outras organizações. A análise também é difícil, pois se o resultado é bom, ou não, depende da quantidade de trabalhadores no grupo avaliado.

Tempo entre Ocorrências

Acidentes não podem ser medidos se não acontecem e, se são poucos, não têm representatividade estatística. Uma forma de compensar essa dificuldade é monitorar o tempo decorrido entre as ocorrências, pois é um resultado que melhora ainda que nada aconteça. Por essa razão, as empresas costumam registrar, inclusive apresentando em placas nas entradas das indústrias, o número de dias desde o último acidente com afastamento. Esse tipo de resultado também facilita a comunicação com o público interno, pois é de fácil compreensão.

Número de Dias Perdidos por Acidentes

O número de dias perdidos é contado a partir do dia seguinte àquele em que o acidente ocorreu, em dias corridos. O indicador apresenta a soma dos dias de todos os empregados no período considerado. Embora indiretamente mostre a gravidade dos acidentes, é mais útil para fins contábeis que para a gestão da segurança.

Taxa de Acidentados Registráveis

A Taxa de Acidentados Registráveis por milhão de homens-hora (TAR), usada por algumas grandes empresas brasileiras como a Petrobras e a Vale, é uma métrica única que cobre tanto os acidentes mais graves como os incidentes.

Taxa de Acidentes Registráveis

$$TAR = \frac{\text{Número de acidentados registráveis}}{\text{Horas-homem de exposição ao risco}} \times 1.000.000$$

Em que:

Número de acidentados registráveis – corresponde à soma das fatalidades, lesões com afastamento, lesões com restrição e lesões com tratamento médico. Não inclui os acidentes de trajeto.

Horas-homem de exposição ao risco – soma das horas durante as quais os empregados ficaram à disposição do empregador, em determinado período. Não inclui o repouso remunerado.

1.000.000 – Fator de ajuste para um milhão de horas-homem para permitir comparação entre organizações diferentes.

Obs.: O resultado deve ser apresentado com duas casas decimais.

Um incidente registrável é qualquer lesão ou doença relacionada ao trabalho que resulte em morte, perda de consciência, dias longe do trabalho, atividade de trabalho restrita, transferência para outro emprego ou tratamento médico, além dos primeiros socorros.

A TAR também costuma ser chamada de Total de Frequência de Acidentes Registráveis ou TRIFR (*Total Recordable Injury Frequency Rate*) e a média global da indústria de petróleo é inferior a um acidente registrável por milhão de horas.

Nota: Para permitir comparação com a TAR, os dados da TRIR, calculados pela metodologia norte-americana, devem ser multiplicados por cinco.

Acidentes por Milhão de Toneladas de Produto

O indicador Acidentes por Milhão de Toneladas de Produto (TAMIL) fornece o número médio de acidentados com afastamento ocorridos para cada 1.000.000 t de produto fabricado em determinado período [155].

$$\text{Tamil} = \frac{\text{Número de acidentados com afastamento}}{\text{Toneladas de produto, em toneladas}} \times 1.000.000$$

Acidentes por Milhão de Quilômetros Rodados

A métrica Acidentes por Milhão de Quilômetros Rodados (APMKM) corresponde ao número de acidentados com afastamento por milhão de quilômetros rodados em atividades de transporte ou deslocamento, em determinado período [155].

$$\text{APMKM} = \frac{\text{Número de acidentados com afastamento}}{\text{Distância percorrida pela frota, em quilômetros}} \times 1.000.000$$

A medida inversa, isto é, quilômetros rodados por acidente, também é usada.

Número de Acidentes por Valor Investido

Algumas empresas especializadas em grandes obras, como ferrovias e barragens, calculam a quantidade de acidentes por determinado valor investido. Essa é uma prática antiga e inclusive citada por Júlio Verne no livro *Da Terra à Lua*, publicado em 1865 [156].

Fazendo Benchmarking

A disponibilidade de bons resultados obtidos por outras organizações do mesmo segmento pode mostrar a viabilidade de se obter números melhores e incentivar a busca de práticas eficazes para isso.

Por exemplo, a mina Barro Alto, da Anglo American, em Goiás, tornou-se *benchmark* ao alcançar uma taxa de frequência com afastamento de 0,16 acidentado por milhão de horas de exposição. Sem acidente fatal ou lesão com incapacidade permanente, conseguiu um recorde de 35.000.000 horas-homem de exposição ao risco sem qualquer acidente com afastamento [157].

Atenção: A TFCA ajusta o número de acidentados com afastamento para um milhão de horas trabalhadas, como determina a norma brasileira NBR 14280. A legislação norte-americana (OSHA), também adotada por muitos outros países e em relatórios de empresas multinacionais, estabelece que o ajuste seja feito para 200.000 horas. Assim, para colocar os resultados em bases comparáveis, é necessário multiplicar os resultados norte-americanos por cinco.

Meta

As metas devem inspirar, motivar para a melhoria e transmitir o compromisso da empresa com a segurança dos trabalhadores. Assim, é importante que seja sempre um resultado inferior ao obtido anteriormente. As metas para a TFCA costumam ser anuais, com o acompanhamento mensal do acumulado no ano.

Por razões óbvias, ao apresentar as metas de taxas de acidentes é importante registrar que o valor corresponde ao máximo aceitável para o período. O objetivo, afinal, é sempre "Acidente zero".

Uma boa prática é registrar, junto à meta para o período especificado, a intenção de zerar a ocorrência de acidentes. Por exemplo:

TFCA Objetivo: zero acidentes.

Meta 2021: 2,5 acidentados por milhão de horas trabalhadas (máximo).

Para estabelecer a meta, é útil saber que a TFCA igual a 10 corresponde a aproximadamente um acidente com afastamento para cada 50 pessoas no ano, portanto, um valor elevado.

Análise dos Resultados

A análise é feita pela comparação com a meta estabelecida para o período, com valores históricos ou com referenciais de excelência (*benchmarks*). Valores menores naturalmente indicam resultados melhores.

A TFCA costuma ser calculada mensalmente. Como os valores são ajustados para um milhão de horas trabalhadas, não há problemas em, por exemplo, comparar os meses de fevereiro e de março, apesar da diferença no número de dias úteis.

A TFCA acumulada no ano é comparada com a meta do ano para saber se a gestão foi eficaz, como exemplificado pelo gráfico 9, preparado com os dados da planilha 23.

Gráfico 9 – *TFCA acumulada até o mês, acidentados por milhão de homem-horas*

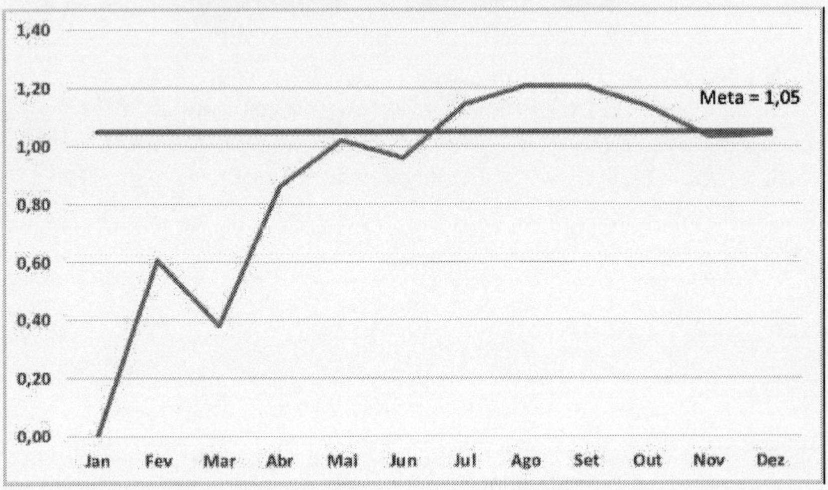

Normalmente, a TFCA considera o tempo de todos os trabalhadores, sem distinção. Mas, para uma análise mais detalhada, pode ser calculada separadamente para pessoal próprio, para contratos, departamentos ou negócios específicos, facilitando avaliar a eficácia das ações preventivas tomadas.

Esforço versus Resultados

Na análise dos processos visando à segurança, é importante considerar que métricas que medem resultados (TFCA, TFSA, TG e TAF), embora forneçam indicações de problemas, não são as melhores para o dia a dia da gestão. Uma boa prática é correlacionar essas métricas às medidas de esforço, como: percentual da equipe treinada em análises de riscos, realização física do plano de treinamento de segurança etc. Esse tipo de abordagem permite uma avaliação da eficácia das ferramentas em uso, recomendando o reforço de algumas e a substituição de outras. Por exemplo, um levantamento [158] analisou o efeito do treinamento, fornecido aos projetistas, nas taxas de frequência de acidentes com afastamento durante a montagem de quatro unidades da indústria do petróleo. O resultado mostrou uma correlação muito forte (coeficiente de Pearson r=-0,99), confirmando a eficácia do treinamento para obter melhores resultados de segurança.

> ☞ **Dica**: É normal que a área de segurança queira usar a TFCA como seu indicador mais importante, embora essa seja uma métrica de nível mais alto, pois depende de todos na organização. Mais adequado é usar os indicadores de esforço, como a "Realização do Plano de Treinamento de Segurança", "Percentual de Incidentes analisados" e "Realização do Plano de Inspeções de Segurança", que estão sob sua exclusiva responsabilidade.

Em Resumo

A Taxa de Acidentes com Afastamento é um indicador oficial e obrigatório em grande parte das empresas. É o melhor termômetro para monitorar o nível de segurança e avaliar a eficácia das ações para melhoria, pois é menos sujeita às subnotificações e é mais sensível que outras métricas.

Temos o senso comum de que acidentes só acontecem com os outros. Infelizmente, não é verdade.

15.39. Taxa de Frequência de Acidentes sem Afastamento

A Taxa de Frequência de Acidentes sem Afastamento monitora os eventos de menor consequência, contribuindo para um retrato da situação e para a gestão da segurança dos trabalhadores.

A Taxa de Frequência de Acidentes sem Afastamento (TFSA) corresponde ao número de acidentados sem afastamento do trabalho, por milhão de horas-homem de exposição ao risco, no período. Para sua interpretação, valem as mesmas considerações feitas para a TFCA.

Acidente sem afastamento é aquele cuja gravidade não impede o acidentado de voltar ao trabalho no dia seguinte ao do acidente e do qual não resulte incapacidade permanente.

Por Que Medir

Em um ambiente relativamente seguro, em que quase não ocorrem afastamentos, a TFSA cumpre melhor que a TFCA o papel de avaliar o efeito das ações preventivas executadas.

Como Calcular

O cálculo da TFSA obedece às orientações da norma brasileira NBR 14280 – Cadastro de Acidentes de Trabalho [154] e mede apenas os acidentados sem afastamento.

Taxa de Frequência de Acidentes sem Afastamento

$$TFSA = \frac{NASA}{\text{Horas-homem de exposição ao risco}} \times 1.000.000$$

Em que:

NASA – número de acidentados sem afastamento do trabalho, no período avaliado. Não inclui os acidentes de trajeto.

Horas-homem de exposição ao risco – soma das horas durante as quais os empregados ficaram à disposição do empregador, em determinado período. Não inclui o repouso remunerado.

1.000.000 – fator de ajuste para um milhão de horas-homem para permitir comparação entre organizações diferentes.

Obs.: O resultado sempre deve ser apresentado com duas casas decimais.

Exemplo de Cálculo

A planilha mostra o cálculo e apresenta os resultados das taxas de acidentes com e sem afastamento lado a lado, como recomenda a boa prática.

	A	B	C	D	E	F
2	Mês	Exposição ao risco, h	Acidentados sem afastamento	Acidentados com afastamento	TFSA	TFCA
3	Janeiro	1.801.580	5	0	2,78	0,00
4	Fevereiro	1.502.712	4	2	2,66	1,33
5	Março	1.956.023	8	0	4,09	0,00
6	Abril	1.712.670	6	4	3,50	2,34
7	Maio	1.850.234	4	3	2,16	1,62
8	Junho	1.613.975	8	1	4,96	0,62
9	Julho	1.790.356	7	4	3,91	2,23
10	Agosto	1.855.678	5	3	2,69	1,62
11	Setembro	1.678.573	3	2	1,79	1,19
12	Outubro	1.833.572	3	1	1,64	0,55
13	Novembro	1.776.393	0	0	0,00	0,00
14	Dezembro	1.797.257	4	2	2,23	1,11
15	Total	21.169.023	57	22	2,69	1,04

Planilha 24 – *Cálculo da Taxa de Frequência de Acidentes sem Afastamento*

A TFSA de cada mês, apresentada na coluna E, é obtida pela divisão do número de "Acidentados sem afastamento" (coluna C) pelo tempo de "Exposição ao risco" (coluna B) multiplicado por 1.000.000. Por exemplo, em janeiro, temos E3=C3/

B3x1.000.000, resultando em 2,78 acidentados sem afastamento por milhão de horas de exposição ao risco.

Enquanto a coluna F mostra a TFCA, obtida pela divisão do número de "Acidentados com afastamento" (coluna D) pelo tempo de "Exposição ao risco" (coluna B) e multiplicado por 1.000.000. Em fevereiro, temos F4=D4/B4x1.000.000, resultando em 1,33 acidentado com afastamento por milhão de horas de exposição ao risco.

Os resultados do ano (linha 15) são calculados do mesmo modo, usando os totais.

Outra Forma de Medir

Índice Relativo de Acidentes

O Índice Relativo de Acidentes (IRA) informa o percentual de empregados que sofreu acidente em determinado período.

$$\text{IRA} = \frac{\text{Número de acidentados}}{\text{Número de empregados}} \times 100$$

Assim, se 20 pessoas de uma equipe de 1.000 empregados se acidentaram em determinado ano, o Índice relativo de Acidentes será de 2% naquele período. Uma empresa que adota essa abordagem é a Kimberly-Clark. Em 2002, o índice foi de 1,2% e, em 2012, caiu para 0,08%, mostrando o sucesso da gestão de segurança adotada [159].

O IRA é uma das estatísticas previstas na NR4 – Serviços Especializados em Engenharia de Segurança e em Medicina do Trabalho. Mas a TFCA, que corresponde ao número de afastamentos para cada milhão de horas trabalhadas, tem a vantagem de permitir comparação mesmo quando as cargas horárias dos empregados são diferentes. Isso é particularmente útil em empresas em que o número de trabalhadores em tempo parcial é elevado.

Meta

As ações para reduzir a Taxa de Frequência de Acidentes com Afastamento (TFCA) contribuem igualmente para a redução dos acidentes sem afastamento. Assim, estabelecer uma meta para a

TFSA é uma ação redundante que não contribui para a eficácia da gestão e, adicionalmente, pode incentivar a subnotificação das ocorrências.

Análise dos Resultados

A análise da TFSA pode ser feita pela comparação com valores históricos ou com referenciais de excelência (*benchmarks*). Valores menores indicam resultados melhores.

Uma Taxa de Acidentes Sem Afastamento (TFSA) menor que a com afastamento (TFCA) é uma boa evidência de subnotificação dos incidentes de menor impacto. Para uma boa gestão, os acidentes leves devem ser conhecidos e tratados para prevenir os de maior gravidade. Por isso, é conveniente que as tabelas facilitem a comparação das duas taxas, apresentando os resultados dos indicadores lado a lado.

O indicador pode ser calculado separadamente para pessoal próprio, contratos, departamentos ou negócios específicos.

Para permitir comparação, os dados calculados pela metodologia da *Occupational Safety and Health Administration* OSHA (EUA) [160] devem ser multiplicados por cinco.

Dicas

- A comparação da TFSA com a TFCA permite observar a atenção dada pela organização aos acidentes de menor gravidade como forma de prevenir casos mais graves.
- Não é conveniente estabelecer uma meta para a TFSA.

Em Resumo

A Taxa de Frequência de Acidentes Sem Afastamento (TFSA) corresponde ao número de acidentados sem afastamento do trabalho, por milhão de horas-homem de exposição ao risco. Seu uso mais eficaz é no incentivo ao relato dos pequenos acidentes, visando às ações preventivas.

A gestão de segurança consiste, basicamente, em eliminar o ato inseguro, responsável por cerca de 96% dos acidentes.

15.40. Taxa de Gravidade de Acidentes

A Taxa de Gravidade é um indicador de segurança do trabalho adotado mundialmente.

A Taxa de Gravidade (TG) é a soma dos dias perdidos e debitados devido à acidentes, por milhão de horas-homem de exposição ao risco em determinado período.

Enquanto a maioria dos acidentes com afastamento resulta em alguns dias perdidos de trabalho que podem ser facilmente computados, os acidentes mais graves geram mortes ou lesões que impactam o restante da vida laboral das pessoas. Para traduzir essas perdas em tempos, a norma que regulamenta o cálculo da Taxa de Gravidade adota uma tabela que associa cada dano permanente a um número determinado de dias. Assim, à morte ou à incapacitação permanente correspondem 6.000 dias e, à perda da visão em um olho, 1.800 dias que o cálculo deve debitar.

Por Que Medir

Enquanto as taxas de frequência de acidentes destacam as quantidades, a Taxa de Gravidade mostra a severidade dos acidentes ocorridos. Logo, complementa a avaliação da segurança do ambiente laboral.

Como Calcular

O cálculo da Taxa de Gravidade obedece às orientações da norma brasileira NBR 14280 [154]. A métrica totaliza o número de dias perdidos e debitados devido aos acidentes, por milhão de horas-homem de exposição ao risco.

Taxa de Gravidade

$$TG = \frac{(DP + DD)}{\text{Horas-homem de exposição ao risco}} \times 1.000.000$$

Em que:

DP (Dias Perdidos) – número de dias corridos de afastamento do trabalho em virtude de lesão pessoal, exceto o dia do acidente e o dia da volta ao trabalho, ocorridos dentro do mês em que ocorreu o acidente.

Nos casos de morte ou incapacidade permanente, não devem ser incluídos os dias perdidos, mas apenas os debitados, a não ser no caso de o acidentado perder um número de dias superior ao "a debitar" pela lesão permanente sofrida.

DD (Dias Debitados) – número de dias que se debitam, por incapacidade permanente ou morte. Esse número é obtido nas tabelas que acompanham a norma NBR 14280.

Horas-homem de exposição ao risco – soma das horas durante as quais os empregados ficaram à disposição do empregador, em determinado período. Não inclui o repouso remunerado.

1.000.000 – fator de ajuste para um milhão de horas-homem, para permitir comparação entre organizações diferentes.

Obs.: O resultado, em dias por milhão de horas, deve ser apresentado como número inteiro.

Em alguns acidentes, pode haver apenas dias perdidos ou debitados. Os acidentes de trajeto devem ser tratados à parte, não sendo incluídos no cálculo usual da Taxa de Gravidade.

O cálculo deve incluir todas as vítimas de lesões com afastamento do período considerado; para isso, os trabalhos de apuração só podem ser definitivamente encerrados após a volta ao trabalho ou o desligamento dos acidentados.

No caso de incapacidade que se prolongue além do prazo de 45 dias do período considerado, o tempo perdido deve ser previamente estimado com base em informação médica.

Nota: A norma NBR 14280 prevê que, além dos dias perdidos e debitados, sejam incluídos no cálculo os "Dias Transportados,", que correspondem ao número de dias corridos de afastamento do trabalho, em meses posteriores àquele onde ocorreu o acidente, caso o acidentado não tenha retornado ao trabalho dentro do mesmo mês em que o acidente ocorreu. Esses dias devem ser computados até o limite de um ano da data do acidente.

Exemplo de Cálculo

A planilha adiante exemplifica o cálculo da Taxa de Gravidade mês a mês e o acumulado até o mês, geralmente usados nas análises.

	A	B	C	D	E	F	G	H	I
1	Mês	Exposição ao risco no mês, h	Exposição ao risco acumulado até o mês, h	Dias perdidos no mês	Dias perdidos acumulados até o mês	Dias debitados no mês	Dias debitados acumulados até o mês	TG no mês	TG acumulada até o mês
2	Janeiro	1.801.580	1.801.580	0	0	0	0	0	0
3	Fevereiro	1.502.712	3.304.292	20	20	0	0	13	6
4	Março	1.956.023	5.260.315	0	20	0	0	0	4
5	Abril	1.712.670	6.972.985	30	50	0	0	18	7
6	Maio	1.850.234	8.823.219	12	62	1.800	1.800	979	211
7	Junho	1.613.975	10.437.194	5	67	0	1.800	3	179
8	Julho	1.790.356	12.227.550	28	95	0	1.800	16	155
9	Agosto	1.855.678	14.083.228	23	118	0	1.800	12	136
10	Setembro	1.678.573	15.761.801	0	118	0	1.800	0	122
11	Outubro	1.833.572	17.595.373	1	119	6.000	7.800	3.273	450
12	Novembro	1.776.393	19.371.766	0	119	0	7.800	0	409
13	Dezembro	1.797.257	21.169.023	3	122	0	7.800	2	374

Planilha 25 – *Cálculo da Taxa de Gravidade mensal e acumulada*

A TG de cada mês, apresentada na coluna H, é obtida pela soma dos "Dias perdidos no mês" (coluna D) e dos "Dias debitados no mês" (coluna F), dividida pelo tempo de "Exposição ao risco no mês" (coluna B) e multiplicada por 1.000.000. Por exemplo, em fevereiro, temos H3=(D3+F3)/B3x1.000.000, resultando em 13 dias por milhão de horas.

A TG acumulada até o mês, apresentada na coluna I, é obtida pela soma dos "Dias perdidos acumulados até o mês" (coluna E) e dos "Dias debitados acumulados até o mês" (coluna G), dividida pelo tempo de "Exposição ao risco acumulado até o mês" (coluna C) e multiplicada por 1.000.000. Por exemplo, em fevereiro, temos I3=(E3+G3)/C3x1.000.000, resultando em seis dias por milhão de horas.

Outras Formas de Medir

Em algumas empresas, os efeitos dos acidentes são registrados de outras formas.

Número Médio de Dias Perdidos por Incapacidade Temporária Total

Essa métrica corresponde ao resultado da divisão do número de dias perdidos, em consequência de incapacidade temporária total, pelo número de acidentados correspondente.

Incapacidade temporária total é aquela que provoca a perda total da capacidade de trabalho, resultando em um ou mais dias perdidos, excetuada a morte ou a incapacidade permanente parcial ou total.

Exemplo: Uma linha de produção de aço teve três acidentados no mês de março que resultaram em 45 dias perdidos em consequência de incapacidade temporária total.

$$MD = \frac{45}{3} = 15$$

Ou seja, em março, a empresa teve em média 15 dias perdidos por acidente com incapacidade temporária total.

Número Médio de Dias Debitados por Incapacidade Permanente

O Número Médio de Dias Debitados em Consequência de Incapacidade Permanente (Md) é o resultado da divisão do número de dias debitados, em consequência de incapacidade permanente (total e parcial), pelo número de acidentados correspondente.

Exemplo: No mês, a linha de produção de lingotes teve dois acidentados que resultaram em 280 dias debitados em consequência de incapacidade permanente.

$$Md = \frac{280}{2} = 140$$

Logo, no mês, a empresa teve, em média, 140 dias perdidos por acidente com incapacidade permanente.

Tempo Computado Médio

O Tempo Computado Médio (Tm) é o resultado da divisão do tempo computado no cálculo da TG dividido pelo número de acidentados no período de referência.

$$Tm = \frac{(DP + DD)}{\text{Número de acidentados}}$$

Exemplo: Uma empresa com 300 empregados teve cinco acidentes com lesão, totalizando 60 dias computados (perdidos mais debitados) em determinado período.

$$Tm = \frac{60}{5} = 12$$

Portanto, os acidentes com lesão corresponderam a, em média, 12 dias computados.

Meta

É importante que a meta da Taxa de Gravidade seja inferior aos resultados obtidos anteriormente, refletindo o efeito das ações de prevenção que serão implementadas. Também deve ficar claro que não é um número que se deseja alcançar, mas o resultado máximo aceitável para o período, enquanto se busca o acidente zero.

As metas para a Taxa de Gravidade costumam ser anuais, com o acompanhamento mensal do acumulado no ano.

Análise dos Resultados

Para a gestão, a Taxa de Gravidade deve ser comparada com a meta estabelecida para o período, com valores históricos ou com referenciais de excelência (*benchmarks*). Valores menores indicam resultados melhores.

Para uma análise mais completa, pode ser calculada separadamente para áreas específicas, pessoal próprio, contratos, departamentos ou negócios. Assim será possível dar atenção prioritária às áreas com os acidentes mais graves.

Para permitir comparação, os dados calculados pela metodologia da *Occupational Safety and Health Administration OSHA* (EUA) devem ser multiplicados por cinco.

Em Resumo

A Taxa de Gravidade mostra a severidade dos acidentes ocorridos. É uma informação útil para avaliar e gerir as condições de segurança do ambiente laboral.

Os gerentes devem aprender a evitar a falácia do fato único, supondo que o problema seja atribuível a um único incidente, uma única pessoa ou um único resultado.
Lester R. Bittel

15.41. Taxa de Fatalidades

Os acidentes mais graves resultam em morte e, infelizmente, como ainda acontecem nas empresas, precisam ser computados e prevenidos.

A Taxa de Fatalidades (TAF) corresponde ao número de óbitos por 100 milhões de horas-homem de exposição ao risco, no período.

A morte no ambiente laboral é inaceitável e sua ocorrência deve ser objeto de repúdio. Os acidentes fatais são consequência da gestão inadequada da segurança e refletem o descuido no tratamento dos acidentes menos graves, como indica a Pirâmide de Bird (*box*).

Pirâmide de Bird

Diversos levantamentos indicam que existe uma proporção entre acidentes graves, acidentes leves e incidentes. Essas relações, conhecidas como "Pirâmide de Bird", variam com o setor de negócio e outros parâmetros, mas são uma referência útil para as análises de estatísticas de acidentes. Os números da ilustração foram estabelecidos pela Dupont.

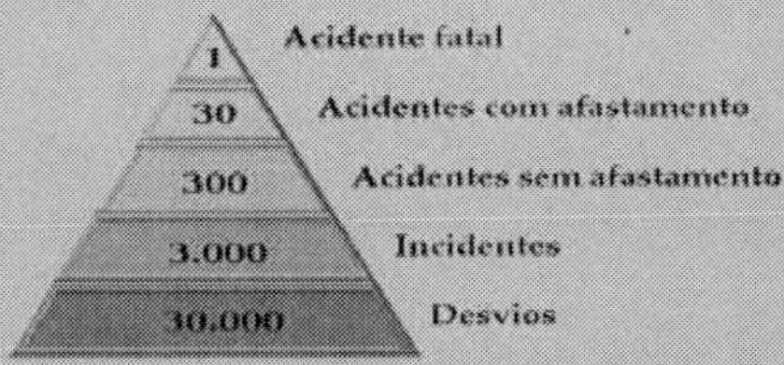

Ref.: Frank Bird, Jr. (1966, da análise de 9.000 acidentes em uma empresa siderúrgica).

Por Que Medir

Essa métrica só faz sentido em empresas com elevado risco, como as da construção e de petróleo, por exemplo. Nesses negócios, é informação indispensável para a gestão e para registro nos relatórios de responsabilidade social.

Como Calcular

O cálculo da Taxa de Fatalidades determina o número de mortes a cada cem milhões de horas-homem de exposição ao risco.

Taxa de Fatalidades

$$\text{TAF} = \frac{\text{Número de fatalidades}}{\text{Horas-homem de exposição ao risco}} \times 100.000.000$$

Em que:

Número de fatalidades – número de óbitos ocorridos no período.

Nota: Óbitos ocorridos posteriormente ao acidente, desde que sejam um resultado direto do mesmo evento, também devem ser incluídos.

Horas-homem de exposição ao risco – soma das horas durante as quais os empregados ficaram à disposição do empregador, em determinado período. Não inclui o repouso remunerado.

100.000.000 – fator de ajuste para cem milhões de horas-homem para permitir comparação entre organizações diferentes.

Obs.: O resultado deve sempre ser apresentado com duas casas decimais.

Exemplo de Cálculo

A planilha adiante exemplifica o cálculo da Taxa de Fatalidades mês a mês e o acumulado até o mês, resultados geralmente usados nas análises.

	A	B	C	D	E	F	G
1	Mês	Exposição ao risco no mês, h	Exposição ao risco acumulado até o mês, h	Número de acidentados fatais no mês	Número de acidentados fatais acumulados até o mês	TAF no mês	TAF acumulado até o mês
2	Janeiro	1.801.580	1.801.580	0	0	0,00	0,00
3	Fevereiro	1.502.712	3.304.292	1	1	66,55	30,26
4	Março	1.956.023	5.260.315	0	1	0,00	19,01
5	Abril	1.712.670	6.972.985	0	1	0,00	14,34
6	Maio	1.850.234	8.823.219	0	1	0,00	11,33
7	Junho	1.613.975	10.437.194	0	1	0,00	9,58
8	Julho	1.790.356	12.227.550	0	1	0,00	8,18
9	Agosto	1.855.678	14.083.228	0	1	0,00	7,10
10	Setembro	1.678.573	15.761.801	1	2	59,57	12,69
11	Outubro	1.833.572	17.595.373	0	2	0,00	11,37
12	Novembro	1.776.393	19.371.766	0	2	0,00	10,32
13	Dezembro	1.797.257	21.169.023	0	2	0,00	9,45

Planilha 26 – *Cálculo da Taxa de Fatalidades mensal e acumulada*

A TAF de cada mês, apresentada na coluna F, é obtida pela divisão do número de "Acidentados fatais no mês" (coluna D) pelo tempo de "Exposição ao risco no mês" (coluna B) multiplicado por 100.000.000. Por exemplo, em fevereiro, temos F3=D3/B3x100.000.000, resultando em 66,55 acidentados fatais por cem milhões de horas de exposição ao risco.

A TAF acumulada até cada mês, apresentada na coluna G, é obtida pela divisão do número de "Acidentados fatais acumulados até o mês" (coluna E) pelo tempo de "Exposição ao risco acumulado até o mês" (coluna C) multiplicado por 100.000.000. Por exemplo, a TAF acumulada até abril (G5=E5/C5x100.000) resultou em 14,34 acidentados fatais por cem milhões de horas de exposição ao risco.

Outra Forma de Medir

Taxa de Fatalidade Ocupacional

Corresponde ao número de óbitos para cada grupo de 1.000 trabalhadores em determinado período.

Fazendo Benchmarking

Os riscos ocupacionais associados à letalidade são específicos de cada tipo de negócio. Assim, só faz algum sentido fazer comparações com empresas do mesmo setor.

Meta

Não é aceitável, mesmo para empresas grandes e com elevados riscos, estabelecer meta diferente de zero para a Taxa de Fatalidades.

Análise dos Resultados

A Taxa de Fatalidades pode ser comparada com valores históricos ou com referenciais externos (*benchmarks*), lembrando que a referência para a gestão deve ser zero, pois qualquer valor diferente é inadmissível.

☞ Dicas

- Nos relatórios, a Taxa de Fatalidades sempre deve ser acompanhada do número absoluto de óbitos, evidenciando a importância que cada morte tem.
- Tratar a TAF como um indicador só se justifica em empresas muito grandes e com elevado nível de risco. Nas demais, é melhor informar diretamente o número de fatalidades.

Em Resumo

As mortes nas empresas são inaceitáveis e cada uma deve ser objeto de profunda análise. As ações mais eficazes para manter a Taxa de Fatalidades zerada são as voltadas à prevenção dos acidentes de menor gravidade.

Ter um acidente é lamentável. Ter um acidente e não aprender a lição é indesculpável.
Flight Safety Digest

15.42. Custo dos Acidentes

Os ônus dos acidentes de trabalho podem ser significativos em uma empresa, especialmente se levarmos em conta os custos indiretos das ocorrências.

Cada empresa trata os custos gerados pelos acidentes de trabalho e pelas doenças profissionais de forma diferente. Embora os custos econômicos dos acidentes costumem ter maior ênfase — principalmente pela facilidade de sua obtenção —, os custos não econômicos, como o sofrimento da vítima e de seus familiares e os custos para a investigação das ocorrências, costumam ser maiores [158].

Especialistas estimam os custos não econômicos, ou indiretos, dos acidentes com base em uma proporção que varia de quatro a seis vezes os custos econômicos. Mas estudos citados por Kaplan & Norton [161] afirmam que os custos indiretos de um acidente podem chegar a 20 vezes os custos diretos.

A maior ocorrência de acidentes também leva a maiores custos dos seguros e ao aumento da alíquota do Seguro Acidente de Trabalho (SAT) paga pelas empresas (ver *box*).

Fator Acidentário de Prevenção (FAP)

O FAP é um índice atribuído à empresa de forma individual, em função de seu histórico de afastamentos previdenciários devido aos acidentes e às doenças do trabalho. As alíquotas, que variam entre 0,5 e 2,0% do valor da folha de pagamento, são calculadas considerando a frequência, a gravidade e os custos.

Multiplicando o FAP pelo Risco Ambiental do Trabalho – RAT (1% – Risco Leve, 2% – Risco Médio, 3% – Risco Grave) e pela folha salarial, obtém-se o valor a ser pago de Seguro Acidente de Trabalho por cada unidade da empresa.

Em 2013, foi aprovada a Lei 12.832 que impede o uso desses indicadores de acidentes nos programas de PLR.

No final de 2016, foram retirados do cálculo do FAP os acidentes de trajeto, sobre os quais as empresas têm pouca ação, e os acidentes sem afastamento, que estão mais sujeitos à subnotificação.

Por Que Medir

Conhecer os custos financeiros e sociais dos acidentes favorece o entendimento de seu impacto na empresa e na sociedade, contribuindo para que o tema segurança receba maior atenção.

Como Calcular

O cálculo, feito em separado para cada acidente, consiste na apropriação dos vários custos incorridos. O uso de uma planilha padronizada, como a apresentada no exemplo adiante, evita que alguma parcela seja esquecida.

Exemplo de Cálculo

A Planilha 27 exemplifica o cálculo para um acidente em que o trabalhador ficou afastado 40 dias, não exigindo a contratação de mão de obra para substituição e sem dano em equipamentos ou impacto ambiental.

O custo direto total apropriado (célula D18) corresponde à soma das parcelas da coluna D até a linha 17, inclusive. O custo indireto (célula D20) é estimado pela multiplicação do custo direto por quatro[2], para cobrir aspectos geralmente não contabilizados, como:

- Tempo e recursos gastos pela família na recuperação;
- Subsídios médicos pagos pelo estado por meio do pagamento de serviços de saúde recebidos pela vítima;
- Produtividade perdida pela vítima;
- Efeito no moral dos trabalhadores;
- Perdas de qualidade devido ao acidente;
- Prejuízo de imagem etc.

O custo total do acidente (célula D21) corresponde à soma dos custos diretos e indiretos.

---

[2] A empresa deve analisar alguns acidentes profundamente para decidir o multiplicador mais adequado à sua realidade.

	B	C	D
2	**Custos diretos**		**Reais**
3		Remuneração do tempo perdido pelos empregados lesionados	
4		Remuneração do tempo perdido por outros empregados	
5		Transporte para o hospital	
6		Despesas médicas e hospitalares	
7		Aumento do prêmio do seguro	
8		Impacto no FAP	
9		Despesas para a investigação do acidente	
10		Interrupção da produção/vendas	
11		Recrutamento e capacitação de substituto	
12		Danos em equipamentos	
13		Contratação de mão de obra temporária	
14		Mitigação do impacto ambiental	
15		Despesas jurídicas	
16		Multas, indenizações e compensações	
17		Outros custos	
18		Total dos custos diretos	0,00
19	**Custos indiretos**		
20		Estimativa dos custos indiretos (4 vezes os custos diretos)	0,00
21	**Custo total do acidente**		0,00
22			
23	Margem de lucro, da empresa ou unidade, %		
24	Faturamento adicional para compensar os custos diretos do acidente, Reais		

Planilha 27 – *Exemplo de Cálculo do Custo de Acidentes, Reais*

Naturalmente, nem todas essas parcelas se aplicam a todos os casos, e essa planilha, que pode ser usada também nos acidentes sem vítimas, é apenas um modelo que pode ser adaptado para cada organização. Inclusive, pode ser prático ter duas planilhas, uma para acidentes com vítimas e outra para os demais.

Como a principal razão para determinar o custo dos acidentes é apontar o impacto financeiro para a empresa, a planilha inclui o cálculo do faturamento adicional necessário para compensar os custos diretos do evento. Isso é feito, conservadoramente, pela divisão dos custos diretos (célula D18) pela margem de lucro no faturamento (célula D23). No exemplo, a margem de lucro da empresa é de 5,0% sobre as vendas. Portanto, apenas para cobrir os custos diretos do acidente, seria necessário um aumento de quase 700 mil reais no faturamento.

Outra Forma de Medir

Custo Médio dos Acidentes

Em empresas com muitos acidentes, é comum o cálculo do Custo Médio dos Acidentes obtido pela divisão do custo de todos os acidentes ocorridos em determinado período pelo número de ocorrências.

Meta

Não faz sentido estabelecer uma meta para o custo dos acidentes. A gestão deve ser feita sobre as ocorrências, como comentado no item sobre a Taxa de Frequência de Acidentes com Afastamento.

Análise dos Resultados

Os valores devem ser publicados nos relatórios gerenciais e, se a quantidade for significativa, agrupados por tipo de acidentes para orientar e estimular as ações de prevenção.

☞ Dicas: • A NBR 14280 [154], "Cadastro de acidentes de trabalho – Procedimento e classificação", também apresenta um modelo de planilha para cálculo dos custos de acidentes.
• A apropriação dos custos dos acidentes pode ser difícil e trabalhosa. Portanto, começar com uma abordagem mais simples — por exemplo, considerando apenas os custos diretos — para, mais tarde, sofisticar o cálculo, pode ser uma boa estratégia.

Em Resumo

Calcular e divulgar os custos econômicos e sociais dos acidentes contribui para estimular uma gestão da segurança mais eficaz. E o uso de procedimentos padronizados incentiva que os cálculos sejam feitos e aprimorados.

Acidentes não acontecem por acaso, mas por descaso.

15.43. Indicadores Financeiros para o RH

O RH é parte do negócio e deve contribuir para seu sucesso.

A massa salarial é uma informação muito importante, pois frequentemente é um dos maiores custos da empresa, e deve ser conhecida de cor pelos gestores de pessoas. Mas, tecnicamente, não é um bom indicador, pois está sujeita a uma variedade de influências (inflação, aquecimento da economia etc.) fora da responsabilidade da empresa. O ideal seria determinar o custo total da força de trabalho, mas o custo da folha é uma aproximação (*proxy*) adequada e mais fácil de se obter.

Embora o custo com os empregados seja a métrica mais adotada, isso sinaliza maior preocupação com os custos do que com as receitas que as pessoas podem agregar.

Para ilustrar, seguem informações gerais sobre os indicadores financeiros mais usados na gestão de pessoas.

Custo Total da Força de Trabalho

O Custo Total da Força de Trabalho (*Total Cost of Workforce* – TCOW) é a soma de todos os custos relacionados ao pessoal, incluindo as remunerações, os benefícios, as despesas com recrutamento, a seleção, o treinamento e outros custos em determinado período [29]. A empresa precisa saber quanto a organização está gastando com toda a força de trabalho, incluindo os empregados temporários.

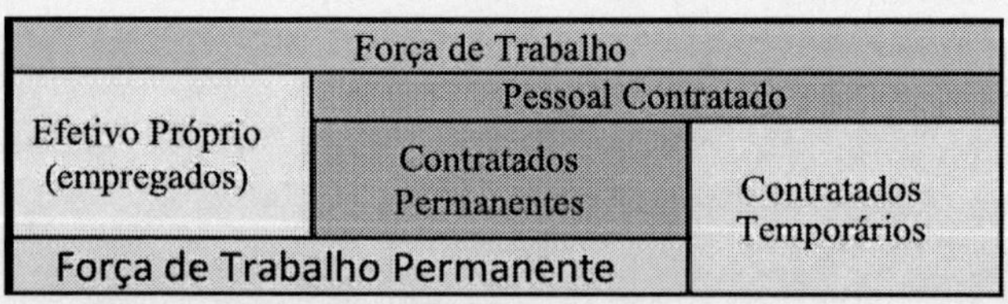

Diagrama 7 – *Estrutura da Força de Trabalho, pessoas*

O indicador ajuda a entender e comunicar como as decisões relativas às pessoas afetam a empresa. Também pode ser calculado *per capita*, pela divisão do custo total da força de trabalho pelo número médio de pessoas no período da apropriação, uma informação útil se segmentada por categoria profissional e, às vezes, por unidade.

Retorno sobre o Investimento no Capital Humano

O cálculo do Retorno sobre o Investimento do Capital Humano (*Human Capital Return on Investment* – HCROI) pretende determinar o lucro obtido por unidade monetária investida no capital humano. Seria, portanto, a alavancagem dos salários e benefícios.

O cálculo do ROI é feito pela divisão do retorno do investimento, que corresponde ao ganho menos o investimento que propiciou o ganho, pelo valor investido.

Retorno de Investimento

$$ROI = \frac{\text{receita bruta} - \text{despesas} - \text{custo total de RH}}{\text{custo total de RH}} \times 100$$

Em que:

Receita bruta – É o total dos valores da venda de produtos e serviços, em reais, no período. Algumas empresas adotam a receita ajustada, ou seja, após a remoção do custo de capital, da depreciação, de flutuações cambiais etc.

Despesas – Despesas operacionais, depreciação, custo de capital etc.

Custo total de RH (TCOW) – É a soma dos valores pagos aos empregados (salários, benefícios etc.), dos encargos e da estrutura administrativa do RH, em reais, no período.

Obs.: O resultado, em percentual, deve ser apresentado com uma casa decimal.

Para maior clareza, algumas pessoas preferem apresentar o resultado como uma relação. Por exemplo: o ROI foi de 2,5 reais por real investido.

Em resumo, o ROI do Capital Humano mostra o incremento na receita da empresa que decorre de cada real investido na força de trabalho.

Em face das variações provocadas pelo ambiente externo, esse indicador só é útil para análises estratégicas e avaliações de longo prazo.

Valor Adicionado do Capital Humano (HCVA)

O Valor Adicionado do Capital Humano (*Human Capital Value Added* – HCVA) é um índice de lucratividade por empregado.

É obtido pela divisão do lucro ajustado, ou seja, a receita menos as despesas não relacionadas com a mão de obra, pelo número total de funcionários ou por FTE [162].

$$\text{HCVA} = \frac{\text{Receita – despesas (exceto as de mão de obra)}}{\text{Número de empregados}}$$

Como o cálculo ainda não é padronizado, algumas empresas excluem o custo das ausências, da rotatividade e dos empregados temporários. Portanto, o *benchmarking* deve ser feito com cuidado.

Valor Vitalício do Empregado (ELTV)

O Valor Vitalício do Empregado (*Employee Lifetime Value* – ELTV) corresponde ao valor que o empregado gera para a empresa durante o seu tempo no emprego.

O objetivo do RH seria, basicamente, maximizar o ELTV, o que pode ser conseguido por ações que impactam os componentes da métrica [163]:

1. Encurtar o tempo de rampeamento, para que o empregado rapidamente alcance a produtividade prevista.
2. Aumentar a capacidade produtiva do empregado.
3. Preservar a capacidade produtiva do empregado, se possível com algum ganho.
4. Estender o período de permanência do empregado na empresa.

Como referência inicial, é usual tomar o tempo médio que as pessoas da posição analisada permanecem na empresa. Quando não é possível obter valores precisos, é aceitável usar estimativas, pois, ainda assim, a métrica mostrará o efeito das ações, contribuindo para a eficácia da gestão.

O foco de um CHRO deve ser gerenciar o talento de forma sustentável para evitar o aumento dos custos — essencialmente, sustentar um grupo das melhores pessoas com o menor custo possível.

– Ian Cook

16 Roteiro Prático para a Gestão com Indicadores

Os indicadores servem para monitorar o desempenho dos processos e sua escolha deve ser feita considerando os aspectos nos quais a performance é mais importante.

Michael Hammer, em seu clássico *Reengenharia* [164], recomenda quatro passos para fazer bom uso de métricas nos negócios, o que também vale para a gestão de pessoas:

1. Selecionar as coisas certas para medir, isto é, os aspectos que são importantes e controláveis.
2. Escolher indicadores que meçam a essência do que é importante.
3. Adotar as métricas em um processo disciplinado de gestão.
4. Criar uma cultura organizacional que use os indicadores como incentivo à melhoria e não para ameaças.

Obedecer a essas orientações é importante, pois o usual é escolher indicadores normalmente adotados por outras organizações ou que são fáceis de se obter.

As medidas devem ser usadas para avaliar os processos e o desempenho de equipes de trabalhadores ou, ainda, de postos de trabalho e, apenas excepcionalmente, para avaliar indivíduos; casos particulares são o absenteísmo e o número de horas extras realizadas.

As pessoas que estabelecem as metas, as que definem o plano de ações para que a meta seja alcançada e as que executam o plano devem ter um mesmo e claro entendimento do significado dos indicadores. Por isso, eles devem ser simples, lógicos e padronizados.

Plano Tático

Os objetivos abstratos estabelecidos pela alta direção tornam-se mais concretos e específicos na medida em que são desdobrados para os demais níveis da organização na forma de indicadores, metas e planos de ações.

Os dados em si pouco contribuem para a gestão. O que traz resultado são as decisões e ações resultantes da análise dos dados. O Plano Tático é uma ferramenta de gestão que serve para traduzir os objetivos estratégicos em ações. A realização física dos planos de ações deve ser acompanhada nas reuniões de análise crítica, juntamente com os resultados dos indicadores associados aos mesmos objetivos. Assim é fácil saber se algum resultado não foi alcançado porque o plano de ações não era adequado ou porque não foi executado, favorecendo a decisão correta.

Figura 15 – *Exemplo de Plano Tático*

Objetivo Estratégico **O que deve ser alcançado e o que é crítico para o sucesso**	**Indicador** **Como será medido e acompanhado o sucesso no alcance do objetivo**	**Meta** **O nível de desempenho pretendido**	**Plano de Ações** **Ações necessárias para alcançar os objetivos**
Objetivos	**Indicadores**	**Metas**	**Iniciativas**
• Reduzir a perda de pessoal qualificado.	• Rotatividade • Retenção 90 dias	< 5% > 90%	• Remuneração 5% acima do mercado • Programa de *mentoring*

Plano Operacional

O Plano Operacional, ou Plano de Ações, detalha as iniciativas necessárias para que as metas sejam alcançadas.

Observe que para adotar uma política de remuneração 5% acima do mercado, como apontada no exemplo anterior, é necessária a execução de uma iniciativa ou plano operacional com uma série de tarefas, como:

1. Definir o que é "Remuneração de Mercado" – Usar o salário básico ou a remuneração total?

2. Sistematizar a coleta de dados do mercado – Fazer pesquisa ou contratar?

3. Definir a frequência dos ajustes salariais – Fazer anualmente ou logo que percebido um desvio em relação ao mercado?

4. Selecionar o responsável pelas comparações salariais – Escolher quem vai cuidar da sistematização.

5. Sistematizar o processo de ajuste salarial – Alterar o processo de folha.

6. Aprovar a alteração – Obter aprovação da diretoria ou do diretor da área, com os respectivos responsáveis, prazos etc.

A integração entre planos, objetivos, processos, informações, ações e recursos é importante para que os resultados desejados venham a ser alcançados.

Gerencie o plano, não a meta.
Vicente Falconi

17 Relatórios de Gestão

Os Relatórios de Gestão usados nas empresas, ainda que bem estruturados e esteticamente bonitos, geralmente refletem as demandas que vão surgindo ao longo do tempo e que levam à inserção de novas informações e em diferentes formatos. Assim, periodicamente é necessário:

1. Eliminar informações inseridas para uso eventual ou que foram úteis em algum momento específico.
2. Reorganizar as informações para facilitar o acesso e as comparações.
3. Dar um formato padrão para a apresentação dos indicadores essenciais para a gestão dos principais processos sob a responsabilidade do RH, enfatizando os desvios em relação aos valores pretendidos.

Como regra geral, os indicadores mais relevantes para o RH devem ser acompanhados por meio de gráficos que mostrem ao menos o histórico dos últimos 12 meses e as metas para os períodos seguintes. Os dados históricos permitem identificar as tendências e avaliar mais facilmente a eficácia das práticas e políticas adotadas.

Finalmente, é preciso incluir informações sobre o ambiente externo, pois muitas ações e decisões da empresa são dependentes de fatores como as variações salariais no segmento do negócio, a taxa de desemprego regional, os custos de assistência médica e os custos de deslocamento.

Nos casos em que os indicadores são resultados de processos com ciclo mais longo, como a pesquisa anual de clima, é importante incluir alguma métrica que permita monitorar as providências para influenciar esses indicadores. Um exemplo típico é o acompanhamento da realização física dos planos de ação.

O simples ato de coletar as informações já contribui para a melhora do processo.

18 Planejando o Futuro

Na medida em que a tecnologia facilita e simplifica a coleta de dados, a quantidade de informações entregues aos gestores cresce. Embora muitos administradores sintam-se afogados em um mar de números, outros acreditam que estão seguros e equipados para decidir justamente por contar com muita informação. Provavelmente ambos estão errados.

No processo de gestão do desempenho, o ponto fraco costuma ser a análise dos dados. Ter informações instantâneas ou *online* não significa que as decisões serão melhores. Na verdade, muitas vezes a disponibilidade contínua de informações leva às análises mais frequentes e superficiais, com óbvios resultados negativos sobre a qualidade das conclusões.

Olhar uma tela de computador que fica pipocando os últimos números da organização é moderno, bacana e impressiona bem. Mas, infelizmente, é uma péssima maneira de se informar. Sem a interpretação contextualizada dos dados em um relatório, dificilmente temos boas decisões.

Assim, não é a disponibilidade da informação minuto a minuto que será útil para a gestão da organização. É a observação periódica de indicadores simples e apropriados que permitam identificar tendências e a aderência dos resultados à estratégia da organização. Administrar uma empresa, assim como manobrar um navio, significa conviver com um sistema de inércia elevada, com tempos de respostas longos. Logo, é mais importante uma ação que gere uma resposta bem calibrada do que uma ação rápida.

Resumindo, ao trabalhar com indicadores gerenciais, devemos privilegiar a qualidade da informação e da análise à quantidade e à velocidade de acesso aos dados.

Computadores são inúteis.
Eles podem apenas dar respostas.
PABLO PICASSO

19 Bibliografia

1. AMOZORRUTIA, J. 7 *Obstaculos al Crear un Lugar de Tabajo*, Junio 2015. Disponível em: <http://www.greatplacetowork.com.pe/publicaciones-y-eventos/blogs-y-noticias/1019-7-obstaculos-al-crear-un-gran-lugar-de-trabajo>. Acesso em: nov. 2017.
2. CAMPOS, J. D. P.; GUIMARÃES, S. *Em Busca da Eficácia em Treinamento*: NORMA ABNT NBR ISO 10015:2001. **Academia**, p. 93, 2008. Disponível em: <https://qualidadeonline.files.wordpress.com/2010/03/em-busca-da-eficacia-em-treinamento.pdf>. Acesso em: maio 2021.
3. CAMPOS, V. F. ***TQC – Controle da Qualidade Total:*** *no Estilo Japonês*. Belo Horizonte: Editora de Desenvolvimento Gerencial, 1999.
4. BACHMANN, D. L. ***Boas Práticas de RH:*** *O Que Eles Fizeram e Deu Certo*. 1.ª. ed. Curitiba: Bachmann & Associados, v. Disponível em https://www.amazon.com/dp/1790959322., 2018.
5. PETERS, T. J.; WATERMAN JR., R. H. ***In Search of Excellence:*** *Lessons from America's Best-Run Companies*. New York: Harper & Row, Publishers, 1982.
6. YEAGER, J. C. *Consider the "Ringi" Method*. **Hydrocarbon Processing**, Rio de Janeiro, May 1976.
7. DAVENPORT, T. H. ***Pense Fora do Quadrado***. Rio de Janeiro: Campus, 2006.
8. JÚLIO, C. A. *Parreira 6x0*. ***HSM Management***, São Paulo, Maio-junho 2006. 14-26.
9. BACHMANN, D. L. *Rotatividade: Sete modos de Calcular*. **Aguarda publicação**. Curitiba, 2022.
10. CASTLE, N. G. *Measuring Staff Turnover in Nursing Homes*. ***The Gerontologist***, [S.L.], v. 46, n. 2, p. 210-219, April 2006.

11. WABER, B. ***People Analytics:*** *How Social Sensing Technology Will Transform Business and What It Tells Us about the Future of Work.* [S.l.]: FT Press, 2013.

12. PECK, D. *They're Watching You at Work: What happens when Big Data meets Human Resources.* **The Atlantic Magazine**, Boston, n. Disponível em: https://www.theatlantic.com/magazine/archive/2013/12/theyre-watching-you-at-work/354681/ Acesso em: 20.01.21., Dec 2013.

13. HSM EXPERIENCE. People *Analytics, a Fronteira Tech na Gestão de RH.* ***HSM Magazine***. Disponível em: <https://experience.hsm.com.br/trails/hsm-summit-2017-leadership-innovation/post/people-analytics-a-fronteira-tech-na-gestao-de-rh>. Acesso em: 27 novembro 2017.

14. MCGREGOR, J. *The New Way Your Boss Can Tell If You're About to Quit Your Job.* ***Washington Post***, 2019. Disponível em: <https://www.washingtonpost.com/business/2019/04/11/new-way-your-boss-can-tell-if-youre-about-quit-your-job/>. Acesso em: 8 agosto 2019.

15. HOLANDA, I. ***Fortes Tecnologia***, 2019. Disponível em: <https://blog.fortestecnologia.com.br/people-analytics/>. Acesso em: 19 ago. 2019.

16. BACHMANN, D. L. *People analytics, O Que é Isso?* ***Jornal Sindimetal-PR***, Curitiba, 2020. Disponível em: <http://www.sindimetal.com.br/wp-content/uploads/2020/12/JORNAL-SINDIMETAL-PR-edicao-Maio--Dezembro-2020-edição-final.pdf>. Acesso em: 20 janeiro 2021.

17. BACHMANN & ASSOCIADOS LTDA. ABRH-PR. ***7º Benchmarking Paranaense de RH 2015: Dados de 2014***. Bachmann & Associados Ltda. Curitiba. 2015. (ISSN 2318-2121).

18. GREEN, D. ***Cost per Hire:*** *"It's the Wrong Recruiting Metric, Gromit"*, 2014. Disponível em: <https://www.linkedin.com/pulse/20141204082733-12091643-time-to-cure-cost-per-hire-myopia/>. Acesso em: 20 janeiro 2021.

19. NEELY, A.; ADAMS, C.; KENNERLEY, M. ***The Performance Prism:*** *The Scorecard for Measuring and Managing Business Success.* 1.ª. ed. [S.l.]: Prentice Hall, 2002.

20. BROWN, M. G. Be *Careful What You Measure.* **Corporater**. Disponível em: <https://corporater.com/en/the-chicken-kpi-be-careful-of-what-you-measure>. Acesso em: 3 março 2019.

21. BACHMANN, D. L. *Glossário: Benchmarking Online de RH.* **Bachmann**, 2020. Disponível em: <https://www.indicadoresrh.com.br/>. Acesso em: 31 março 2022.

22. APRAS. ***Reunião do Comitê de Recursos Humanos da Associação Paranaense de Supermercados***. Anotações pessoais. Curitiba: Dórian L. Bachmnann. 22 agosto 2013.

23. BACHMANN, D. L. *Usando o Controle Estatístico de Processo na Gestão de Pessoas.* **Aguarda publicação**, Curitiba, 2022.

24. BACHMANN, D. L. *Dessazonalização – Uma Prática Útil no Planejamento.* **Aguarda publicação**, Curitiba, 2022.

25. LEVITT, S.; DUBNER, S. J. ***Freaknomics:*** *O Lado Oculto e Inesperado de Tudo que nos Afeta.* Rio de Janeiro: Elsevier, 2005.

26. HAMMONDS, K. *Porque Odiamos o RH.* ***HSM Management***, São Paulo, março-abril 2006. 130-136.

27. INOSTIX. *Accident Risk Predictor #3: Excessive Overtime.* **Inostix.** Disponível em: <http://www.inostix.com/blog/en/hr-analytics-can-help-predict-work-accidents-case-study/#more-1957>. Acesso em: 11 setembro 1916.

28. BACHMANN & ASSOCIADOS LTDA. ABRH-PR. *6º Benchmarking Paranaense de RH 2014: Dados de 2013.* **Bachmann**, 2014. Disponível em: <https://www.indicadoresrh.com.br/benchmarking/download/?tipo=biblioteca&id=73&file=3c4c34bb990e4fc714a426c2d6f2dcdfd06f3777>. Acesso em: 12 maio 2021.

29. RUBENSTEIN, P. *3 Ways to Make Headcount Data More Impactful to Your CEO.* **Visier**, 2018. Disponível em: <https://www.visier.com/clarity/headcount-data-more-impactful-to-ceo/>. Acesso em: 28 abril 2019.

30. BACHMANN, D. L. *Entendendo a Força de Trabalho Equivalente: Um Jeito Diferente e Útil de Medir o Tamanho da Equipe.* **Aguarda publicação**, Curitiba, 2022.

31. ASSIS, M. T. D. ***Indicadores de Gestão de Recursos Humanos:*** *Usando Indicadores Demográficos, Financeiros e de Processos na Gestão do Capital Humano.* 1.ª edição. ed. Rio de Janeiro: Qualitymark, 2005.

32. ELLWOOD, M. B. *The Inefficiency of Overtime: An international Time-Use Study Outlining What Happens at Work Among Knowledge Workers Who Work Overtime Hours.* **Pace Productivity Inc.**, 2010. Disponível em: <https://pt.scribd.com/document/266134898/The-Inefficiency-of-Overtime>. Acesso em: 7 setembro 2020.

33. MACDUFF, K. *Diagnosing and Preventing Nurse Burnout Using People Analytics.* **Visier**, 2018. Disponível em: <https://www.visier.com/clarity/preventing-nurse-burnout-using-people-analytics/ >. Acesso em: 6 junho 2018.

34. TOOLBOX. *Overtime Benchmark Numbers.* **Toolbox**, 2010. Disponível em: <https://www.toolbox.com/hr/talent-management/question/overtime-benchmark-numbers-122010/>. Acesso em: 22 janeiro 2021.

35. MERIDIUM. *Defining Best Practice for Maintenance Overtime (Appendix 1).* **Meridium**. Disponível em: <https://www.meridium.com/knowledge-center/defining-best-practice-maintenance-overtime>. Acesso em: 20 outubro 2015.

36. WIREMAN, T. ***Developing Performance Indicators for Managing Maintenance***. New York: Industrial Press, 1998.

37. PREMIER. *Optimal Staffing and Scheduling Managing*. **Premier Inc.** Disponível em: <https://international.anl.gov/training/materials/AL/Hayden/Staffing%20Budget_white_paper.pdf>. Acesso em: 12 maio 2021.
38. SHRM. *2010 Employee Job Satisfaction: Investigating What Matters Most to Employees*. ***Society for Human Resource Management***. Disponível em: <www.shrm.org/Research/SurveyFindings/Articles/Documents/10-0252%20JobSatSR_TextFNLlowrez.pdf>. Acesso em: 30 julho 2010.
39. BACHMANN & ASSOCIADOS; ABRH-PR. *Benchmarking Paranaense de RH – Várias edições*. **Bachmann**. Disponível em: <https://www.bachmann.com.br/publicacoes/>. Acesso em: 12 maio 2021.
40. THE HR CAPITALI$T. *64 Percent Turnover. Sometimes That's Pretty Good*. **The HR Capitali$t**, 2008. Disponível em: <https://www.hrcapitalist.com/2008/11/64-percent-turnover-sometimes-thats-pretty-good.html>. Acesso em: 12 maio 2021.
41. TRACEY, J. B.; HINKIN, T. R. *The Costs of Employee Turnover: When the Devil is in the Details*. **Cornell University**, 2006. Disponível em: <https://ecommons.cornell.edu/bitstream/handle/1813/71149/Tracey_202006_20The_20cost_20of_20employee_20turnover.pdf?sequence=1&isAllowed=y>. Acesso em: 12 maio 2021.
42. GPTW. *Rotatividade no Brasil*. **Great Place to Work**. Disponível em: <www.greatplacetowork.com.br/storage/documents/Novos_dados_de_rotatividade_no_Brasil.pdf>. Acesso em: 13 junho 2014.
43. TOWERS WATSON. **Watson Wyatt Insider**. Disponível em: <http://www.watsonwyatt.com/us/pubs/insider/showarticle.asp?ArticleID=15304>. Acesso em: 12 setembro 2011.
44. BACHMANN & ASSOCIADOS; ABTCP. ***Análise Comparativa do Desempenho de Fábricas de Papel 2008***. Bachmann & Associados. Curitiba. 2009.
45. TANABE, M.; FONSECA, J. S. D. *A Rotatividade da Mão de Obra na Indústria Têxtil Paulista: 1980 e 1981*. **Revista de Administração**, [S.L.], janeiro-março 1986. 31-36.
46. TON, Z.; HUCKMAN, R. S. *Managing the Impact of Employee Turnover on Performance: The Role of Process Comformance*. **Organization Science**, January-February 2008. 56-68.
47. HSM EDITORA. *Feitas para Servir: A Culpa Não é dos Funcionários*. ***HSM Management***, São Paulo, maio-junho 2013. 129-135.
48. CORDELLA ADVOGADOS. *Cordella Advogados*. ***Newsletter Lima Lopes***. Acesso em: 12 setembro 2016.
49. EMPLOYEE FOUNDATION. *Employee Turnover – A Critical Human Resource Benchmarking*. **HRbenchmarks**, 2002. Disponível em: <www.epf.org/research/newsletters/2002/hb20021203.pdf>.
50. ***Revista Melhor: Gestão de Pessoas***, São Paulo, agosto 2014. 22.

51. PWC. *Tendências em Capital Humano: Retenção de Talentos 2011*. **PwC**, 2011. Disponível em: <https://www.pwc.com.br/pt/estudos-pesquisas/assets/relat-retencao-talentos-11a.pdf>. Acesso em: 28 outubro 2020.

52. PWC. *2009/2010 US Human Capital Effectiveness Report Executive Summary*. **PwC**, 2009. Disponível em: <www.pwc.com/en_US/us/hr-saratoga/assets/human-capital-effectiveness-report-0910.pdf>. Acesso em: 14 maio 2010.

53. CALDEIRA, P. Z. *Características Individuais*. **Scribd**, 2010. Disponível em: <https://pt.scribd.com/document/36319962/Caracteristicas-individuais-acetatos>. Acesso em: 6 outubro 2020.

54. LUKETC, H. *The Mystery of the Ideal Turnover Rate*. **PeopleTalk**, 2009. Disponível em: <https://peopletalkonline.ca/the-mystery-of-the-ideal-turnover-rate/>. Acesso em: 12 maio 2021.

55. GPTW. *Guia GPTW para Construir um Excelente Ambiente de Trabalho*. **Great Place to Work**. Disponível em: <https://conteudo.gptw.com.br/confianca>. Acesso em: 12 maio 2021.

56. ***Revista Melhor: Gestão de Pessoas***, São Paulo, julho 2014. 74.

57. FITZ-ENZ, J.; DAVISON, B. ***How to Measure Human Resources Management***. 3. ed. [S.l.]: McGraw-Hill, 2002.

58. EDWARDS, L. A.; PHILLIPS, J. J. ***Managing Talent Retention:*** *An ROI Approach*. [S.l.]: John Wiley & Sons, 2008.

59. ERICKSON, R. *Calculating the True Cost of Voluntary Turnover: The Surprising ROI of Retention*. **Visier**, 2016. Disponível em: <https://www.visier.com/wp-content/uploads/2016/11/Bersin-by-Deloitte-Calculating-the-True-Cost-of-Voluntary-Turnover.pdf>. Acesso em: 1º março 2019.

60. PWC. *The Saratoga Review*. **PwC**, 2006.

61. KAPLAN, R. S.; NORTON, D. P. ***A Estratégia em Ação:*** *Balanced Scorecard*. Rio de Janeiro: Campus, 1997.

62. PIZA, S. L. *O RH que Gera Lucro*. **Exame**, 26 fevereiro 2015. Disponível em: <https://exame.com/carreira/o-rh-que-gera-lucro/>. Acesso em: 26 outubro 2020.

63. PARODI, F. J. ***Lições do Benchmarking no Impacto da Efetividade do Investimento da Indústria Florestal e Celulósico-Papeleira da América Latina***. 34º Congresso Anual de Celulose e Papel da ABTCP. São Paulo: ABTCP. 2001.

64. BERSIN & ASSOCIATES. *Talent Acquisition Factbook 2011*. **Silo.tips**, 2011. Disponível em: <https://silo.tips/download/the-talent-acquisition-factbook-2011>. Acesso em: 12 maio 2012.

65. PALESCIUC, I. *Consequences of Employee Turnover on Organizational Performance*. **Performance Magazine**, 17 November 2019. Disponível em: <http://www.performancemagazine.org/consequences-employee-turnover-performance/?utm_source=newsletter&utm_

medium=email&utm_campaign=Performance%20Today%20 November>. Acesso em: 14 maio 2021.

66. MTE. *Movimentação Contratual no Mercado de Trabalho Formal e Rotatividade no Brasil*. **SlideShare.** Disponível em: <https://pt.slideshare.net/stoc3214/rotatividade-mao-deobra>. Acesso em: 18 outubro 2020.

67. BUCKINGHAM, M.; COFFMAN, C. ***Quebre Todas as Regras***. Rio de Janeiro: Editora Sextante, 2011.

68. COMPENSATION FORCE. 2015 *Turnover Rates by Industry*. **Compensation Force**, 2015. Disponível em: <https://www.compensationforce.com/2016/04/2015-turnover-rates-by-industry.html>. Acesso em: 4 abril 2020.

69. ***Revista Melhor: Gestão de Pessoas***, São Paulo, maio 2015. 29-30.

70. ***Revista Melhor: Gestão de Pessoas***, São Paulo, fevereiro 2015. 41-42.

71. SACHA CORPORATION. *Compilation of Turnover Cost Studies*. **Sacha Corporation**, 2009. Disponível em: <http://cabenefits.com/wp-content/uploads/2009/07/Sasha-Corp-Employee-Turnover-Cost-Studies.pdf>. Acesso em: 28 novembro 2017.

72. BACHMANN & ASSOCIADOS LTDA. ABRH-PR. ***11º Benchmarking Paranaense de RH 2019: Dados de 2019***. Bachmann & Associados Ltda. Curitiba. 2019.

73. MENDONÇA, C. *O Custo da Rotatividade*. ***Revista Melhor: Gestão de Pessoas***, São Paulo, nº. 301 2012. 16-19.

74. CARREIRA MÜLLER. *Webinar Indicadores de RH 2020*. **YouTube**, 8 abril 2020. Disponível em: <https://www.youtube.com/watch?v=R0xa358fTIc>. Acesso em: maio 2021.

75. ***Carta de RH***, 2008. Disponível em: <http://www.cartaderh.com.br/website/text.asp?txtCode=7115>. Acesso em: 1º setembro 2008.

76. TRE-PR. *Tribunal de Contas do Estado do Paraná*. **Tribunal de Contas do Estado do Paraná**. Disponível em: <www.tcu.gov.br/Portfolio Indicadores/relatorioPerspectiva.asp?NOME=Pessoas>. Acesso em: 1º setembro 2008.

77. ERNST & YOUNG. *Relatório de Sustentabilidade 2011*. **Ernst & Young**, 2011. Disponível em: <www.ey.com.br/Publication/vwLUAssets/Relatório_de_Sustentabilidade_2011/$FILE/Relatorio_de_Sustentabilidade_Ernst_Young_Terco_2011.pdf>. Acesso em: 23 julho 2013.

78. EXAME. *Portal Exame*. **Exame**. Disponível em: <http://portalexame.abril.com.br/revista/exame/edicoes/0892/negocios/m0128084.html>. Acesso em: 18 agosto 2009.

79. BACHMANN, D. L. ***Notas Pessoais da Apresentação de Marco Antonio Silva, Gerente de RH da Peróxidos do Brasil, no Bom Dia RH, Evento Promovido pela ABRH-PR***. Curitiba. 2018.

80. QUICK, T. C.; LAPERTOSA, J. B. *Análise do Absenteísmo em Usina Siderúrgica*. **Revista Brasileira de Saúde Ocupacional**, v. 10, n. 40, p. 62-67, 1982.

81. ALVES, M.; GODOY, S. C. B. *Absenteísmo-Doença entre Funcionários de um Hospital Universitário*. **Revista Brasileira de Saúde Ocupacional**, São Paulo, v. 27, n. 13/104, p. 33-48.

82. R., L.; LEE, J. B.; ERICKSEN, L. R. *The Effects of a Policy Change on Three Types of Absence*. **Europe PMC**, 1990. Disponível em: <http://europepmc.org/article/med/2380783>. Acesso em: 18 janeiro 2020.

83. PORTO, M. A. ***Faltas e Licenças Médicas, o Absenteísmo na Secretaria de Estado da Educação de São Paulo***. Faculdade de Saúde Pública da Universidade de São Paulo. São Paulo. 2010.

84. HEYMANN, J.; BARRERA, M. *Profit at the Bottom of the Ladder: A Summary Report on the Experiences of Companies that Improve Conditions at the Base, 2010*. Disponível em: <http://profitatthebottom.org/wp-content/uploads/2010/05/Profit_at_the_Bottom_of_the_Ladder_A_Summary_Report.pdf>. Acesso em: 14 setembro 2011.

85. RIBEIRO, A. D. L. **Gestão de Pessoas**. São Paulo: Saraiva, 2006.

86. ABRH-PR, B. &. A. L. E. ***10º Benchmarking Paranaense de Recursos Humanos 2018: Dados de 2017***. Bachmann & Associados Ltda. Curitiba. 2018.

87. BACHMANN, D. L. ***Planilha Excel Anexa à Nota Técnica: Absenteísmo – Como Calcular e Usar***. Documento interno. Curitiba. 2021.

88. BOHLANDER, G.; SNELL, S.; SHERMAN, A. **Administração de Recursos Humanos**. São Paulo: Pioneira Thomson, 2005.

89. MEIRA, J. B. B. *Absentismo por Enfermidade: Sugestões para seu Controle*. **Revista Brasileira de Saúde Ocupacional**, v. 10, n. 40, p. 68-76, 1982.

90. HSM MANAGEMENT. *Pesquisa da GFK e HSM faz Paralelo da Ausência no Trabalho e a Saúde*. **HSM Management**. Disponível em: <www.hsm.com.br/editorias/pesquisa-da-gfk-e-hsm-faz-paralelo-da-ausencia-no-trabalho-e-saude>. Acesso em: 3 novembro 2011.

91. ROCHE & GFK. *GFK e HSM Divulgam Dados Inéditos da Saúde Brasileira*. **HSM Management**, São Paulo, Janeiro-fevereiro 2010. 151.

92. *VISÃO Cada Vez Mais Integral*. **Revista Melhor: Gestão de Pessoas**, São Paulo, fevereiro 2018. 10.

93. MARTINS, R. J.; ET AL. *Absenteísmo por Motivos Odontológico e Médico nos Serviços Público e Privado*. **Revista Brasileira de Saúde Ocupacional**, São Paulo, v. 30, n. 111, p. 9-15, 2005.

94. GFK. *Publi-Editorial Medicina Personalizada*. **HSM Management**, São Paulo, janeiro-fevereiro 2011. 149.

95. HSM MANAGEMENT. *Quem Tem Medo das Ferramentas Gerenciais?* **HSM Management**, São Paulo, março-abril 2000. 122-130.

96. **Revista Melhor**, São Paulo, junho 2019. 8-9.
97. ARACRUZ CELULOSE. **O Que é a Aracruz: Fatos & Números 2007**. [S.l.]. 2007.
98. LION VALLEY HR SOLUTIONS. *Benchmarking: More Than a Numbers Game!, 2020*. Disponível em: <https://lionvalleysolutions.com/benchmarking-more-than-a-numbers-game/>. Acesso em: 14 maio 2021.
99. GREEN, D. A Note *To Recruiting Leaders: Reporting Is NOT Analytics*. **LinkedIn**, 2016. Disponível em: <www.linkedin.com/pulse/note-recruiting-leaders-reporting-analytics-david-green>. Acesso em: 25 maio 2016.
100. STRACK, R. et al. *Realizing the Value of People Management: From Capability to Profitability*. **Boston Consulting Group**, 2012. Disponível em: <https://www.bcgperspectives.com/content/articles/people_management_human_resources_leadership_from_capability_to_profitability/?chapter=2>. Acesso em: 25 maio 2016.
101. MAURES, R. *The Holy Grail of Recruiting: How to Measure Quality of Hire*. **SHRM**, 2015. Disponível em: <https://www.shrm.org/resourcesandtools/hr-topics/talent-acquisition/pages/how-to-measure-quality-of-hire.aspx>. Acesso em: 14 dezembro 2020.
102. ABERDEEN GROUP. ***Workforce Analytics: Key to Aligning People to Business Strategy***. Aberdeen Group. [S.l.], p. June. 2011.
103. BACHMANN, D. L. *A Escala de Likert*. **Aguarda publicação**, Curitiba, 2022.
104. GREEN, D. *The Absurdity of Cost per Hire in Recruiting*. **Linked In**, 2015. Disponível em: <https://www.linkedin.com/pulse/absurdity-cost-per-hire-recruiting-david-green?trk=pulse_spock-articles>. Acesso em: 25 maio 2016.
105. ANSI; SHRM. *Cost-per-Hire Standard*. **SHRM**, 2012. Disponível em: <https://www.shrm.org/ResourcesAndTools/business-solutions/Documents/shrm_ansi_cph_standard.pdf>. Acesso em: 14 dez. 2020.
106. CATHO. **Comunicação de Thomas A. Case por e-mail em 5 março de 2007**. Catho. [S.l.].
107. PROPAY BENEFÍCIOS. *Por Que os Gastos com Plano de Saúde não Param de Crescer?* **Propay**. Disponível em: <www.propay.com.br/blog/gastos-com-plano-de-saude>. Acesso em: 29 outubro 2020.
108. FRIEDSAM, D. Z. A. D. *Employee Health Promotion Programs: What is the Return on Investment?* **Wisconsin Public Health & Health Policy Institute – Issue Brief**, Madison, v. 6, n. 5, September 2005.
109. AON. *Pesquisa de Benefícios Aon 2016–2017*. **Aon**, 2017. Disponível em: <http://aonbrasil.com/divulgacao-pesquisa-beneficios-1617?_ga=2.112905421.898735360.1603979644-1848452467.1603979644>. Acesso em: 29 outubro 2020.
110. SESI. *Pesquisa: Diagnóstico de Saúde Suplementar nas Empresas Industriais*. **Portal da Indústria**, 2019. Disponível em: <https://static.portaldaindustria.com.br/portaldaindustria/noticias/media/filer_

public/47/70/47705192-c1a7-479c-97d0-6dc45526041b/diagnostico_de_saude_suplementar_nas_empresas_industriais.pdf>. Acesso em: 14 maio 2021.

111. GALLI, M. *Empregado Ganha em 88% das Ações Trabalhistas no TRT de São Paulo, aponta estudo.* **Gazeta do Povo**, 2018. Disponível em: <www.gazetadopovo.com.br/justica/empregado-ganha-em-88-das-acoes-trabalhistas-no-trt-de-sao-paulo-aponta-estudo-8sohtqzaid7f1yjnysewpjt6h/>. Acesso em: 7 dez. 2020.

112. INSTITUTO ETHOS. *Indicadores Ethos de Responsabilidade Social Empresarial.* **Ethos**, 2013. Disponível em: <https://www.ethos.org.br/wp-content/uploads/2013/07/IndicadoresEthos_2013_PORT.pdf>. Acesso em: 7 dezembro 2020.

113. FUNDAÇÃO NACIONAL DA QUALIDADE. *Aplicação do Meg Traz Resultados Expressivos.* **FNQ**, 2021. Disponível em: <https://fnq.org.br/cases-de-sucesso-meg-21-inicial/>. Acesso em: 14 maio 2021.

114. PEREIRA, J. B. C.; HANASHIRO, D. M. M. *A Gestão da Diversidade: Uma Questão de Valorização ou de Dissolução das Diferenças?* **XXXI Encontro da ANPAD**, 2007. Disponível em: <http://www.anpad.org.br/admin/pdf/EOR-B3178.pdf>. Acesso em: 23 setembro 2020.

115. PETROS. *Relatório Anual de Responsabilidade Social Empresarial 2009.* **Petros**, 2010. Disponível em: <www.petros.com.br/cs/groups/public/documents/documento/d2nt/mdm3/~edisp/wcm037408.pdf>. Acesso em: 23 setembro 2020.

116. GPTW. *As Melhores Empresas para a Mulher Trabalhar: Veja o Panorama da Edição de 2020.* **Great Place to Work**, 2020. Disponível em: <https://gptw.com.br/conteudo/artigos/melhores-empresas-para-a-mulher-2020/ >. Acesso em: 1º fevereiro 2021.

117. PETROBRAS. *Relatório de Sustentabilidade 2018.* **Petrobras**, 2019. Disponível em: <https://issuu.com/estantepetrobras/docs/relatorio_anual_2018 >. Acesso em: 25 setembro 2020.

118. SOUZA, J. M. M. D. *Igualdade é a Mais Eficiente Ação de Incremento da Produtividade e Redução de Custos.* **Revista Minérios & Minerales**, São Paulo, abril-maio 2017. 6.

119. WORLD ECONOMIC FORUM. *The Global Gender Gap Report 2013.* **World Economic Forum**, Geneve, 2013. ISSN 92-95044-43-6. Disponível em: <http://reports.weforum.org/global-gender-gap-report-2013/>. Acesso em: 26 outubro 2020.

120. CNI. *Sondagem Especial.* **Abinee**, 2011. Disponível em: <www.abinee.org.br/informac/arquivos/sondabr.pdf>. Acesso em: 12 setembro 2011.

121. TAVARES, O. *Supermercados Contratam em Massa, Mas Ainda Sobram Vagas.* **Jornal Gazeta do Povo**, 2010. Disponível em: <https://www.gazetadopovo.com.br/economia/supermercados-contratam-em-

massa-mas-ainda-sobram-vagas-26ra3rhd8zyzcn82xgrm4t0em/>. Acesso em: 12 setembro 2011.

122. HOURNEAUX JR, F.; PEREIRA, M. E. *Os 50 Anos da Metodologia de Kirkpatrick: Reflexões sobre a Mensuração de Resultados em Educação Corporativa*. **Anpad**, 2009. Disponível em: <http://www.anpad.org.br/diversos/down_zips/45/GPR1342.pdf>. Acesso em: 29 novembro 2020.

123. BACHMANN & ASSOCIADOS LTDA. ABRH-PR. *10º Benchmarking Paranaense de RH 2018: Dados de 2017*. **Bachmann**, 2018. Disponível em: <https://www.indicadoresrh.com.br/benchmarking/download/?tipo=biblioteca&id=73&file=a9460926c05966f101746a247f9696bd485ce305>. Acesso em: 15 maio 2021.

124. ***Revista Pulp & Paper International***, São Paulo, September 2010. 11.

125. ABNT. *Norma NBR ISO 10015:2020*. **ABNT**, 2020. Disponível em: <https://www.normas.com.br/visualizar/abnt-nbr-nm/21287/nbriso10015-gestao-da-qualidade-diretrizes-para-gestao-da-competencia-e-desenvolvimento-de-pessoas>. Acesso em: 15 maio 2021.

126. MARIMUTHU, M.; AROKIASAMY, L.; ISMAIL, M. *Human Capital Development and Its Impact on Firm Performance: Evidence from Developmental Economics*. **The Journal of International Social Research**, v. 2/8, p. 265-272, Summer 2009.

127. BENNIS, W. *Repensando a Liderança*. **Executive Excellence**, São Paulo, 1999. 7-9.

128. *FORÇA Humana*. **Revista Melhor: Gestão de Pessoas**, São Paulo, fevereiro 2010. 14-16.

129. ***Revista Melhor: Gestão de Pessoas***, São Paulo, fevereiro 2016. 39.

130. ABTD. *Panorama do Treinamento no Brasil 2018 / 2019: Fatos, Indicadores, Tendências e Análises*. **ABTD**, 2019. Disponível em: <https://integracao.com.br/wp-content/uploads/2020/02/pesquisa-panorama-do-treinamento-no-brasil-2018.pdf>. Acesso em: 15 maio 2021.

131. EADBOX. *9 Exemplos de Indicadores de Treinamento e Quando Usá-los*. **EadBox**, 2019. Disponível em: <https://eadbox.com/exemplos-indicadores-de-treinamento/>. Acesso em: 15 maio 2021.

132. DIIESE. *Balanço do Segmento e Perfil dos Trabalhadores em Supermercados*. **DIIESE**, São Paulo, 2010. Disponível em: <https://www.dieese.org.br/estudosetorial/2010/balancoSetorSupermercadistaemSP.pdf>. Acesso em: 14 Junho 2021.

133. CASTOR, B. V. J. ***O Brasil Não é para Amadores:*** *Estado, Governo e Burocracia na Terra do Jeitinho*. Curitiba: IBQP, v. p. 72, 2000.

134. GRIEP, L. *Find Merck KGaA Found the Ideal Span of Control Using People Analytics*. **Visier**, 2019. Disponível em: <https://www.visier.com/clarity/ideal-span-of-control-with-people-analytics>. Acesso em: 28 agosto 2019.

135. ANTON, J. ***Benchmark Portal***. Disponível em: <http://www.benchmarkportal.com/newsite/faq/faq.taf?_UserReference=09DB73DF65E23CA148A57E5A>. Acesso em: 15 agosto 2008.

136. SORIO, W. **LinkedIn**, 2021. Acesso em: 27 jan. 2021.

137. ***Revista Melhor: Gestão de Pessoas***, São Paulo, abril 2018. 26-30.

138. GUIA EXAME. *As 100 Melhores Empresas para Você Trabalhar*. ***Exame***, São Paulo, 2002.

139. GRENSING-POPHAL, L. *Engagement Matters: How to Measure It Effectively*. **HR Daily Advisor**, 2019. Disponível em: <https://hrdailyadvisor.blr.com/2019/09/16/engagement-matters-how-to-measure-it-effectively>. Acesso em: 8 novembro 2019.

140. BARR, S. *How to Measure Employee Engagement and Its Drivers*. **Stacey Barr**, 2018. Disponível em: <https://www.staceybarr.com/measure-up/measure-employee-engagement-drivers/>. Acesso em: 15 maio 2021.

141. WEST, M. *How The Best Company Award Is Wrong*. **LinkedIn**, 2016. Disponível em: <https://www.linkedin.com/pulse/how-best-company-award-wrong-mike-west/>. Acesso em: 9 janeiro 2021.

142. OFFICEVIBE. *How to Properly Measure Employee Engagement*. **Officevibe**, 2017. Disponível em: <https://officevibe.com/blog/why-employee-engagement-is-hard-to-quantify>. Acesso em: 12 janeiro 2021.

143. REICHHELD, F. F. *The One Number You Need to Grow*. **Harvard Business Review**, 2003. Disponível em: <https://hbr.org/2003/12/the-one-number-you-need-to-grow>. Acesso em: 15 janeiro 2021.

144. WAGNER, R.; HARTER, J. K. ***12 Elementos da Gestão de Excelência***. 1.ª Edição. ed. Rio de janeiro: Sextante, 2009.

145. NAZARIO, F. J. *Laudo de Insalubridade e Periculosidade da UFRR*. **Universidade Federal de Roraima**, 2015. Disponível em: <https://www.google.com/url?sa=t&rct=j&q=&esrc=s&source=web&cd=&ved=2ahUKEwiipdj-nIbsAhXjL7kGHWIFC4UQFjAIegQICBAB&url=http%3A%2F%2Fufrr.br%2Fdrh%2Findex.php%2Flegislacao%3Fdownload%3D866%3Alaudo-de-insalubridade-e-periculosidade-da-ufrr-27-03-2015&usg=AOvV>. Acesso em: 26 setembro 2020.

146. ABNT. *Norma NBR 14280 – Cadastro de Acidente do Trabalho: Procedimento e Classificação*. **ABNT Catálogo**, 2001. Disponível em: <https://www.normas.com.br/visualizar/abnt-nbr-nm/11055/nbr14280-cadastro-de-acidente-do-trabalho-procedimento-e-classificacao>. Acesso em: 3 novembro 2020.

147. BACHMANN & ASSOCIADOS; ABTCP. ***Benchmarking de Segurança do Trabalho na Cadeia Produtiva do Papel: Dados de 2010***. Bachmann & Associados; ABTCP. Curitiba. 2011.

148. VERNE, J. ***Da Terra à Lua***. Lisboa: Imprensa Nacional, 1874.

149. ANGLOAMERICAN. ***AngloAmerican Notícias,*** *2016*. Disponível em: <https://brasil.angloamerican.com/pt-pt/imprensa/noticias/2016/06-12-2016>. Acesso em: 3 novembro 20.

150. CRUZ, F. S. *A Segurança do Trabalhador na Construção e Montagem de Unidades Industriais Vista na Fase de Projeto*. ***Universidade Federal Fluminense,*** *2004*. Disponível em: <https://app.uff.br/riuff/handle/1/20828>. Acesso em: 1º outubro 2008.

151. ZANINI, M. T. *Kimberly-Clark Brasil e o Estilo de Gestão baseado em Confiança*. ***HSM Management***, São Paulo, novembro-dezembro 2013. 30-36.

152. OCCUPATIONAL SAFETY E HEALTH ADMINISTRATION. *OHSA Instruction. Recordkeeping Policies and Procedures Manual – CPL 02-00-135*. **OSHA**, 2004. Disponível em: <https://www.osha.gov/enforcement/directives/cpl-02-00-135>. Acesso em: 3 outubro 2008.

153. KAPLAN, R. S.; NORTON, D. P. A. ***Mapas Estratégicos – Balanced Scorecard:*** *Convertendo Ativos Intangíveis em Resultados Tangíveis*. Rio de Janeiro: Elsevier, 2004.

154. FITZ-ENZ, J. ***The ROI of Human Capital:*** *Measuring the Economic Value of Employee Performance*. 2. ed. New York: American Management Association, 2009.

155. JOSEBACHVILI, M. *Use ELTV to Understand the ROI of Your Hiring Efforts*. **Greenhouse**. Disponível em: <https://www.greenhouse.io/blog/employee-lifetime-value-understand-roi>. Acesso em: 16 Janeiro 2021.

156. HAMMER, M.; CHAMPY, J. ***Reengenharia***. Rio de Janeiro: Campus, 1994.

20 Agradecimentos

Agradeço à minha esposa Nilce e aos meus filhos Ádrian, Christian e Dennis pelo estímulo à ideia de consolidar meus conhecimentos e experiência neste livro. Também quero agradecer aos vários profissionais que dedicaram tempo analisando partes deste texto quanto à clareza e correção, destacando: Edmar Gualberto, Joel Souza e Silva, Marinho Roberto Rodilha, Ricardo De Marchi e Sonia Gurgel, assim como as valiosas contribuições feitas por Humberto Souza e Dennis Bachmann. Agradeço à Taiana Rodrigues que, com paciência, digitou boa parte dos textos iniciais da obra. Ainda quero expressar minha gratidão, meu amor e meu respeito aos meus pais, Alfredo e Déa, por me incentivarem a ter curiosidade, a estudar e a aprender.

Sou grato à Carreira Muller, especialmente aos profissionais Emerson Costa e João Augusto Resch, por viabilizarem a publicação por meio da compra antecipada de um bom número de volumes. Finalmente, agradeço à Qualitymark Editora, nas pessoas de seu editor Saidul Rahman Mahomed, do produtor editorial Carlos Almeida e da revisora Carla Ayres que, com muita boa vontade, transformaram meu manuscrito em um livro.

Mas agradeço principalmente a você, leitor. Apenas seu interesse neste livro, e o uso de seu conteúdo, justifica sua existência. Espero saber mais sobre você que está lendo o livro, como o está usando e em que posso melhorar na próxima edição. Entre em contato!

Autor

Dórian L. Bachmann é especialista no uso de indicadores na gestão. Engenheiro químico pela Universidade Federal do Paraná, Pós-Graduado em Engenharia de Processamento de Petróleo, tem MBAs em Gestão de Negócios e *Marketing* pela COPPEAD/UFRJ e em Gestão de Negócios e Tecnologia da Informação pelo ISAE/FGV. Trabalhou na IBM do Brasil, na Companhia de Urbanização de Curitiba e foi Gerente Geral da Unidade de Negócio da Industrialização do Xisto, da Petrobras. Também foi sócio e diretor técnico da Bachmann & Associados, consultoria em gestão empresarial. Coordenou o *Benchmarking* Paranaense de RH, realizado em parceria com a ABRH-PR, ao longo de 12 anos. Instrutor e consultor sobre o uso eficaz de indicadores de desempenho na gestão para organizações como FIEP, Petrobras, Sinpacel, Sebrae, UEPG, Uninter e UFPA. Autor dos livros *Boas Práticas de RH: O Que Eles Fizeram e Deu Certo* e *Indicadores Clássicos de RH: Padrões de Cálculo*, e de inúmeros artigos sobre inovação, indicadores e *benchmarking*, dois dos quais ganharam o Prêmio Sisal, oferecido pela ABTCP.

Tem mais de 2.500 seguidores no LinkedIn, onde escreve semanalmente. Sinta-se à vontade para visitar www.bachmann.com.br para saber mais e fazer contato.

Contatos

Dórian L. Bachmann.
Rua Desembargador Motta, 1499 Conj. 501 Batel 80420-164
Curitiba PR
dorian@bachmann.com.br
www.bachmann.com.br
41 3324-5336

Serviço

No *site* do livro (www.indicadoresrh.com.br) estão disponíveis para *download* gratuito:

– As planilhas Excel usadas nos exemplos de cálculo.
– Um glossário dos termos usados na gestão de pessoas.
– Uma lista abrangente de indicadores usados na gestão de pessoas.

Para Citar este Livro

Bachmann, Dórian L. ***Indicadores de RH como Ferramenta de Gestão: Obtendo e Comunicando Resultados***. Qualitymark Editora. Rio de Janeiro. 1ª ed. 2023.

Se tiver dúvidas, sugestões ou comentários, terei satisfação em considerá-los na próxima edição. Estou interessado principalmente em eventuais erros, em exemplos mais didáticos e em sugestões de como o livro pode ser melhorado.

21 Índice Remissivo

22 Anexos

Anexo I – Modelo de Padrão de Cálculo de Indicador

Identidade do Indicador

NOME DO INDICADOR

ACRÔNIMO	UNIDADE DE MEDIDA	REVISÃO
Sigla	%	28.6.22

1. DEFINIÇÃO
É o percentual do conjunto dos empregados que...

2. OBJETIVO
Acompanhar...

3. FÓRMULA DE CÁLCULO

$$ROT = \frac{\text{Movimentação}}{\text{Efetivo}} \times 100$$

Em que

$$\text{Movimentação} = \frac{\text{Admitidos} + \text{Desligados}}{2}$$

$$\text{Efetivo} = \frac{\text{Empregados período anterior} + \text{Empregados final período}}{2}$$

4. DEFINIÇÃO DOS PARÂMETROS
Admitidos – é o número total de empregados...
Desligados – é o número total de empregados...
Notas: Admissões ou demissões em massa...

5. ANÁLISE
Comparação com valores históricos e com referenciais de excelência (*benchmarks*).
A situação ideal ocorre quando...

6. REFERÊNCIAIS DE COMPARAÇÃO
A rotatividade média anual nas empresas paranaenses em 2016 foi de 29,5%.
Fonte: 9º *Benchmarking Paranaense de Recursos Humanos*.

7. OBSERVAÇÕES
– O indicador deve ser apresentado com uma casa decimal.
– O indicador considera...

8. RESPONSÁVEL
Nome do responsável por este padrão (não é o nome do responsável por atingir os resultados do indicador).

NOTAS:

---

1. **Para sugestões ou esclarecimentos, contatar responsavel@mail.com.br ou 3324-5336.**

Anexo II – People Analytics – Um Exemplo Didático Usando Excel

Para reduzir a Rotatividade Voluntária, os gestores desejam saber quais empregados têm maior probabilidade de pedir demissão para que possam tomar alguma medida preventiva.

Então, o RH decidiu testar a seguinte hipótese:

Os empregados que normalmente apresentam baixo absenteísmo e repentinamente começam a faltar estão mais propensos a pedir demissão.

Para a análise, foram comparadas as faltas no trimestre mais recente com as do trimestre imediatamente anterior.

Tabela I – *Faltas dos empregados nos dois últimos trimestres*

Empregado	Número de faltas						Pediu demissão
	fevereiro	março	abril	maio	junho	julho	
João	0	0	0	0	0	0	
Gertrudes	1	0	0	1	0	0	
Pedro	0	1	0	0	2	2	Sim
Luiza	0	1	0	1	0	0	
Maria	1	0	1	0	1	0	
Antônio	0	0	0	0	1	2	
Nelson	0	2	0	1	0	1	
Ana	0	0	2	2	1	1	
Paula	1	2	0	1	2	0	
Lucélia	0	0	0	0	0	0	
Regina	2	0	2	0	1	0	
Júnior	0	0	0	0	1	2	Sim
Melissa	0	0	0	1	2	1	Sim
Rute	0	1	0	1	0	1	
Agnaldo	0	0	0	0	2	0	Sim
Priscila	0	2	3	0	2	0	
Joana	0	0	1	0	2	3	Sim
Oscar	2	0	1	0	2	2	Sim
César	0	1	0	0	2	2	
Jerônimo	1	1	0	1	1	0	

Nota: *Dados fictícios, destinados apenas à prática didática.*

Na investigação, interessa a diferença na quantidade de faltas nos dois trimestres.

Tabela II – *Diferença no número de faltas por trimestre*

Empregado	Faltas no trimestre		Diferença	Pediu demissão
	fev-abr	mai-jul		
João	0	0	0	
Gertrudes	1	1	0	
Pedro	1	4	3	Sim
Luiza	1	1	0	
Maria	2	1	-1	
Antônio	0	3	3	
Nelson	2	2	0	
Ana	2	4	2	
Paula	3	3	0	
Lucélia	0	0	0	
Regina	4	1	-3	
Júnior	0	3	3	Sim
Melissa	0	4	4	Sim
Rute	1	2	1	
Agnaldo	0	2	2	Sim
Priscila	5	2	-3	
Joana	1	5	4	Sim
Oscar	3	4	1	Sim
César	1	4	3	
Jerônimo	2	2	0	

Para facilitar, a tabela foi ordenada pela diferença no número de faltas e simplificada pela eliminação das colunas com os números de faltas.

Tabela III – *Diferença no número de faltas versus demissões*

Empregado	Diferença	Pediu demissão
Melissa	4	Sim
Joana	4	Sim
Pedro	3	Sim
Antônio	3	
Júnior	3	Sim
César	3	
Agnaldo	2	Sim
Ana	2	
Rute	1	
Oscar	1	Sim
João	0	
Gertrudes	0	
Luiza	0	
Nelson	0	
Paula	0	
Lucélia	0	
Jerônimo	0	
Maria	-1	
Regina	-3	
Priscila	-3	

Observando a tabela III, percebe-se que a hipótese era correta. Realmente, o número maior de pedidos de demissão ocorre entre os empregados que tiveram maior número de faltas recentes.

Mas, para permitir uma ação gerencial, é útil saber a partir de que momento o risco de perda do colaborador é mais significativo. Então, calculamos esse risco nas várias situações.

A tabela mostra que quando a diferença no número de faltas do último trimestre para o do trimestre imediatamente anterior é:

– Uma ou mais, a chance de o empregado pedir demissão é de 6 em 10, ou seja, de 60%.

– Duas ou mais, a chance de o empregado pedir demissão é de 5 em 8, ou seja, de 63%.

– Três ou mais, a chance de o empregado pedir demissão é de 4 em 6, ou seja, de 67%.

Portanto, para fins gerenciais, pode-se programar um alerta no sistema de ponto para avisar toda vez que um empregado tiver três ou mais faltas que no trimestre anterior, pois a chance de que ele venha a pedir demissão é grande (67%). Isso cria uma oportunidade para ações preventivas, focadas exclusivamente nos casos de maior risco, visando à retenção dos colaboradores.

É importante observar que, usando ferramentas computacionais mais sofisticadas, seria fácil testar também outros períodos que — baseados na mesma hipótese — poderiam levar a resultados com nível de certeza ainda maior. Logo, a abordagem analítica, mesmo com ferramentas simples, já permite maior objetividade e um grande progresso na gestão de pessoas.

Seguramente, a people analytics fará do RH uma disciplina na qual a intuição e os dados serão combinados e levarão a uma tomada de decisões ainda melhor.
ERIK VAN VULPEN, COFUNDADOR DA ANALYTICS EM RH.

Reproduzido de
Bachmann, Dórian L. ***People Analytics não é Análise de Pessoas***.
Aguarda publicação.

Dados Técnicos:

• Formato:	15,5 x 23 cm
• Mancha:	11 x 19 cm
• Fonte:	Futura Bk BT
• Corpo:	11
• Entrelinhas	13,2
• Total de Páginas:	376
• 1ª Edição	2023